北京师范大学

百年

BEIJING SHIFAN DAXUE
BAINIAN TIYU XUEKESHI

体育学科史

高嵘　屈国锋 ◎ 主编

人民日报
出版社

图书在版编目（CIP）数据

北京师范大学百年体育学科史 / 高嵘，屈国锋主编.—
北京：人民日报出版社，2018.4
ISBN 978-7-5115-4971-6

Ⅰ.①北… Ⅱ.①高… ②屈… Ⅲ.①北京师范大学
—体育教育—教育史 Ⅳ.①G807.4

中国版本图书馆CIP数据核字（2017）第271345号

书　　名：北京师范大学百年体育学科史
作　　者：高　嵘　屈国锋

出 版 人：董　伟
责任编辑：袁兆英
封面设计：中尚图

出版发行：人民日报出版社
社　　址：北京金台西路2号
邮政编码：100733
发行热线：（010）65369527　65369512　65369509　65369510
邮购热线：（010）65369530
编辑热线：（010）65363105
网　　址：www.peopledailypress.com
经　　销：新华书店
印　　刷：北京盛彩捷印刷有限公司

开　　本：710mm×1000mm　1/16
字　　数：348千字
印　　张：23.5
印　　次：2018年4月第1版　2018年4月第1次印刷

书　　号：ISBN 978-7-5115-4971-6
定　　价：88.00元

前　言

　　二十世纪初，正当现代体育运动在中国传播普及、体育师资极度缺乏、急需体育人才之际，北京师范大学体育系的前身——北京高等师范学校体育专修科于1917年应运而生。作为开启中国现代高等师范教育先河的著名学府，其体育专修科建立伊始，便历史性地担当起引领中国体育运动发展的重任。

　　在北师大体育系初创时期，体育系充分利用地处古都文化名城、依托北师大综合院校的有利条件，汇集国内外一流学者，聘请包括钱玄同、美国医学博士舒美柯等国内外知名学者任教；其后，袁敦礼、董守义、吴蕴瑞等一批从欧美留学归来的青年学者担纲执教，他们将西方体育的先进的理论和中国的实际情况相结合，奋发图强，严谨治学，培育英才，努力传播和普及现代体育运动。

　　经过艰苦的十余年奋斗，北师大体育系的发展就进入了一个全盛时期，在体育教育人才的培养、体育学术思想和运动竞技等多方面引领了中国体育运动的发展。袁敦礼、董守义、吴蕴瑞等先师，不仅是当时中国体育界最为著名和富有影响力的专家，而且也是当时中国体育界德高望重的领军人物，其人格的魅力，学术思想的深邃，无不代表着当时中国体育精英的风范和学术研究的卓著。方万邦、徐英超等师大学子也迅速成长，为体育学界瞩目；朱恩德、王耀东、牟作云等师大学子在竞技方面享誉国内体坛，在篮球、田径等项目的国内比赛中屡执牛耳，并代表祖国在国际赛事中赢得金牌。可以说，这一时期的师大体育人，为师大后人，树起了一座座巍然丰碑，至今令我们尚难以超越。

　　抗日战争爆发后，师大体育人凭着一腔爱国的热血和不畏艰险、艰苦奋斗的精神，辗转西迁，和其他兄弟院系一起顽强奋斗，不仅留住了北师大最重要的命脉，也为西北地区体育和教育事业的发展做出了杰出的贡献。正是凭借着这样一种精神，北师大体育系在1949年后的一段时间内依然在北京或全国体坛独领风骚，在1949年后全国最初的大型运动会上，师大体育人蝉联北京市第一、二届高校运动会冠军。

新中国成立后，百废待兴，党和人民政府高度关心人民健康状况，重视发展体育运动，而中国体育运动的发展更需人才，北师大体育系再次担起了为祖国奉献的历史使命。1953年，为组建中央体育学院，北师大体育系停办，无私地将包括全体教师、一部分毕业生和全体在校学生输送给中央体院，并将全部图书资料和部分可移动体育器材奉献出来，为中央体育学院的建立奠定了基础。体育系的这次奉献，虽然牺牲了自身的持续发展，带来了其后的断层之痛，但同时也翻开了新中国体育发展史上一个新的篇章。我们由衷欣喜地看到，如今北京体育大学已经成长为国内外知名的体育学府。

鉴于北京师范大学拥有雄厚的教育资源及综合学科资源的优势，以及北师大自身在德、智、体方面和谐发展的需要，在教育部领导的亲切关怀和国务院有关部门的协调下，北师大于1959年恢复重建体育系。虽然北师大体育系的发展中断了六年之久，其重建需要白手起家，但北师大体育系所传承下来的精神并未因此泯灭。1959年至1965年的短短数年之中，恢复重建后的体育系，在克服了包括三年经济困难在内的诸多困难后，迅速成长为一支国内颇具规模和实力的体育教育生力军。

"文化大革命"开始以后，体育系和其他院系一样，遭受了沉重的打击。"文革"期间，大学的停招几乎断送了中国整个高等教育事业。但就是在这样的环境下，体育系也没有因此而停止过探索和前进。1973年后，师大体育系恢复招生，招收"工农兵学员"。至1976年，这一时期招收的四届体育系学生，占同期北师大全体"工农兵学员"的十分之一之多，由此可窥体育系顽强奋进精神之一斑。

正是凭着这样的顽强奋进精神，改革开放后，师大体育系再次发展成为国内很有影响的体育人才培养基地，在研究生培养、教学训练等方面取得了长足的进步。然而，自二十世纪八十年代末以来，由于受商品经济大潮的影响、一批老教师的相继退休和相当一部分青年教师的调离、出国等原因，北师大体育系的发展在二十世纪九十年代中后期步入了一个艰难曲折的蛰伏时期。

在新旧世纪之交，师大体育系不得不寻求和酝酿新的发展和振兴之路。2002年9月，北京师范大学在原有体育系和体育教研室的基础上，通过学科整合、融入新的师资力量，正式成立了体育与运动学院，并以此为契机，进行学科、专业和课程体系的结构性调整，实现了以体育教育专业、体育人文社会学为重点和主要特色，兼容其他体育专业和学科发展的重要转型。令人振奋的是，学院成立以来，在学校领导的关心重视和国内兄弟院校的支持下，全院上下一心，励精图治，奋力拼搏，已经在学科建设、师资队伍建设、教学与科研、运动与训练以及实验设备的改进等方面再次取得了令人欣喜的进步和成就，其转型已颇见成效。

时光荏苒，岁月如歌。如今，北师大体育系已经走过了一百年历程。百年来，名师荟萃，桃李芬芳，几多风雨，几多辉煌！百年来，每一个北师大体育人，与北师大体育系的发展荣辱与共，甘苦同当；百年来，一代代的北师大体育师生，不辱历史赋予北师大人的神圣使命，开拓和见证了中国体育运动的振兴发展之路，为中国体育和教育的发展做出了自己应有的贡献。回味北师大体育人走过的百年之路，我们感慨良多！尤其是一代代师大体育先师渊博的学识、崇高的品格和进取的精神，令人仰止，更加激励我们这些后人继往开来，奋发图强，再创辉煌，在中国体育和教育事业的发展中谱写新的篇章。

目 录

第一章　萌芽初创（1902—1922）

北京师范大学文脉厚重、历史悠久。学校的前身是1902年创立的京师大学堂师范馆，1908年改称京师优级师范学堂，独立设校；1912年改名为北京高等师范学校；1923年学校更名为北京师范大学，是中国历史上第一所师范大学。1931年与1952年，北平女子师范大学、辅仁大学先后并入北京师范大学。经过100多年的发展，北京师范大学已成为国内顶尖高校，为我国教育事业的发展做出了卓越的贡献。

北京师范大学有着悠久的体育传统，自1902年京师大学堂师范馆成立之初，体育便在此根植。此后虽几经变迁，但北师大人热爱体育、重视体育、推动体育发展的传统，一直代有传承、弦歌不绝。一部北师大体育史，也是一部中国近现代学校体育史，甚至是中国近现代体育史的缩影。它集中体现了国人在逆境中奋进、在困境中拼搏、在绝望中坚守、在黑暗中探索、在顺境中创新的伟大精神，激励着历代师大人不忘初心、践行理想，为祖国伟大的教育和体育事业不畏困难、顽强拼搏。

1902年至1922年是师大体育发展的萌芽和初创期。从1902年京师大学堂设立师范馆，到1917年北京高等师范学校正式创设体育科，再到1923年北京师范大学正式更名，这20多年间，新式体育在师大得到广泛认可和迅速发展，并在师范教育的特殊推动作用下开始在全国范围内得到传播。本章主要讨论体育在北师大发端的历史背景，分析这一时期影响北师大体育传播与发展的体育思想，总结这一时期北师大体育开展的主要实践与内容，论述这一时期北师大体育的历史影响与贡献。

图1-1　1902年12月17日，京师大学堂正式开学留影

图1-2　北京高等师范学校校门

一、北师大体育发端的历史背景与思想渊源

（一）历史背景：救亡图存与强国强种

清朝末期内忧外患加重，孱弱的王朝已无力抵抗西方国家的坚船利炮。无论是封建势力的代表，还是新兴资产阶级的代表，都在积极寻求救亡图存的出路。向西方学习其先进的军事、科技、教育乃至政治制度，成为那个时代的主题。在这种背景下，京师大学堂得以建立，所辖师范馆也被创设，西方近代体育也自此开始引入我国教育。

19世纪末20世纪初，中国政府在经历一系列战争失败后，被迫接受各种不平等条约。这不仅触发了有识之士前赴后继向西方学习的热潮，也逐步开启了国内思想、军事、经济、教育等方面的巨大变革。立国之本在于树人，要培养能够追赶并最终超越西洋列强的人才，必须有可以教授国人先进思想、理论与科学技术的高等学府。包括北京师范大学在内的我国最早的一批大学，就在这一时期应运而生。

1898年，清政府指令梁启超起草《京师大学堂章程》，并指派大学士孙家鼐为管学大臣、负责筹办京师大学堂。但因"戊戌变法"失败，筹办京师大学堂未能得以实质性推进。1901年，清政府签订丧权辱国的《辛丑条约》，致使其统治危机加剧。为了挽救垂死命运，清政府开启"新政"改革，其中较为重要的一项是改革教育制度、颁布《钦定学堂章程》。在此背景下，京师大学堂开设"师范馆"和"仕学馆"。仕学馆课程按照进士馆章程办理；师范馆作为优级师范学堂，按优级师范学堂章程办理。

图1-3　北师大的前身是京师大学堂师范馆，图为"大学堂"牌匾

京师大学堂师范馆于1902年12月17日正式开学，首批招生79名。1904年，京师大学堂师范馆改为优级师范科，当年先后录取学生200余名。京师大学堂师范馆的学生，是北京师范大学历史上的第一期，优级师范科的学生是第二

期。据《京师大学堂章程》所述，京师大学堂师范馆、优级师范馆开设的课程有伦理、教育、习字等十四门；体操名列其中，位居第十四。这个时期的"体操"一词就相当于今天的"体育"。由此可见，体育课程从一开始就已经作为一项正式科目列入学校教育课程之中。

第二次鸦片战争后，清政府以"中学为体，西学为用"为口号，以"求富求强"为目标，推进洋务运动改革，开启向西方学习的国家改革。军事领域，在编练新军和开设军事学堂的过程中，西方的体操作为军事训练的内容被引入国内。在洋务运动改革中，曾国藩的"湘军"、李鸿章的"淮军"和张之洞的"自强军"等新军的编练内容，都抛弃了传统的骑射刀枪，改练洋枪、洋炮和洋操。俄国在1861年至1862年间，先后赠送清廷万余支洋枪和若干大炮，并派教练帮助训练清廷禁卫军。1876年，李鸿章选送一批军官到当时的欧洲强国德国去学习，这批军官回国后就用德国兵操训练部队。在创办的军事学堂如福建船政学堂（1866）、北洋水师学堂（1880）、天津武备学堂（1885）、湖北武备学堂（1895）中，除了教授学员洋枪、洋炮等军事武器使用，还使用包括木马、单杠、双杠等当时国外常见军事体操项目去训练学员。与此同时，清政府选派的出国留学生在国外也浸濡西方教育文化，他们回国后也带回了英美的体育运动。

近代体育传入中国时，最主要的形式是兵式体操，对象主要是洋务派的新军。体育的独特作用，使其在这一阶段担负起了强国强种的重任。政府力量的推进，使得西方体操在国内得到很大的推广。

图1-4 京师大学堂首任管学大臣张百熙

1902年，管学大臣张百熙所拟定的《钦定学堂章程》尽管得到奏准，却未能得以实行。1903年，晚清政府又以日本学制为蓝本重新拟订学堂章程，于1904年颁布实施《奏定学堂章程》。这在仿照日本建立新教育制度的同时，也吸收了日本的体育办学经验，在学校教育中开设体操课，实施普通体操和兵式体操。《奏定学堂·学务纲要》

明确规定："各堂兼习兵学"，"除京师应设陆海军大学堂，各省应设高等普通专门各武学堂外，——兹于各学堂一体练习兵式体操，以肄武事"①。应政府要求，许多学堂开设体操课，大学堂和私塾也不例外。这样，体育从军事国防建设中的"强兵"手段，作为强健国民身体与培养军事素养的一种手段转入学校。

一个末世王朝为了挽救自己的统治而推行的措施，在很大程度上也契合了国人挽救国家危机的呼喊，尽管其改革步伐总是会迟缓社会呼声若干年，尽管改革总充斥着挽救王朝统治的主观动机。专制中央集权政府作为一种国家机器，其力量无疑是极为强大的；政令的颁布和推行能贯通整个社会上下层，这种国家行政能量是远非单个知识分子的力量所能比拟。所以，这个学制的推行，对于推广普及体育产生了极大的效应。如1903年山东大学堂"今年新添体操，颇于学生有益。既可舒畅筋骨，又可熟悉步伐，由此进业，大可鼓起尚武之精神也。每日下午三点半钟演至四点钟"。②1905年初，江苏龚镇首先创办私塾改良会，将体操等课作为本镇私塾必修课。随后其他各地也纷纷跟进，体操课在私塾中也获得发展。体育在女塾中也同样受到了重视，1905年春，上海女学堂之一的务本女塾，为使学生"活泼身体，健全身体"，也购置了各种运动器材，供学生进行"运动游戏"。当时，全国各大城市的学堂也都兴起了开运动会的热潮。仅1905年和1906年较有影响的就有1905年相继举行的上海南洋公学春季运动会、北洋大学堂学生体育会发起的天津12校联合运动会、京师大学堂运动会、天津青年会第三次运动会，1906年的广东运动会、山东师范学堂第一次体育运动会、京师大学堂第二届运动会等。

（二）思想渊源：尚武精神与西风东渐

京师大学堂师范馆是特定历史时期的产物，其办学理念与课程设置，势

---

① 陈学恂.中国近代教育史教学参考资料（上册）［M］.北京：人民教育出版社，1987：544.

② 张季鸾.创设体操研究所［N］.大公报，1909-09-21.

必受到当时社会主流思想意识的影响。晚清政府的衰朽腐败、屡屡战争失败以及当时国民精神的懦弱惝散，使得很多西方和日本人都认为，"中国之历史，不武之历史也，中国之民族，不武之民族也"（梁启超《中国之武士道》自序），视中国人为"东亚病夫"。在民族危机的刺激下，知识分子从救亡图存的目的出发，通过著书立说、集会报刊等途径宣传改革思想主张、推动变革。

图1-5 制定了《京师大学堂章程》的梁启超

当时社会占据主导地位的思想潮流之一，就是要"尚武"——希望训练出身体强健、精神勇猛的国民，以求强兵富国、抵御外侮、救亡求存。晚清政府的改革措施中，在军队训练与军事学堂引入西式体操训练士兵与军官，为国民了解和接受体育运动做了很大的铺垫。资产阶级改革派与革命派对于新式教育的重视、宣传与实践，对于传统中国尚武精神的发掘，对于西方尚武精神的引介，对于日本尚武精神的吸纳与宣传，为以后我国近代教育的发展以及学校体育的实施，创造了思想条件。

尚武精神是中华民族的优良传统之一，它主张体魄强健，养成强健勇武、崇尚武德之人，集中代表了中华民族爱国、强身、保民、自强、抗争、向上的精神。可是随着君主专制的强化，传统的尚武精神逐渐淡化流失，国民体质愈发羸弱。在民族危机的刺激下，知识分子从救亡图存出发，积极提倡近代体育。康有为认为，体育可以"动荡其血气，发扬其身体"，与德育、智育教育一样"为教育上缺一不可之物"。他提出了"欲强国必须强民，欲强民必须强体"的体育救国思想，提倡民族的尚武精神。梁启超在《新民说》第17节洋洋2万余字铺陈《论尚武》，专述民族体制、尚武精神、军事训练和体育的重要性。1904年，他钩沉史料、愤书《中国之武士道》，取70多个春秋战国时期不同阶层、身份和地位的著名人物，作为中国武士道精神的代表，来体现勇武侠义、文武兼备的中国人形象。他指出："今者，爱国之士，莫不知奖励尚武精神之为急务"，"盖欲使全国尚武精神，养之于豫，而得普及也"。蒋百里曾说：孰谓华族不尚武哉！不尚武者，历代之皇帝与识字之宰相而已。[①]

有识之士在探寻救亡图存之道时，除了开掘传统中国文化中的尚武精神，也积极向列强学习富国强兵之道。康有为在戊戌变法时期，就称赞德国以体育锻炼兵士的方法，"其操兵则登山跳涧，横野渡河，遇伏遭伤无不备。其兵立如山，行如水。"[②]1903年，梁启超在《新民说》中以专章"论尚武"，提倡"斯巴达之教育"。认为斯巴达精神主要包括：尚武精神为立国第一基础；教育专重体育；以军事为修身唯一之目的。此后他作《斯巴达小志》一文，论证古希腊人因其体育训练、身体强健和强大进取精神才得以称雄的历史；此外他还写了一些弱小民族的历史因为国民素质孱弱而导致灭亡的史学作品，如《波兰灭亡记》《朝鲜亡国史略》等。他将德国崛起归因为"惟尚武故。故欧洲诸国，靡不汲汲从事于体育，体操而外，凡击剑、驰马、踘蹴、角抵习射、击鎗、游泳、竞渡诸戏，无不加以奖励，务使举国之人，皆具军国民之资格"。[③]钱修智在《教育杂志》上著文说"德国，至于体育，则尽全力于身体之锻炼，以图国民体格之发达"。[④]蔡元培也曾指出，"希腊人之教育为体操与美术，即军国民体育与美育也"。[⑤]1915年，贾丰臻详述了斯巴达的尚武教育，"欲知军国民教育之所以，不可不知斯巴达之尚武教育。而其体操占教育最主要之部分，盖其体操教育之目的，非为腕力强大而已，亦非其身体圆满发达而已，责系军队的锻炼，其所采方法如击剑、乘马、游泳、疾走、相扑及枪投等"。[⑥]

日本明治维新后逐步强大，开始对外侵略扩张；甲午一役挫败晚清政府，1905年日俄战争中又战胜沙俄。于是强敌成为榜样，大批中国留学生也赴日

---

① 陈世恩.清末民初军国民教育之体育思想［M］//近代中国体育思想史论集.台北：台湾师范大学体育室，1990.

② 刘秉果.维新派对于中国近代体育发展的启蒙作用［M］//体育史论文集第3期.北京：中国体育史学会编，1987：126.

③ 梁启超.新民说·论尚武［M］//中国近代体育文选，体育史料第17辑//北京：人民体育出版社，1992：15.

④ 钱修智.德国之学校制度及教育情况.《教育杂志》，1913，5（9）.

⑤ 高平叔.蔡元培元教育论集［M］.长沙：湖南教育出版社，1987.

⑥ 贾丰臻.实行军国民教育之方法.《教育杂志》，1915，7（7）.

学习强国之道，日本的尚武精神和体育发展模式开始深刻地影响中国体育的发展。早在19世纪后期，郑观应在其《盛世危言·学校上》（十四卷本）中，就曾介绍过日本的学校体育："……就空地习兵式体操，一律更换戎衣、操演枪、炮、戈、矛等等，跃距曲踊，击剑相扑，务使劳其筋力，得有片刻分闲。若女子，则以柔顺为宜，故虽有体操，不沿兵式……"。[①]戊戌变法失败后的梁启超流亡日本，他在观看了日本人送别出征军人的情景后，写下了《祈战死》一文，表达了他对日本"入队之旗，祈其战死；从军之什，祝勿生还"这种举国一致"好武雄风"的崇敬之情，并向国人疾呼："生存竞争，优胜劣败，吾望我国同胞练其筋骨，习于勇力，无奄然颓惫也。"[②]

1900年以后，很多国内青年学子东渡日本，近代中国出现第一次留学高潮。日本的武士道精神、军队的训练和学校的体育训练，受到爱国学生的极大赞赏与认同。他们认识到，中国仅学习枪炮器械制造等物质器械还不够，必须学习日本的尚武精神。如留日学生金松岑认为，"欲强国莫如激发其尚武精神，欲激发其尚武精神先以体操入手。体操之效非一端，约言之曰：强筋骨，习步伐，齐心志三者。"他还指出："试观上海西人，无不身体雄伟，形式威武，并肩而行，万足如一。今吾如一。今吾中国之人，乃高肩缩项，奄奄如病，长短不齐，忽前忽后，优劣如斯，可以概矣。故体操一门，最为要着。西国学校皆以此殿科学之末，凡我学生，均宜练习。"[③]

在报刊媒体方面，1904年，天津《大公报》有文章说："体育者，智育、德育的基础也。今之规国势者，定一国之盛衰，不定于版图之大小与人口之多寡，而定于国民身体之强弱……总而言之，人民者，国家之基础也；身体者，又人生之基础也。身体强则人民强，人民强而国家自无不强。[④] 1905年

① 白刚. 中国近代体育史中的兵操体操与体育［J］. 上海体育学院学报，1999（12）.

② 梁启超. 新民说·论尚武［M］//中国近代体育文选·体育史料第17辑. 北京：人民体育出版社，1992：16.

③ 金松岑. 同里教育支部体育会演说［J］. 苏报，1903-3-17.

④ 刘志琴，闽杰. 近代中国社会文化变迁录（第二卷）［M］. 杭州：浙江人民出版社，1988：68，313-317，447，449-451.

《时敏报》登载《论尚武主义》，认为"旷观古今之历史，横览中外之大势，见夫国家忽兴忽亡，忽强忽弱，究其所以致此之由，……在乎民质尚武与否而已。盖民质者，国家之要素、社会之基础、兴亡之根源，而国家赖以成立者也。民质能尚武，则其国强，强则存；民质不尚武，则其国弱，弱则亡。英法德美何以强？强于民质之尚武也；印度、波兰何以亡？亡于民质之不尚武也。"①1905年《东方杂志》第二卷转这篇文章。又如时者所论，"体育者，竞争之利器，文明进步，随之以判迅速也"②。这些论述都在肯定并强调尚武精神和体育锻炼对于个体乃至民族的重大意义。

严复等启蒙思想家和教育家们认为，"民力已茶，民智已卑，民德已薄"是造成中国社会贫弱的根本原因，国家的治乱兴衰决定于民智、民力、民德。中国要振兴，必须从新民着手，即"鼓民力、开民智、新民德"，提高全体国民的素质。其中，"鼓民力"为"三育"之首，乃国家富强之基，正如严复所言："一国富强之效，而以民智手足体力为之基。③"著名学者杨度在《游学译编·叙》中指出："谋国也不仅使人人有国民之资格，尤必使人人有军国民资格。地球各国强盛，英君猛将为之乎？皆由军国民之独立独行、自争自胜之精神所膨胀于不得已者也。我中国而不欲自强则已，果其欲之，吾知非全国皆兵、人自为战无能济者"④。他强调锻炼身体、全民皆兵对国家兴亡的重要性。

在这种尚武救国、推崇体育的背景下，徐一冰创办了中国第一所体操学校，并在1909年创办中国最早的体育刊物《体育界》，同年又主编《体育杂志》，专业性的体育杂志开始兴起，去宣传体育的意义和方法。这一时期，报刊在传播先进思想、启迪民众方面能够发挥极大的作用。对于尚武、体操、体育、军国民主义等概念的大量介绍，这不仅引起了广大民众的共鸣，也驱动了各种民间的运动组织社团纷纷成立。

晚清政府在新式军队与武备学校中对于兵式体操的重视，知识分子借助

---

① 论尚武主义［J］.《东方杂志》，1905（2）.

② 体育［J］.《云南》，1906（1）.

③ 严复.原强［J］，直报，1895.

④ 董林亭.中国近代军国民主义思潮成因述论［J］.邯郸师专学报，1999，（2），32-35.

杂志书报对于尚武精神的宣扬和对体育的重视及其宣传，形成了广泛的社会思潮。社会民间体育锻炼社团的纷纷建立，也为体育运动进入教育铺垫了基础。正是在这样的背景下，京师大学堂师范馆将体操课纳入其课程体系中，体操课也被正式写入了办学目标与课程设置中。

二、体育科成立前北师大体育的开展情况（1902—1917）

（一）体育课程的实施

1. 1902—1904年师范馆时期

《辛丑条约》签订后，晚清政府下令恢复京师大学堂，并颁布施行《钦定京师大学堂章程》。章程将大学堂分为预备科、大学专门分科和大学院三级。预科又分政、艺两科，政科包括经史、政治、法律、通商；艺科包括声、光、化、农、工、医、算学。预科学制三年，毕业后可升入大学专门分科，并给予举人出身资格。大学专门分科相当于后来的大学本科，分科相当于学院；科下又分门目，相当于后来的系。规定共设7科：政治、文学、格致、农业、工艺、商务、医术。每科下设几个门目，7科共设35门。大学专门分科学制

图1-6　京师大学堂足球队队员合影

3—4年，毕业后可升入大学院（相当于后来的研究生院）深造，并给予进士出身。实际上《钦定学堂章程》颁布后，京师大学堂仅办了仕学馆和师范馆，后来有纳入"同文馆"；"合之大学预备科；仕学馆（后由大学堂分出，即今日政法大学之前身）；师范馆（后由大学堂分出，谓之优级师范学堂，即今日师范大学之前身），计为一科三馆云。"）。

京师大学堂师范馆于1902年招生，并于12月17日正式开学。当时师范馆录取学生79名，同期仕学馆录取57名。自此，我国的师范教育自成一个体系，不但有初级师范、中等师范，而且有了高等师范。师范馆学制3至4年，毕业后可任初级官吏或学堂教习。师范馆学生学习的课程包括伦理学、经学、教育学、习字、作文、算学、中外史学、中外舆地学、博物学、化学、外国文学、图画、体操等共十四门功课，其体操课的设置情况如下。

表1-1 《钦定京师大学堂章程》速成科师范馆体操课安排情况

科目	第一学年	第二学年	第三学年	第四学年
体操	器具操	器具操	兵式	兵士体操教学法

在教学内容方面，体操课主要分为徒手体操、器械体操、兵式体操，但兵式体操开始较晚。其实，现代体育在教育系统中的纳入并不是一帆风顺的。1898年创办的京师大学堂设置了体操科，也曾引起一场轩然大波。陕西道监察御史吴鸿甲上奏慈禧太后，攻击京师大学堂有科目进行徒手体操教学，让那些已经得到秀才、举人和进士等功名的学生擎托跳跃，"犹如优伶卖艺者"，不仅有失体统，而且还造成个别学生受伤，纯属胡闹。当时的管学大臣孙家鼐为之辩解，称"体操一事，原恐学生伏案太苦，俾之流通气血，洋人每好以此却病，臣也不便拦阻。"孙家鼐竟为因此招致官降一级。可见，当时很多重要官员依然是闭目塞听、不谙世态。但是在世界教育大势之下，体操科还是得到了保留。1903年沙俄霸占我国东北，留日学生在日本成立了拒俄义勇队（后改名为军国民教育会），勤练射击和体操，以备回国赴东北与沙俄决战。这些思想与行为通过报刊对国内舆论产生了积极影响。京师大学堂学生们也纷纷要求开设兵式体操课，并且规定每日凌晨5时全体学生必须上操，否则以旷课论。

1904年张之洞入校视察教育，还专门参观了京师大学堂同学们的兵操表演。

2. 1904—1908年师范科时期

1904年，京师大学堂师范馆改为优级师范科，本年先后录取学生二百余名。师范馆招考学生的方式有二：一是自愿投考，在京直接举行考试；一是由各省择选保送，通过复试再决定录取与否。上述师范馆开学时的79名学生都是在京直接招收的，以后又从各省保送的学生中录取50余名，合计130余名。这样，京师大学堂优级师范科，第一期学生和第二期学生合计，共三百余名。学堂教授时间，每周约三十六小时。课程分为公共科、分类科和加习科三种。其中，公共科和分类科都明确将体操纳入整个课程设置体系之中。在体育课学时的安排上，体育课第一学年到第四学年，每周都是三节。[①]

学校不仅把体育列为必修内容，而且还组织考核，以检查学生们的学习情况。例如，据史料所载，1907年2月25日至3月2日学部举行分科毕业考试，体操由大学堂体操教习在操场举行考试，考试内容是徒手柔软体操。可见，当时的体育课程的设置与开展并不是流于表面，而是真正得到实施，只不过内容主要以带有军事色彩的兵式体操为主，与今天大学的体育课程有很大不同。

图1-7 京师大学堂毕业生合影

---

① 肖冲.京师大学堂体育考［J］.体育文化导刊，1988（4）：1-32.

3. 1908—1912京师优级师范学堂时期

《奏定学堂章程》颁布的时候，张之洞就倡议师范馆与京师大学堂应该分设。1907年，京师大学堂优级师范科第一期学生(即原师范馆学生)毕业；1908年，京师大学堂优级师范科第二期学生也毕业。1908年5月，清政府决定：京师大学堂优级师范科，改为京师优级师范学堂，以造就"初级师范学堂及中学堂之教员、管理员"为宗旨；就厂甸五城学堂地方改建校舍，奏派陈问咸为监督。这在我国历史上为首次独立设置高等师范学校。自此，我国不但有了为培养中等教育师资和行政管理人员的专设机关，师范教育也有了高级、中级、初级三级完整的组织系统。

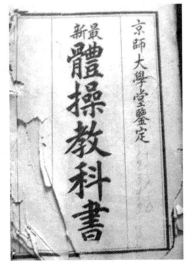

图1-8 京师大学堂的体操教科书

北京优级师范学堂于1908年10月举行第一次招生入学考试，直接取录学生80余名，入公共科，并于11月14日正式开学。此后两年内，又分三次补招各省保送来的学生，共录取一百五十余名，也入公共科。而后，第一次录取的公共科的学生通过考试毕业，升入分类科：计入"第一类"者30余名，入第三类者40余名。

据《奏定学堂章程》规定，优级师范学堂的课业学习分为"三节"：公共科，一年；分类科，三年；加习科，一年或二年。但京师优级师范学堂只设有公共科和分类科，加习科并未设立。公共科和分类科都设置了体操课。公共科相当于预科，开设八种课程：人伦道德，群经源流、中国文学、东语、英语、辨学、算术和体操。分类科相当于本科，所设学科计分四类：第一类，以中国文学、外国语为主；第二类，以地理，历史为主；第三类，以算学、物理、化学为主；第四类，以植物、动物、矿物、生理学为主。这四个分类中，还有和现在我国高校公共必修课相当的所谓"通习科"，包括人伦道德，经学大意、教育、心理、体操等。

4. 1912—1917年体育科成立前北京高等师范学校时期

辛亥革命以后，民国政府修订了学制，全国划分六个高等师范区，直接属于教育部管辖。北京为首区，应该有高等师范学校。1912年5月25日，政府明令改京师优级师范学堂为北京高等师范学校，以陈宝泉为校长，筹备开学事宜。当时教育部规定的学校教育的宗旨是："注意道德教育。以实利教育、军国民教育辅之，更以美感教育完成其道德。"（1912年9月2日教育部令第二号。）高等师范学校以造就中学校、师范学校教员为目的。（《师范教育令》（抄件存北京师范大学文书档案室）。）学校建立之初就一直重视体育课程的开设，在预科部和本科部中均将体操课设置为必修课。详情如下：

1912年9月颁布了《高等师范学校规程》。其中有关"学科"和"学额及修业年限"的条目摘要如下：

第一条：高等师范学校分预科、本科、研究科。

第二条：本科分国文部、英语部、历史地理部、数学物理部、物理化学部、博物部。

第三条：预科之科目为伦理学、国文、英语、数学、图画、乐歌、体操。

第四条：本科各部通习之科目为伦理学、心理学、教育学、英语、体操。

第五条：本科各部分习之科目如下：

国文部：国文及国文学、历史、哲学、美学、言语学。

英语部：英语及英文学、国文及国文学、历史、哲学、美学、言语学。

历史地理部：历史、地理、法制、经济、国文、考古学、人类学。

数学物理部：数学、物理学、化学、天文学、气象学、图画、手工。

物理化学部：物理学、化学、数学、天文学、气象学、图画、手工。

博物部：植物学、动物学、生理及卫生学、矿物及地质学、农学、化学、图画。

各部可加授世界语、德语、乐歌为随意科、英语部可加授法语。

第八条：高等师范学校得设专修科（于师范学校及中学校某科教员缺乏时设之）。

第十条：高等师范学校得设选科（选科为愿充师范学校及中学教员者设

之。其科目得选习本科及专修科中之一科目或数科目，但伦理及教育学均须兼习）。

第十一条：预科、本科学生之总额，须在六百人以下。研究科及专修科无定额（预科学生之定额一百五十人。本科每学级之定额国文部、英语部、历史地理部，各三十人。数学物理部、物理化学部、博物部，各二十人）。

第十二条：高等师范学校之修业年限：预科一年，本科三年。研究科一年或二年；专修科二年或三年；选科二年以上，三年以下。

第十三条：本科第三年级学生，应在附属中学校、小学校实地练习。专修科、选科学生最后学年亦如之。

（二）运动会的开展与体育场地简况

晚清时期京师大学堂不仅是全国的最高学府，也是全国教育的最高行政管理机构。1905年及1906年，学堂举办了两届声势浩大的运动会，对全国学校体育运动的发展起到了极大的示范推动作用。早在运动会召开前，京师大学堂总监督就发函通知北京各学堂，希望大家来观赏比赛，甚至有兴趣者可参加比赛。在这份1905年4月发布的《总监督为大学堂召开第一届运动会敬告来宾文》中，首先表明开办时间与地点："直隶湖北等省，屡开运动大会，若京师者，首善之区，尤宜丕树风声，鼓舞士气。兹拟定于四月二十四日，学堂将开运动会"。接着表明了邀请态度，"伏恳学界诸君子，是日十二点钟贲临以光盛举。谨将运动会条目奉上，如各学堂学生愿到会场演习者，乞自认何类，先期限示知敝堂报名处，以便接待"。继而说明"学堂教育之宗旨，必以造就人才为指归，而造就人才之方，必兼德育、体育而后为完备"。通过运动会是让人们懂得"非重体育不足以挽积弱而图自存"之道理，只有让学子们都能"渐知尚武，渐能耐劳"，才能培养出他们"临事不辞难，事君不惜死"的精神。对于此次运动会的比赛精神，文中也有明确的说明："本大学堂学生平日课余皆令练习各种体育法，而今日之会，则无论其技之熟练与否，皆得与焉"。所以，本次运动会强调体育精神与参与意识，而不是运动技巧的展示和比赛结果；项目的设置都是适合普通学生参与的大众体育活动。

本次运动会赛程为两天，共有32个比赛项目（详情见下表）。运动会的项目主要为田径类项目比赛，突出了娱乐性与健身性；同时比赛也提倡参与人员的广泛性。

表1-2　首届京师大学堂运动会比赛项目

日期	项目及次序
28日	掷褪、八百米突竞走、跳远、二百米突竞走、掷球、跳高、顶囊竞走、一百米突竞走、提灯竞走、犬牙形竞走、三百米突竞走、四百米突竞走、一脚竞走、六百米突竞走、掩目拾球竞走
29日	掷褪、顶囊竞走、掷球、越脊竞走、跳高、一百米突竞走、提灯竞走、二人三脚竞走、犬牙形竞走、拉绳、职员匙蛋竞走、来宾竞走、各学堂学生竞走、六百米突竞走、掩目拾球竞走、各科选手竞走、一千米突竞走

学堂人员对于运动会并没有组织经验，但是过程管理与项目活动也尽量做到整齐有序，井井有条。首先，在会场布置方面。1905年的5月27日早晨8点，300多名师生身着统一的棉布运动服（白色短衫长裤、扎紧裤角），在教习的带领下进入沙滩上的运动场。操场大门口扎起彩门，张挂运动会的黄龙旗，正中树立万国旗，操场门口安排两列巡捕负责安全保卫工作。8点钟运动会开幕式准时开始，军乐队在最前面奏乐引领，巡捕们用鸣枪的仪式欢迎各队师生入场，整个会场充满庄严与高贵感，体现着西式运动会的气派。为了增加会场里的热烈气氛，京师大学堂的每个学馆都自制一面大彩旗以便呐喊助威，如师范馆的彩旗为一面红缎一面蓝缎，上书"大学"二字；仕学馆的大旗为白绸红边，上书"仕学"二字。赛场内还有人专门负责分发纸制的龙形小旗，每个入场者都可以领一面小旗来助威。

其次，在人员管理方面。对于本校教员和学生，运动会特别提出了纪律上和服装上的要求：除了不许请假之外，还号召全校教职员工戒除"五陵侠少"的浮华风气，在运动会开幕的那一天，一律脱去华丽的丝绸服装，换上白色的棉布运动服，列队入场。为了使运动会看起来整齐美观又有区分度，京师大学堂各馆都有统一的服装，如师范馆与其他各馆一律都穿白色操衣，衣服上有红号码者为学生，蓝号码者为预备科；只有仕学馆穿土色棉布运动衣，以示身份的不同。而不同的年级、科别、参加项目的差别则由印着花朵、条纹、星星的徽章来区别。现场设有裁判来评定比赛结果，由巡警、监督来维持纪律，由杂役来负责茶水饮食，他们也都佩戴不同颜色的徽章，以示身份上的区别。

再次，在接待运动会来宾方面，也有充分准备。京师大学堂采用预约人数进行登记预约的方法，运动会召开之前进行观众的登记预约。开幕之日，运动会的来宾一律凭票入场，统一安排在固定的座位上，凭票领取"领汽水一瓶""点心一包"，但所有的仆从不能跟进场里，来宾亦不能离开座位随意在场地内走动。未接到邀请前来观看的观众不得进入操场内，只能坐在大操场的外面观看。操场外的数千名观众散乱地坐在阳光下的沙地上，被运动会的激烈氛围吸引，从上午8时一直看到下午7时。

第三，在比赛准备与过程管理方面，也在不断摸索。由于没有先例可以借鉴，第一届运动会事先并没有制定出详细的运动会管理条例。早在运动会召开前一个月，各学堂教习就要求本单位人人参与并发放训练券，为运动会做好训练准备。在运动会第一天出台的《运动员比赛禁例》里，只有要求参赛者"注重礼节""不得妨碍他人""服从指定"的笼统规定，缺乏更加具体的比赛规则。随着运动项目的紧张进行，组织者看到了赛场上的漏洞，于是第二天出台了更加规范化的《运动员比赛规则》。在这个条例里有了关于比赛的各项细则的明确规定，比如跑到终点时以胸部触决胜线为准；发令枪不响，双脚不能踩在起跑线上；如跳远丈量的标准是足迹之间最短的距离；跳远、跳高以两次中最好成绩来算；有意妨害他人的人，成绩无效等。这些细则让参赛者既学到了运动知识，也懂得了西式运动会的规范性。[①]

运动会的举办具有鲜明的时代意义。在特定的历史时期，这次运动会是中华民族正在接受进步理念、迈向文明时代的重要标志。运动会调动了全校师生参与体育活动的热情，也调动了全校师生的集体意识，极大地提高了师生们的竞技意识和参与体育活动的兴趣。学生在运动场上表现出的热情是空前的，他们除了参与竞技之外，还积极地想方设法让自己的学馆在体育场上

①金慧侠.试析1905年京师大学堂第一届运动会［J］.兰台世界，2015（4）：75-76.

表现得更出色，会后积极参加各项体育活动，推动了京师大学堂与整个北京城体育活动的开展。而且，这次运动会也成为京师大学堂对外宣传体育教育宗旨的大好机会，获得很多人的观赏和参加。当时的舆论界称："国学进士肯来与会，亦数千年未有之一线文明，足见学界之日渐发达。"前来参观运动会的王公大臣、将军贝子不计其数，更有外国公使偕夫人到会参观，使京师大学堂的第一届运动会声播国外，引起国外媒体的关注。

京师大学堂第一次运动会，为后来的学校运动会积累了经验。1906年大学堂的第二届运动会上，又增加了《本校学生赴运动会简章》9条，明确规定在运动会期间请假者一律按旷课论处；学生在会场上要遵守教习统一指挥，齐听鼓号，步伐整齐；坐有定位，不能越次纷扰，高声笑语及做其他不礼之事。在第三次运动会准备期间，因为训练人数太多，运动场地不够用，所以京师大学堂开始发放训练券，学生要凭票入场训练。这些规定都使学校的体育运动越来越规范，朝着科学文明化的方向发展。运动会的声势，在当时的北京教育领域造成了很大的影响，媒体上也广为宣传体育，推动了教育界对于体育运动的重视，例如1906年5月，《大公报》在《京师大学堂运动会记》中慨言："欲求一不老大、不病夫之策，非德育、智育、体育三者并行不为功。使有德育、智育而无体育，则人人皆无尚武精神，唯逐日梦魂颠倒，疲弱不堪，虽有德育、智育、终无所用。甚哉！体育之功伟也。"① 关于师大体育的这些言论和实践，为体育运动在教育领域的普及起到了开启先河和引导风潮的作用。

体育课程的设置与体育活动的开展均离不开场地与师资，无论是京师大学堂时期还是优级师范学堂时期都有场地与设施建设的相关记录。"京师大学堂建设地面，现遵旨于空旷处所择地建造。所应备者，礼堂、学生聚集所、藏书楼、博物院、讲堂及体操场。体操场分两处，一处为屋外体操场，一处为屋内体操场"（钦定京师大学堂章程·第八章 建造）。同时购置了相应的体育设施，包括图书、黑板、几案、体操各种器具与标本模型。同时对学生

---

① 徐莹 . 京师大学堂运动会记［N］. 大公报，1906-05-03.

上课也有相关要求，规定学生上操时要穿上专用操衣、操帽、操鞋，冬夏两套操衣由国家出公款制作。

1908年京师优级师范学堂成立后，也十分重视体育设施建设。当时的监督是陈问咸，教务长是陈文哲，教务长是王荣官，庶务长是彭祖龄。陈问咸字次方，湖北安陆人，清末举人，原为学部建筑科主事。在他任监督的时期，优级师范学堂增修了一部分斋舍，新建了阴雨体操场（即以后数十年来始终兼作礼堂使用的北京师大"风雨操场"），并新建了理化教室和理化实验室。

三、体育专修科的初创与发展（1917—1922）

（一）体育学科初期的师资与学制情况

民国初年由于全国各级学校设立了体育课程，同时体育教师又特别紧缺，暂有的又多属滥竽充数之辈，培养体育教师成为当时中国教育事业亟待解决的重要问题。北京高等师范学校责无旁贷地承担了这一历史任务。1917年，北京高等师范学校创设体育专修科，同年进行第一届招生并于2月份开学。几乎同一时期，南方的南京高等师范学校于1916年也设立了体育专修科。北京高师和南京高师，成为我国设立体育专修科最早的师范学校，在培养体育教师这一事业起到了南北呼应的声势。

体育专修科创立伊始，科主任为吴清林（一说为焦莹）[①]。学级主任为焦莹（后任北京学务局长）。教师主要以留日归来的体育老师为主。美国学者舒美柯医学博士也在此任教。体操专任教员有：施鸿谟、石宝光、俞飞鹏、刘馥。兼任教员为石学万、

图1-9　徐英超在1918年春入学后练习体操

---

① 由于不同资料有出入，第一届专修科主任是吴清林还是焦莹，仍有待继续考证。

孔繁俊、彭福生、白勤伦、舒美柯（美国人、医学博士）、侯克伦、陈瑞祥。课外运动专任教员为王振山、袁敦礼（兼任舒美柯博士的英文翻译）、张忠元、陈国良。课外运动兼任教员为纪德、杨兆清、周俊山。（录自北师大档案室存《北京高等师范学校十周年纪念录》，有增删）。

北京高师体育专修科的第一届学生于1917年2月入学，学制2年半，并于1919年夏毕业。第一届毕业生有方万邦、徐英超、朱恩德，王梓固、臧凌云、李景耀、马泽民、于吉六等共32人。

当时的课程设置主要有：伦理学、心理学、卫生学、解剖学、体育原理、教学法、国文、英语、体操（由徒手操和军事操组成）、武术、田径、球类（由于条件所限只有足球和篮球）。这些课程内容的搭配已经具有相当的科学水准。技术内容中军操已只占一小部分，与先前其他学校的普通体育课由士兵任教师、主要传授兵式体操时期相较，在师资及教学内容上都发生了重大变化。北京高师体育专修科的成立，及其教学体系的初设，逐步给国内体育教师的培养、及学校体育教育开启了一次深刻的变革。

图1-10　1917年，北京高等师范学校为培养中小学体育教育人才设立
体育专修科，开创中国现代体育教育，图为体育专修科学生在上课

1919年，北京高师体育专修科招收了第二届学生，学制改为三年，班主任为袁敦礼。第二届体育专修科招收的学生主要有王耀东、翟荫梧、治永清、宫

文丽、杨致焕、沃玉林、宏瑞智、李秉鉴、刘钰、徐涛、罗一东、王学韬、邢壮观、周宪、张武成、李清英等共计二十一人。此时，体育专修科的师资配备和课程设置，已经比较完善。袁敦礼教授英文；美国专家费特教授体育原理、生理解剖和游戏（李蒸担任翻译）；曾仲鲁教体操课和教学法，王石卿教田径和球类，国学大师钱玄同教授国文。值得一提的是，袁敦礼和李蒸，日后分别担任了北京师范大学校长一职（李蒸，1932年7月至1945年8月；袁敦礼，1946年7月至1948年12月担任北师大校长一职），选拔优秀人才担任教师在一定程度上反映了当时对体育专修科的重视。优秀学者在体育专修科的任教，对学生的培养起到了举足轻重的作用，为日后中国体育教育界做出了不可磨灭的贡献。除袁敦礼外，这一时期的学生中还有如徐英超、方万邦等，日后都成为了中国体育教育界最有影响的大师级人物。

由于师资和器材等条件的影响，第一届和第二届招收的学生都不多，而且是在头一届毕业后才招收第二届。第二届学生于1922年毕业后，开始招收了第三届学生，学制由三年改为四年。此后，开始每年招收四年制学生。1924年开始改为预科两年，本科再加两年共四年。从这一时期开始，招生和教学都步入了一个比较安定的阶段。因此1917—1922年属于体育系的初创期，此后开始进入稳定快速发展阶段。

（二）课程设置与教学条件

1922年新学制颁布后，北京高师也进行了改革，把学制增加到四年制，逐渐构建了符合当时历史条件下完整的、有计划地培养模式。体育专修科的课程体系，很大程度上沿袭了新学制之前的内容。基本的变化是：在理论课中加入了英文学习，在体育类理论课程上加入了体育史和心理学的内容，在术科方面引入了田径运动、舞蹈类课程。以下为1917年创设体育专修科时的课程设置情况：

（一）术科

1. 拳术（每周五小时）

甲、外功拳（每周三小时）单拳对手、矮步及各种实用方法乙、内功拳（每周二小时）主要是太极、推手等。

2. 柔术

甲、摔跤（每周三小时）摔跤术各种用法、矮步滑车各教练（基本技术），以及解脱危险各法。

乙、柔道（每周二小时）教授柔道之目的及胜负之理论，乱捕倒法、运体发及各种投形、固形皆于实地练习时随时指导之。

3. 体操

甲、兵式操（每周四小时）单兵及持枪排练（依1915年操典进行）。

乙、普通操（每周二小时）理论讲体操史、体操学说和瑞典、德、英及美国的实际情况。

技术方面包括徒手及器械，轻重各法（指轻器械及重器械）皆渐次实施。第三学期讲体操教育学，使学生了解体操原理。

4. 游技（田径运动及球类运动等）

甲、运动竞技（每周三小时）指田径各项。室内讲授各项运动心得及原理。室外重示范，引导学生在练习、比赛过程中培养钻研兴趣，成绩因体格不同而有出入。主要使学生熟练掌握方法和规则。

乙、游戏竞技（每周两小时）为团体游戏球类等，讲授发展史及理论研究。技术则为熟练规则及学习动作技能。

此外，第一学期讲授急救疗法，第二学期讲授场地设备及管理，第三学期讲授体格检查方法。"童子军"则于第二学期运动竞技时间内讲授。

（二）学科

1. 伦理（每周二小时）先讲实践伦理，包括个人伦理、社会伦理。继之由学理方面讲授伦理学，程度与理科本科基本相同。

2. 国文（每周三小时）包括古今文选（每周选一篇），每两周作文一篇（每次二小时）

3. 心理及教育（每周二小时）包括普通心理及普通教育。

4. 体育学（每周二小时）分古代、中世纪及近代的各国体育发展情况。

5．生理卫生（每周三小时）先讲授普通生理学，其程度同博物本科学生。然后讲授卫生学，包括个人卫生及其他卫生。

6．军事学（每周一小时）

7．音乐（每周一小时）与预科同。

——张志贤：北京师范大学体育系变迁

从体育专修科的课程设置中可以看到，虽然早期的兵式体操还有所残留，但它已经只是一小部分；学生们不仅学习普通体操，也学习武术、田径、游戏和球类等课程。同时，体育专修科开设了多项包括体育生理卫生、心理学、国文、伦理在内的思想理论课程，这使体育不仅仅囿于身体的运动训练，而且上升为一门学科。这一时期，由于专修科许多教员是留日归来的老师，日本的柔道也进入了中国大学课堂。早期的体育专修科，已经很重视语言文化的学习，这一点可以从国学大师钱玄同也曾在体育系任教的这一史实上得到印证。

下表所示的是北京高师体育专修科1920年时课程的课程表。与1917年的课程设置基本上没有大的变化，反映出当时课程设置已经具备了一定的稳定性。

表1-3 北京高等师范学校体育专修科1920年课程表

	一学期	二学期	三学期	备注
伦　理	2		2	
教育心理	心理3	教育3	教育3	
应用解剖学	3	4	4	
体育史	2			
生理学		2	2	
国　文	2	2	2	
国　语		1	1	
英　文	5	5	5	
军事学		1	1	

（续表）

	一学期	二学期	三学期	备注
乐 歌	1	1	1	
兵式操	3			
兵式训练		2	2	
田径运动	2	2	2	
舞 蹈	1	1	1	
竞技游戏	1	1	1	
拳 术	4	4	4	
体操术	3	3	3	
合计	32	32	34	98

资料来源：《教育公报》1921年6月

北京师大校址几经迁移，教学条件与设备，在不同阶段有不少变化。设体育科初期，地址在北京和平门外南新华街，地处繁华地段，场地狭窄，建筑设备受到很大限制。有以室外运动场，有200米径赛跑圈一个，跑圈东面为一直径110米跑道，仅可容高栏。场内设有田赛的跳远、跳高土坑各一，铅球、铁饼圈各一、网球场三、排球场一。到了冬季，在场东西两端竖立足球门乍为足球场，长30米有余。同时，网球场与排球场改为篮球场。春季垒球活动在足球场，但不能与田赛同时练习。这一时期，国内的体育用品也很紧缺，一般从欧美、日本进口。直到20年代，才开始有人集资开办前店后厂的体育用品制造厂。

图1-11 朱恩德

（三）运动竞技成绩

1. "追火车"的体育明星——朱恩德

朱恩德，近代著名竞技运动人才。1894年出生河北郑州镇的农村，自幼聪明好学、颇爱习武，练就一身武功，人送绰号"飞毛腿"。中学时品学兼优、身体强健，又坦诚豪爽助人为乐，深得师生的好评。老舍回忆这位同窗好友时不无幽默地说："朱恩德惯用手脚说话，全班人都抵不过他。同学们羡慕他的聪明才智，又敬佩他蛮健的体魄。"中学时代的他，在单、双杠、篮、排、足球等运动项目就极为擅长，曾参加北京市和华北地区运动会，比赛中取得较好的成绩，在国内体坛初露峥嵘。中学毕业后，他考入北京高等师范学校体育专修科；入校后即被选入田径队、参加全能项目的训练。为了尽快提高自己的水平，他自创很多训练方法。他常去火车站，先把衣服放在即将启动的火车上，不等火车开动就向下一站台奔跑。等这列车到下一站，他也已经跑到，然后从车上取下服装，自行离去。在市区，他也常用同样的方法和电车、汽车赛跑，这就是后来人们常说的朱恩德追火车的真相。

　　1917年5月，朱恩德代表国家参加在日本东京举行的第三届远东运动会，在五项全能的比赛中，他获得第三名。1919年春，为选拔第四届远东运动会的选手，参加北京学校举行联合运动会。朱恩德一人取得四项第一名：220码和440码跑、跳远、三级跳远；一个第三名：撑竿跳；两项第四名：百码跑、跳高；还获得1英里（1英里=1.609344千米。下同）接力第二名。朱恩德个人总分成绩遥遥领先，并为高师取得团体第二名立下大功。在华北地区选拔赛中，他获得220码、440码、三级跳远三项第一；跳远第二名；高栏第三名。他因此再次被选入国家田径队。在1919年5月，他参加在菲律宾马尼拉举行的第四届远东运动会，比赛中以753分的优异成绩力挫群雄，获得十项全能冠军；又以359分的成绩获得五项全能冠军。最终因为其卓越的运动成绩，而被授予远东运动会的总锦标——天坛宝塔。菲律宾的报纸也称朱恩德是"中国的英雄"。这一成就威震远东和世界体坛，为中华民族铸就辉煌荣耀，也在中国体育史上留下了光辉的一页。1921年5月，在第五届远东运动会他取得十项全能第三名。[①]

　　体育专修科毕业后，他在北京第二中学与求实中学任体育教师。1926年，先后在长沙金泽大学、岳云全专、湖南省立第一师范继任体育教师。在教学

————————

　　① 朱书堂.回忆父亲朱恩德·体育史料（第六辑）［M］.北京：人民体育出版社，1982：35.

中，他特别关心和爱护学生，对有培养前途而家境困难的，他都给予资助。如任丘县军庄村马祥波，在岳云体专读书时，因家庭生活困难，朱恩德不仅资助其伙食、服装，还为其解决探家的往返路费，后来马祥波在全国运动会上曾荣获撑竿跳、跳高、铅球等项冠军。朱恩德性格率直、刚强倔强、疾恶如仇，因此不得上司赏识、并常遭携私打击报复，曾几度被解聘失业。生活无着与贫困，使他常有精神失常发生。后因在北京街头指斥日军侵略，1942年8月被日本宪兵队戕害，时年四十八岁。朱恩德为中国体育事业奋力拼搏取得显著成绩，曾威震亚洲体坛，他的名字和事迹将永载体育史册。

2. "篮球五虎" 初显峥嵘

篮球运动起源于19世纪末的美国，传入中国较晚并且范围十分有限。早期主要集中在有美国人活动的天津、北京等华北一带。由于当时中国体育还很不为人重视，故这项运动主要集中在几所高校之中，如天津南开大学、清华大学、北京高等师范学校等。民国初年，这种由高校为主的情形未有多少改变，只是范围有所扩大，华中、华东、华南地区也都开展起来篮球运动，不过水平远无法与华北地区相比。

1919年北京高等师范学校就组建了篮球代表队，这支队伍训练刻苦、技术精湛、团结拼搏，继承发展，一代比一代强，在1937年日本侵华之前，高师篮球队在京城的竞技场上活跃了18个春秋，不仅十多年执北京校篮球比赛之牛耳，为国内篮坛所瞩目；还在国际篮球比赛中连连取得佳绩，为祖国争得了荣誉。因此，这个群体被校内师生与社会媒体称为"师大五虎将"。依照师大的历史顺序，可以将他们分为四代。这里仅仅介绍第一代高师的校篮球队。

图1-12　1921年赴远东运动会篮球代表

第一代"五虎将"：王耀东（体育科）、翟荫培（体育科）、李澄之（英语部）、魏树桓（英语部）、王鉴武（国文系），指导教师：王石卿。这支队伍是1919年在全校的选拔和调整后形成了班底，上述五人，是这只队伍的核心主力。指导老师王石卿，曾经留学美国篮球诞生地——春田学院专修体育，不仅自己篮球运动技能优秀，也具有深厚的战术指导能力。1920年，为迎接第五届远东运动会而举行的华北区篮球预选赛在京津进行，代表北京的高师篮球队与代表天津的南开篮球队狭路相逢，高师篮球队在王石卿教练的指导下以大比分取得胜利，获得了代表华北区的唯一资格，接下来的比赛中，北京高师队力克华北、华中、华南、华东的代表队，获得代表中国参加第五届远东运动会的资格。这支以北京高师学生王耀东、翟荫培、魏树桓、王鉴武与清华大学学生孙立人的篮球队，代表中国参加在1921年于上海举行的第五届远东运动会，中国队的主要对手是菲律宾队和日本队。自从1913年以来，菲律宾队连续独揽了前4届远东运动会的篮球冠军，成了远东篮坛霸主；日本队后来居上，也是一支劲旅。他们根本不把被列强污蔑为"东亚病夫"的中国人放在眼里，傲气十足。中国的小伙子偏不信邪，立志为国争光。5月31日，中国队迎战菲律宾队，次日再战日本队。两场比赛，都是在中国队比分落后、终场前的关键时刻，球队力挽狂澜、反败为胜，使中国队以30比27胜菲律宾队，以32比28胜日本队，从而取得了本届远东运动会篮球赛的冠军。这是民国年间中国获得的唯一一个国际比赛冠军，也是中国史上的第一个篮球冠军。这一胜利轰动海内外，北京高师篮球队成为人们心中的民族英雄。

3. 篮球史上的传奇人物——王耀东

王耀东，著名体育教育家，中国体育史上的传奇人物。原名王荣春，1900年9月出生于黑龙江省嫩江县，中学时即酷爱运动。1918年考入北京高等师范学校补习班，一年后入体育专修科，正式开始了他的体育运动生涯。在校期间为了练习长跑，他天未亮即到操场。当时学校操场只有200米跑道，跑圈太多常常忘记圈数。他在兜里装上75粒黄豆，每跑完一圈就将

图1-13　王耀东

一粒豆子移到另一兜里，一直到黄豆全部转移完就结束训练。他的刻苦训练与顽强意志得到袁敦礼老师的关注，将他选拔进学校田径代表队。在教练的指导下，他进步极快。1919年4月，他代表学校参加第七届华北运动会，取得5英里长跑的冠军。

高师校园里繁多的运动，篮球运动的对抗与速度逐渐吸引了他。他业余刻苦训练球技并几次申请，终于被学校篮球队接纳，参与到球队的训练中。他个子高、机智敏捷、作风勇猛顽强，在王石卿教练的指导下很快成为主力队员。因为投球特别准，被誉为全队的"神投手"，每次对外比赛均由他承担全场的主罚任务（当时规则允许在对方犯规时，本队可由任何人进行主罚）。师大篮球队在各种球赛中屡战屡胜，成为京城媒体中的篮球"五虎将"。1921年5月，第五届远东运动会在上海举行，以师大篮球队为班底的中国代表队在王石卿教练的指导下，力克群雄夺得冠军。王耀东因为系列赛事中力挽狂澜的绝佳表现，而成为国人心目中的爱国英雄。

1922年7月，王耀东毕业留校任教，并兼北师大篮球队教练，训练出一代又一代的师大篮球"五虎将"。1931年，他出任北京大学体育主任，所指导的男女网球队在京城高校赛事中总是独占鳌头。抗战后他跟随学校西迁陕甘，在西北联大和国立西北大学任教，在艰苦的条件下他与师生因陋就简自制教具，持续推进体育教育、开展垒球运动。新中国开国大典时候，他应邀参加，并当选为中华全国体总的委员和西北分会的副主席。新中国建立后，他依然在西北大学工作，并参与领导西北地区的体育事业，对于改变西北体育运动的落后面貌贡献很大，多次受到原国家的表彰和奖励。

本章小结

从历史的角度来看，1902年至1922年，是北京师范大学体育学科的萌芽和初创期。晚清以来，政府对于兵操在军队与学校的推广，梁启超等知识群体的宣传和引介，留学归国学生们在国内的传播与推动，使得尚武思想与军国民教育在国内得到推广，体育强健体魄与凝聚人心的作用也开始被人们所重视，各类体育运动项目在国内开始逐渐得到传播。在这种背景下，从京师大学堂师范馆创设之初，体操课即成为四年的课程教学内容之一，体育就成为学校教育的重要环节。1905年，京师大学堂还举办了首次全校运动会，开创了北方高校体育运动会的先河。

1917年，北京高等师范学校正式创立体育专修科。吴清林、袁敦礼等先辈聚揽知名体育学者，引入美籍教师舒美柯、费特等专家，留美教师王石卿、留日教师曾仲鲁等人才。他们集合众人之力，规划出体育科的课程体系，建立起较为科学的体育理论和技术的培养方案，在课程教学中十分重视学生的综合素质培养，在物资设备比较困难的条件下，培养出了诸如徐英超、方万邦、朱恩德、王耀东等日后体育界栋梁之才，以及众多优秀的体育教师与体育管理者。体育专修科的教师们，还积极培养竞技人才，倾力进行校队训练和竞赛，不仅为学校、也为国家争取了多种荣耀。体育专修科，也成为北京高师重要的教育力量。北师大的体育先辈们在救亡图存的时代背景下，从零开始，筚路蓝缕、开拓进取，他们在北师燃起了起中国体育事业的宝贵火种，为日后辉煌的师大体育打下坚实的根基。这些先辈为北师体育学科的发展立下了开基立业的不朽之功，值得后人永远铭记。

第二章　奠基领航（1923—1937）

　　20世纪二三十年代，受国内高等教育格局的影响，高等师范教育的独立性成为社会关注的议题。当时国内局势混乱，学校经费获得异常困难，师大办学更是举步维艰，几任校长相继辞任。在艰难的背景下，北师大的师生们各方动员、协力争取，努力推动着学校的前进发展。经教育部正式批准，北京高等师范学校于1923年升级为北京师范大学。几乎同一时期始建于1908年的北京女子高等师范学校，也于1925年改为北京女子师范大学。在国内其他高等师范学校都相继并入或改为普通大学时，北京高师和女高师先后改为师范大学，对我国高等师范教育体系的独立存在具有深远影响。1931年7月，北京师范大学与北京女子师范大学合并，定名为国立北平师范大学。

图2-1　北京高等师范学校校舍

经北京师范大学的批准，体育专修科于1930年更名为体育系。1931年，师大体育系合并原北京女子师范大学的体育专修科，在师资课程与场地器材等教学资源方面逐步实现了共享互通。这一时期，由于国内体育事业的发展和教育体系对体育教师的强劲需求，北师大体育系得到了稳步的发展。自1917年体育专修科初建，至师大西迁的近30年间，体育系共毕业10届学生200余人。这些毕业生当中，他们多数成为国内大、中学校的教学骨干或领导（参见表2-1），引领了这一时期中国体育教育事业的发展。

表2-1　1917年至1935年九届毕业生服务状况统计

服务专门以上学校者	服务中学及师范者	服务小学者	服务军事机关者	服务其他机关	留学	未详	总计
29	66	2	6	16	1	42	162

北师大体育系在这一时期培养的毕业生，大都成为学校体育行业的骨干力量，为传递运动育人的理念、培养身心健全的国民贡献了生生不息的力量。一些体育系的师生们在竞技比赛中创造了大量优异运动成绩，为学校、地区乃至国家赢取了荣誉；还有一些更是在体育学术研究方面积极探索、参与社会议题讨论与体育政策厘定，以先进的教育思想引领体育学界的思想潮流；很多师生都积极参加爱国革命运动，在国难当头之时为国家、民族贡献了力量。

图2-2　20世纪30年代，北平师大，校内跳高的女学生

一、师资队伍的渐趋充实

20世纪20年代和30年代，是北师大体育系发展史上的一个辉煌时期。北京师范大学在首任校长范源廉的努力下，充实了一大批新教师；尤其一些名师的加入，使得师资力量得到很大的加强。而且，通过与北平女子师范学院

合并组建为北平师范大学，进一步整合师资、课程、场地器械等资源，在师生的数量与质量方面，也都有了很大的提升。尽管有政局动荡和经费短缺等不利因素的存在，师大体育系还是保持了一支优秀的体育教师团队，成为当时国内体育教学竞赛与研究的重镇。

在学校的支持下，体育系选聘的教师不仅具有优秀的运动技能和体育理论储备，而且德行高尚、热爱教育。这对于北师大体育的发展，体育系人才的培养和体育系社会地位的提升，发挥了非常重要的作用。这些优秀的教师齐聚师大协力发展体育运动，交流体育思想、砥砺体育学术、教化学生、培育人才。在他们的努力下，北师大的体育运动队不仅成为北京高校运动竞赛的领头羊，更是代表国家在国际比赛中创造了一系列出色的运动成绩（参见后面章节论述）。校运动队成为师大显赫的社会名片。这些体育教师还积极发表体育研究成果，借助于报刊与书籍传播体育思想观念、影响社会舆论，为体育界留下了丰富的思想财富。在北师大体育系的平台上，他们日渐成为影响中国体育教育事业的重要人物。在他们的辛勤工作、精心培育下，一大批体育系的毕业学生成为中国体育教育事业的骨干人才；这一时期北京师范大学成为闻名全国的大中小学体育教师的摇篮，以及高水平竞技运动人才辈出的场所。

自北京高等师范学校到北京师范大学，尽管因为经费原因致使体育基础设施缺乏、设备器材简陋，学校还是相当重视体育教育与竞赛活动。师大的全体学生不仅必修体育课程，而且入学都有体格检查，每年也被学校组织考核身体发展状况。1923年升为师大大学后，首任校长范源廉就特别倡导军国民教育，极为重视学生健康、强调体育活动的教育价值。学校也积极争取政府经费支持，选派优秀师资出国学习深造。例如袁敦礼、徐英超等，均是由学校推选（高梓、徐民辉、董守义、马约翰等是由基督教青年会推选出国留学体育）赴国外留学的。其他引进的著名教师，也多有海外名校体育学习的经历。

这一时期，北师大体育系著名的教师有袁敦礼、王石卿、曾仲鲁、董守义、吴蕴瑞、高梓、许民辉、谢似颜、徐英超、方万邦、郝更生、涂文、王耀东、刘月林、郭俊卿、沙伯哥（美国人）、桑德（美国人）、郭毓彬（兼任）、马约翰（兼任）、孙云藻（兼任）、张振奎（兼任）等。其中徐英超、方万邦、王耀东等都是体育系第一、二届毕业生，是北师大体育系自己培养出来的优秀人才。下面就这一时期杰出的教师及其思想作以简要介绍。

袁敦礼，我国著名的体育教育家，现代中国体育发展的重要开拓者。1917年毕业于北京高等师范学校并留校任教，将毕生付与师大的教育事业。作为一位学贯东西、文理兼修的体育学者，他的体育学术思想极为深邃宏富，涉及体育哲学观、体育概念与功能、体育与教育、学校体育、健康教育、奥林匹克思想等诸多方面，特别是他与吴蕴瑞合著的《体育原理》一书，"从一个教育家和体育家的角度对体育的一些重要理论问题提出了建设性的学术观点，对我国20世纪三四十

图2-3　袁敦礼

年代以至后来的体育教育事业的发展做出了不可磨灭的贡献"。他深入批判"心身二元说"，支持并宣传"心身一元"的体育哲学观，认为体育的本质是教育，其目的在于促进"机体之充分发达""各种技能与能力之培成"，以及"品格与人格之陶冶"，是促进人的身心全面发展的教育方式。他对于学校体育课程的目标、功能以及实施均有重要的旨要论述。他极力推动健康教育，并阐述了健康教育与体育的关系，以及推动健康教育的措施。他参与近代奥林匹克运动竞赛，并首先在国内详细介绍古代奥运会的起源与历史，现代奥林匹克运动会的发展与组织形式，论述了现代奥林匹克运动与我国体育事业之间的关系。他认为，体育理论以生物学、心理学以及社会学等近代科学为基础，体育界人士应与其他学科交叉合作研究，以推动体育研究的进步。他所主张的心身一元的体育哲学观，所探索和实践的关于体育与教育、学校体育建设以及体育与健康教育等成果，至今葆有引领的高度和现实指导意义。

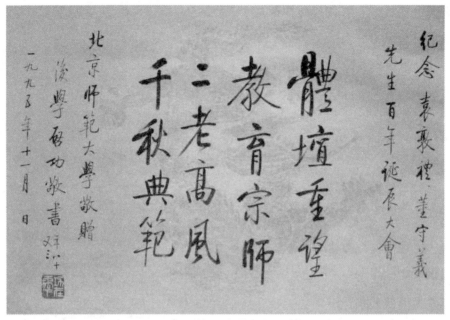

图2-4 著名国学大师启功先生题字纪念袁敦礼、董守义先生百年诞辰大会

　　曾仲鲁，中国近代体育教育先驱，是中国体操运动传播的先行者。1915年考入日本东京文理科大学师范学院体育系，专攻体操与田径。1919年以优异成绩学成毕业，回国后任北京高等师范学校体育专修科教员和学监，后任教授、体育系主任。1923年至1926年期间，还曾兼任北京女子师范大学体育科主任；在此期间，与鲁迅一道参加进步学生运动。他在师大任教18年，极力倡导"救国必先强身"，培养的人才也遍及全国。除了体育教学与管理，他还先后发表《中国学校体育实施之我见》《今后我们体育实施之管见》等媒体文章，担任过三十年代全国、华北和北京历届运动会的总裁判。抗日战争爆发后，日本方面指命曾仲鲁出任"华北教育联席会"大会主席。他当即拒绝并携全家逃出北平，辗转回到江西老家。在家乡创立金溪县民众馆，从事抗日宣传和民众教育工作。后出资创办金溪县私立中学，任校长。1940年，被聘为中正大学体育系主任。新中国成立后，曾仲鲁将创办的私立中学无偿献给政府。1950年，前往武汉出任华中师范学院体育系教授。1952年，担任全国田径运动会总裁判长。1955年，任武汉体育学院教授。

吴蕴瑞，著名的体育教育家，现代中国体育教育事业的开拓者。1931年，他被聘为北平师范大学体育系教授，1933年转任中央大学体育系教授并主持工作。他长期从事体育理论教学研究与行政管理工作，培养了大批体育界的栋梁之材。与袁敦礼先生一样，他也主张"身心一元"的体育观，认为体育是促进人的社会化、培养公民道德、实现服务社会这一教育目标的最佳路径。他提出"体育学术化"

图2-5　吴蕴瑞

的主张，倡导以科学的态度与方法研究实施体育；倡导体育普及化、大众化，以求实现民族体质的健康强壮，为此他力主普及学校体育及全民体育，坚持土洋体育的融合互用，并参与国家体育政策的制定与推行。作为我国现代体育理论科学的奠基人，他形成了自己的体育思想、开创了新的体育观点，为推动中国近代体育的普及与发展，做出了重大贡献。

董守义，近代著名的体育教育家，中国篮球运动的开拓者。1930年之后，一直在师大体育系工作，并兼任其他大学教授、与政府及社会各类体育机关的重要职务。他具有丰富的体育经验，对于中国体育发展及制度体系、包括国际奥林匹克竞赛，都具有深邃而睿智的见地。他认为，体育普及与否关系国家兴亡、民族盛衰和人民的苦乐，故十分强调体育实践的重要性，重视体育人才培养，鼓励体育学术及实际教学研究，并在学校教学之余积极投身公共体育服务与体育普及。在教育思想方面，充分肯定体育在人的全面发展中的价值，高度认同体育在学校教育中的重要地位，认为学校是传播体育的最佳途径，特别强调学校体育的切实执行，从制定详细体育教学目的、教学指导纲要、考核标准、教材编写以及加强体育卫生训练等方面提出了建议。他也重视运动竞技的作用，认为运动竞技水平的优劣是国族兴衰的基本要素，主张利用运动竞技达成"强国强民"志愿。他提出

图2-6　董守义先生

了全民体育思想，主张以运动竞技推动运动普及，使人人都得到良好的锻炼机会；而且运动会的举办与普及应以"提倡体育、观摩技术"为宗旨，极为重视竞技中的公平和运动员的道德修养。董先生的思想，对于当前中国社会体育生态的建设，仍具有深远而积极的意义。

图2-7　方万邦先生

方万邦，近代著名的体育理论家。1919年毕业于北京高等师范学校体育专修科，1926年公费赴美留学体育，学成回国任北平师范大学体育教授，兼任其他大学的教授。他终身从事于我国体育教育事业，严谨治学，勤奋耕耘，著书立说。他在引进西方体育科学、创建中国的体育理论、编著学校体育教材和培养体育人才等方面做出了重要的贡献。基于自然体育学派的思想、理论与方法，结合当时中国体育发展的状况，他创立了内涵较为丰富的体育思想体系。他坚持"身心一元"的体育哲学观，基于时代价值观对其做出了较为深入的诠释，赋予了在体育范畴内的新义。提出教育化、科学化、普遍化、生活化、自然化、游戏化的"六化主义"系统体育理论观。他运用这些思想积极参与到社会上的体育大讨论中，去进一步普及体育教育观念。方万邦通过教学过程的研究，提出了"前置条件"的训练迁移观，他认为，特殊情境之下训练所得的技能态度和运动能力，是不能迁移到任意的体育训练、竞技运动中去的，只有培养良好的普遍态度，才有实现迁移的可能性。方万邦"前置条件"的训练迁移观对体育教学、运动训练和体育竞赛等，具有极为重要的指导作用。方万邦还极为重视青年体育、提倡国民健康教育的思想，对我国近现代体育的普及和发展起到了非常重要的导向作用。

高梓，女，体育教育家。就读于上海基督教青年会创办的体育学校，1919年毕业后被聘为北京女子高等师范学校体育教师，后赴美留学专攻体育，并相继考察欧美体育，接受了先进的现代体育教育理念。1925年至1931年，任北平女子师范大学体育系主任，与郝更生、袁敦礼等倡议发起了北平"中等以上学校体育联合会"。在长期的体育教学训练与管理过程中，她形成了关于中国体育发展的深刻认识。作为体育教育家，她认为体育是一门综合性的教育学科，能够促进学生身心均衡发展，极为关注儿童体育，强调运动要从小培养习惯，呼吁注重体育师资培养，通过发表文章、编写发行体育教材与手册等，去引导体育教学普及；重视女子体育运动、呼吁成立女性体育组织，大力提倡"简易运动"，普及大众体育。这些思想体现于她发表的媒体文章以及先后编写的《娱乐》《小学律动活动教材法》《简易运动》《分数奖励法与体育之

图2-8　高梓

普及》、国民学校《体育教学指引》等书籍之中。作为体育社会活动家，她与郝更生先生积极参与各种体育组织，一起支持社会体育发展，推动奥林匹克运动在中国发展。她一直活跃在女子体育事业的前沿，为推动近代女性体育的发展、做出不可磨灭的贡献。她还积极深入到社会体育发展之中，对中国近代体育的发展起着不可或缺的影响。

　　谢似颜，著名体育理论家、作家。1918年公费赴日本，在东京高等师范学校（现筑波大学）体育系留学。1929年任北平师范大学体育系理论课教授，后兼任北平私立民国大学体育系主任，著有《鲁迅旧诗录》《奥林匹克沧桑录》《田径赛

图2-9　民国时期的女子体育活动

的理论与实际》《西洋体育史》等。他从国家民族前途发展出发，推广普及体育运动，以提高国民身体素质，洗刷"东亚病夫"耻辱。此外，他极其注重道德方面的个人修养和施教，期望能提高国民精神文明素质，以达到完整人格的理想。他坚定地认为，体育是以运动作为手段、通过身体一定形式和规范的活

动而进行教育，达到全面发展的目的，为此，他反对锦标主义和体育事业的商业化。他还根据"高尚的情操寓于健康的体魄"的理论指导，提出人要有"野蛮人的身体和文明人的头脑"，这也对体育赋予了更深刻的积极意义。

二、课程体系的逐步完善

作为中国成立最早的一所师范大学，师大承担着为中国孕育优秀师范英才的重任。它聘请各学科精英执教，积极引入现代教育理论，如教育学、心理学、体育学等，逐步确立了较为先进的课程体系。二十年代，体育专修科在诸多名师的陆续加入后，课程体系逐步在发展，教学质量也进一步提升。1930年，由体育专修科改为体育系后，课程实行学年制结合学分制的原则。体育系的招生参加全校统一考试，合格后加试运动项目，运动成绩只做参考，不做录取依据。开始实行学分制，学生在校4年，至少要学满146学分，才能毕业。每期最少须修满18学分，至多也不得超过22学分。在主科外，应选其他一科为副科，主科应修足60学分，副科须修足30学分。此外还有公共必修课、自由选修科。

至1936年，体育系的课程内容更加丰富，除了体育主科外，每个学生都要选读一门副科，可以选健康教育、生物、英语、音乐等为副科，副科也规定有必修的课程和学分。副科的目的是使学生毕业后除担任体育课程以外，还可以担任另一门课程的教学。另外的选修课，也有适应各个学生文化爱好的作用。体育系学生在四年内，至少须修满146学分，方得毕业。从学分上来看，理论课的比重大于技术课的比重，主要还是因为想提高学生的自身理论基础水平。理论课程内容大大丰富，而术科课程内容依旧以体操为主，武术内容得到提升，国术受到重视。同时，还在术科内容中又增加了摔角一项。

体育系教材分基础学科、实需学科及深究学科三种：一、二年级注重基础及教育学科两种，其教育学科均已列入专业类，为公共必修，本系不另外设置。生物学科利用生物学系的设备，课程由本系自己添设。实需及深究学科分技术与理论二种。技术，注重精进而普遍，养成学生适应多量教材的能力。理论，注重对待体育的正确观念，科学的基础知识与应用，行政及领导才能的培养。这一时期体育系各年级必修课如下：

一年级：社会科学概论、自然科学概论、卫生、教育概论、体育史、应用解剖学、体育技术。

二年级：哲学概论、教育心理、体育原理、生物学、体育技术。

三年级：教育统计及测验、普通教学法、参观、体育测验、健康检查、矫正体操、体育技术。

四年级：党义、中等教育、教育史、教育行政、儿童及青年心理、师范教育、体育教学法、参观、实习、体育行政、救急及按摩术、体育技术。

表2-2　1930年国立北平师范大学的课程设置

	学科	科目	学分
主科	基础学科	应用解剖学　6学分 人体生理学　6学分	12学分
	实需学科学	1. 一、二年级技术于下列学科中任选8分（初级体操 2学分、初级竞赛4学分、初级技巧4学分、初级武术2学分、初级舞蹈2学分） 2. 体育史　2学分 3. 体育原　6学分 4. 运动指导及评判　4学分 5. 健康检查　2学分 6. 矫正体操　2学分 7. 救急术及按摩术　2学分 8. 体育行政　4学分	42学分
	深究学科	1. 体育技术　10学分。于下列学科中至少选10学分： 初级体操2学分、初级技巧4学分、初级舞蹈2学分、高级技巧2学分、高级舞蹈2学分、摔跤2学分、 初级竞赛4学分、初级竞赛4学分、初级武术2学分、高级竞赛2学分、高级武术2学分、高级体操2学分、体育测验2学分、 2. 于下列学科中任选10学分 国术研究2学分、小学体育2学分、民众体育2学分、童子军4学分、运动生理2学分、人体机动学2学分、体育问题研究　2学分	18学分
副科		教育、健康教育、公民、音乐、生理	每人须修足30学分

就以上所列，四个学年必修课程共有104个学分，其中除本系主科的必修课外，还有公共必修课目和副科中应选的课目。除上表已有课目外，每年还须任选其他课目（须先将副科课目选足学分）。这一时期，各班学生所选课目有以下十余项：健康教育、疾病学、卫生学、生理学、普通生物学、社会学、音乐通论、钢琴、武术，童子军、国术研究、舞蹈、游泳、人体机动学、运动生理、文化与教育、小学教育、近代教育思潮、现代文化、小学体育、民众体育、英文选读、中国散文选、翻译、公民学、德文，日文等。

可以看到，这一时期体育系在依照学校的课程结构进行设置时，很好地考量了体育学科与其他学科体系的比例，体育理论教学与运动项目实践学习的学时比例，以及现代体育项目与传统体育项目的教学比例。这一方面，体现了体育系注重"文理兼通""全面发展"的育人思想，也表明当时体育系的课程体系颇为系统和科学化。除了聘请名师来校任教，发展出了较为系统的课程体系之外，当时的体育系更是在教学过程中注重体育理论的培育与技能训练的结合，以及通过校内体育赛事活动和实习去提升学生的实际工作能力。而这些发展与提升，与袁敦礼先生的领导是分不开的。袁先生深刻指出当时体育界的弱点，是重视运动方法技巧而忽视体育知识理论，被斥为"卖艺式之体育家"且不在少数；体育界缺乏对体育内涵的正确认识，重技巧轻理论，缺少文化底蕴，可谓师资理论薄弱；而优秀的体育教师应当是理论知识与实践技术并重的兼得教师。他主张，体育师资人才除了应具备良好的专业技能之外，还应是具有生理学、生物学、社会学、心理学等各种科学和人文理论知识的复合型人才，具备"技能突出、知识全面、品德高尚"的综合素质。

在老一辈北师大体育学人的领导下，经过全系师生的共同努力，师大体育系迅速发展成为在全国非常具有影响力的学科。吸引了大批学习成绩优异而又有体育特长的中学生投考，甚至有人放弃原来就读的大学转学而来。学校其他专业的学生，有些毕业后也专门从事体育工作，而且取得了良好的成绩。

图2-10 国立北平师范大学女子网球队

三、教学与训练条件

从1917年体育专修科科创建至抗日战争之前，北京师范大学都是在和平门外的旧址进行教学。这一时期，用于体育的经费也非常有限。1935年时，北师大全校经费为七万两千两百四十元，而体育系的经费为七百元，不足全校经费的1%。在此条件下，场地、设备等都比较简陋。根据资料记载，除各种办公室、教室、宿舍等房间外，师大体育系在1936年运动场设施如下：室外运动场内设有田赛的跳远、跳高基本设施，以及掷铅球铅球的场地。此外有三块网球场三与一块排球场。到了冬季，在场东西两瑞竖立足球门作为足球场。同时，网球场与排球场，都能够改为篮球场。春季垒球活动在足球场，但不能与田赛同时练习。此外，在大场东北角有一空场，作一网球场，冬季改为溜冰场。

体育系办公室前有二排球场，冬季改为篮球场。此场以南有一空地，设有各种器械操之器械，如天桥、肋梯、平台、吊环、吊梯，单杠四架、水平杠四副及摔跤坑等。室内运动场有风雨操场一所，长140尺，宽50尺，内设篮球场及活动的排球架。此外，有各种能移动的运动器械，如木马、双杠、跳箱、跳板，许多垫子及固定单杠两个和肋梯一行。

由于这一时期体育系很多师资都曾经赴美留学，极为重视各类体育理论学习。体育系备有大批图书专供学生阅读。书刊以英文书籍最多，中文次之，日文又次之。其中关于体育之理论及实际方面者占多数，生理卫生方面次之。计共有书籍：英文书457种，中文书201种，日文书13种，德文书3种。杂志：中文杂志6种，英文杂志12种，日文杂志3种，德文杂志10种。

此外，北师大体育系教授袁敦礼、董守义等在体育用品的生产与经营上为国内体育做出过贡献。1933年，北平基督教青年干事赵云路由于与总干事美国人意见不合，于是辞职与袁敦礼、董守义等合资，租赁王府井大街华北日报的3间铺面房开办利华体育用品公司。后又得到军阀韩复榘4万元的资助创办了皮革厂，自制足篮排球等皮革产品。直到1937年抗日战争爆发，华北日报停刊、袁敦礼和董守义西迁、南下而停业。

四、社会舆论与体育思潮的引领

20世纪二三十年代，师大汇聚了大批中西融通、学有专长的体育学人。他们多有留学海外名校学习体育的经历，将现代体育发展的各种理论与技能引进国内，综合风行的教育思潮，以师大为阵地进行实践和再创造。他们不仅把培养人才作为群体使命，更是以繁荣体育学术、发展体育文化为己任。他们在师大积极交流思想、砥砺学术，开展基础性、原创性的体育研究，借助于书籍和报刊传播先进的体育理论，参与社会体育议题的讨论与政策拟定，启蒙社会大众的体育认知，引领中国体育学科发展数十载，有力推动了近代中国体育的发展。

（一）"兵操存废之争"

从中国体育发展史来看，西方体育的普遍传入是以军事体操的面貌呈现的。强健体质、训练服从意识和坚韧精神，是军事体操重要的显性价值，继而得到新式知识分子和政府的认同。20世纪初，尚武精神的倡导以及军国民教育思潮的发展，使得体操成为全国学校的必修科目。1904年政府颁布实施的《奏定学堂章程》明确规定："各堂兼习兵学"，"除京师应设陆海军大学堂，各省应设高等普通专门各武学堂外——兹于各学堂一体练习兵式体操，以肄武事"。学堂开设体操课，大学堂和私塾也不例外。这样，体育从军事国防建设中的"强兵"手段，作为强健国民的手段转入学校。

官方政令强烈要求各地建立新学堂，各类学堂普设体操科。学堂数量和学生人数迅猛的发展，使得各科教师队伍捉襟见肘。而必修科目"体操"教师尤为急缺。尽管1906年政府通令各省在其省城师范学校"附设五个月毕业之体操专修科"，以培养学校的"体操科"教师；很多青年赴日学习体育后回国创办体操学校或体操专修科；一些教会组织与学校所培养的学生因为有运动专长也担任学校体操教员；有限的体育师资培养无法满足各级各类学校的需求，合格体育师资的缺口依然极其庞大。一些教育水准较高、经济地位很强的学校，譬如京师大学堂师范馆，能够在体育科教学中聘请具有专业资质的体操教师，开设徒手、器械、兵式等类型的体操课程。然而，大部分学堂或学校无法获得合格的体操师资。在这种情况下，具有军队训练经历的、在役或退役的军官或士兵，因为懂得队伍训练的兵式体操而成为替代体操教师的不二之选，进而被大量聘任为体操教师在各地学校任教。这一状况，虽然缓解了当时体育师资短缺的燃眉之急，然而从长远来看，以士兵替代体育教师，也为学校体育事业的发展留下了一定的隐患。

20世纪初，由于军国民教育思想的传播以及人们对于体操与体育的不理解，尤其是体操教师极为匮乏，对于学校里普遍推广的兵式体操持有相当认同的态度。20世纪的头二十年，新文化运动兴起，西方教育思想尤其是以杜威为代表的实用主义教育思想、以威廉姆斯为代表的自然主义体育思想在中国广泛传播，大批欧美留学的青年将先进的教育理念带回中国，并借助于新式的书籍、报刊、学校等途径进行宣传，使得人们开始意识到，兵式体操其实并不符合教育的真义。另一方面，教会学校的蓬勃发展及其体育的热烈开展，以及基督教青年会在大中城市对于现代体育的传播与广泛的体育竞赛，使得学生更为青睐这些竞赛性和游戏性的项目。1915年上海举行的第二届远东运动会上，我国代表队获得田径、游泳、排球、足球四项冠军和总分第一的好成绩。这些成绩在报刊上广为刊载，极大地激励了学生群体，也触动了许多体育学者和主管体育事业的官员，推动了"课上是兵操．课外是竞技"的"双轨制"学校体育形式。田径、球类等项目在各类学校的推广及运动竞赛的逐步普及，在一定程度上冷落了体操项目。而且，学校兵式体操的普遍推行，也呈现出困境。一是因为兵式体操极其强调绝对服从和规训，训练内容就是整队、转法、步法操练等军事操练，相当机械僵化、枯燥乏味，也很不受学生的欢迎；二是学校体操教员品性不一，一些由军官士兵转任的体操教员或道德水平不高，或不谙身体发育理论与运动教学方法，导致体操科教学质量差，引起学生与家长的不满，而饱受社会舆论诟病。针对于兵式体操这种现象，教育领域和社会知识分子，如徐一冰、陈独秀、鲁迅、张子平、毛泽东、蔡文森、恽代英、蒋梦麟、曾仲鲁等，借《新青年》《体育周报》《教育杂志》等刊物和报纸发表文章阐述思想，掀起一场兵式体操存废的大讨论。这场讨论的实质，是人们在反思什么才是真正的体育、是学校需求的教育。

北京高等师范学校是新文化运动的重要阵地，民主与科学的理念深刻影响了师大的知识群体。杜威等西方教育思想家在师大授课传道，更是让人文主义教育思想普及到师大师生群体中去。师大体育系的教师们，坚持"身心合一、生命一元"的体育哲学观，始终兼顾体育运动对于强壮体魄和良好品格的培养，坚持体育的根本属性——教育性，应该符合学生身心发展的年龄特征。他们以师大体育"文理兼修"的实践，回击了当时社会普遍认为体育界"重身体素质与竞技能力，轻视体育理论和育人内涵"的现象。

1918年第一次世界大战结束后，实行军国民教育的德国战败，使对军国民教育持否定态度的人越来越多。1919年第5次全国教育联合会上，教育家们认为"欧战之后，军国民教育不合民生主义"。对军国民主义提出否定意见，将"养成健全人格、发展共和精神"作为教育本义。同年10月，全国教育联合会第五次会议通过了《改革学校体育案》，军国民主义被指责为不合民本主义，开始在学校体育中衰落，起而代之的是自然体育思想。1923年政府颁布的《新学制课程标准》中，把学校的体操科改为体育科，剔除了中小学的兵操。从此，中国学校教育从过去照抄日本，转向模仿美国，学校体育更是如此。客观地讲，"新学制"的制定和实施，使得体育（课）在学校教育体系中的地位得以提升，"儿童本位"的体育教育观也得以兴发。在这样的背景下，20 世纪 20 年代末至 30 年代，基于"实用主义"教育思潮，产生于美国的"自然主义"体育思想，在西方传教士所办教育会学校和基督教育青年会的努力下，在以袁敦礼、吴蕴瑞、方万邦等为代表的留美学子们的大力宣扬下，逐步成为中国学校体育的主导思想。田径、球类等西方近代体育项目也相继被引入，大大丰富了学校体育的内容，社会体育活动和体育比赛也得以广泛开展。[①]

（二）"土洋体育之争"

西方体育以体操、田径、球类等活动形式在中国校园中普及，不仅给教育增添了新的元素，更是从思想文化的角度对中国传统的身体运动文化造成了极大的冲击。作为一种外来文化，也激起了民族传统文化的反应。19世纪末，就有学者提出"体操实非西法，乃我中古习舞之遗意。"[②]这种观点特别受民族文化本位学者的支持，当时就有很多民族学者或传统武术家也认为，西洋体育其实就是中国导引、技击拳法。这种观点的差异酝酿、逐步发展成为后来的"土洋体育"之争。

三十年代，中国在历届远东运动会上的成绩每况愈下。一连串的事件促使体育界重新检讨中国体育发展的道路，企图通过对历史的反思寻找答案。1932年刘长春一人代表中国首次参加奥运会预赛即遭淘汰消息传来，国内舆论哗然。其时，正逢全国体育会议即将在南京召开，会议准备讨论制定"国民体育实施方案"。许多关心体育的人士，包括教育界、体育界的名流包括政府要员，纷纷在会议召开之前在报刊上发表主张进行辩论，基本上形成了"土体育"派和"洋体育"派。所谓"土体育"，是指以武术为代表的中国传统体育项目，主要由文化保守主义和传统武术界的人士维护。所谓"洋体育"，是由欧美传入的近代田径和球类等运动项目，主要由受民主与科学理念影响、接受西方教育思想的人士支持。

---

① 常毅臣. 袁敦礼体育教育思想研究［D］. 西北师范大学. 2008.

② 王维泰. 体操说［N］，知新报，1897-8-28.

在这场借助于新式媒体进行的体育大讨论，聚焦于以下基本问题：一是对体育本质和价值的理解。倡导土体育者，更多的是把体育定位在去病延年的手段，和卫国（政治）治产（经济）的工具。而倡导洋体育的人，对体育的定位是：去病延年、锻炼筋骨只是体育功能的一部分，体育的根本意义在于增进人类幸福，提高工作效率，使人格高尚，趣味浓厚，并养成适应于文化社会的生活。二是中国体育应走什么样的体育发展道路问题。提倡土体育的认为，中国过去的体育盲目模仿西洋，妄自菲薄，走入了歧途。当前国家外受列强欺凌，内陷贫困动乱，西式之运动，中国既不暇学，亦不必学，且不可学。因此应脱离洋体育，觅取中国独有的体育之道。而提倡洋体育的则认为，推动体育固然应该根据"国民性与国情"，但不能拒绝学习国外体育的先进成果，因为西式体育以近代科学为基础。

北师大体育系的教师们成为这次辩论的重要角色，袁敦礼、方万邦、吴蕴瑞、谢似颜、高梓、程登科等人纷纷发表文章，阐述理论观点。先有袁敦礼于 1932 年 5 月，在《天津体育周报》发表文章，指出奥林匹克运动会没能实现其宗旨，即"一方面求一种发育青年的良好教育，一方面是用国际的竞技化除国际的恶感"，因而"外国所提倡的东西不一定是好的"[①]。袁敦礼虽然只在争论开始前夕，发表过相关文章，表明了自己的观点；实际上是因身居教育部体育委员会会长和体协主要领导职位，又作为《国民体育实施方案》（1932）起草人，不便于媒体上鲜明争论；在其《体育原理》中，则深刻地回答了这场争论中的诸多问题。针对《大公报》社评提出"从此脱离洋体育，提倡土体育"的主张，谢似颜在《体育周报》发文，认为大公报过于夸大了"土"体育的功能，指出体育的目的不仅是养生与健身，也不造成以军事化、劳动化作为体育唯一的目的。

吴蕴瑞在《天津体育周报》发表《今后之国民体育问题之我见》，批驳那些说洋体育"有损健康，费时耗财"是完全没有根据的臆测。他认为，土

---

① 袁敦礼.世界欧林匹克运动会的价值及对于我国体育的影响［J］.天津体育周报，1932，1（15）.

洋体育争论的焦点实际在于：中国的体育是实行开放主义，还是实行关闭主义？是走"保存国粹、维持国魂"的道路，还是走"土洋不分、世界大同"的道路？他还提示国人，对于体育发展既不要走开放主义的极端，而陷入"媚洋抑土"的泥潭；也不要走关闭主义的极端，而进入"扬土排洋"的误区。主张体育内容不应与洋土国界有关，而应"适应个性、适应社会"；即合乎人的生理、人的心理、人的个体与社会的需要①。

方万邦教授在《教育杂志》发表综合评论——"今日中国的十大问题及其解决途径"，认为食"洋"不化和食"土"不化都是错误的：提倡"洋体育"的人，注意到了体育的时间性，却忽略了体育的空间性，适合西洋社会的体育，决不会完全适合于中国，盲目采用"洋体育"很难使我国体育走上新途径；提倡"土体育"的人，虽然留意了体育存在的社会条件，但却忘记它的时代性，固执的保持"土体育"而疏忽它的时间性，也不能使我国体育走上新途径。②

程登科则认为，几十年里中国体育走错了道路，使体育"变成贵族子弟的专利品、娱乐品"，以致广大平民的体质越来越弱，无法胜任"涤血国耻""强种健全"的任务。他认为"我国体育的生路"就是"全民体育化"，即"以平民化的运动去实施全民体育化。以中国科学化的国术（土体育）为中心，采择欧美体育之精华，作为创造民族体育的元素。③

三十年代初的"土洋体育"之争大辩论，对中国体育特别是中国传统体育的发展方向产生了深刻影响。北师大体育系的教授学者们在这次大辩论中阐述了体育的科学性，将先进的体育思想借助于媒体向社会大众阐述，为大众体育观念的提升与政府的体育政策调整，做出了巨大贡献。这场"新旧体育""土洋体育"的争论，并没有阻止西洋体育的发展，同时也推动了"土体育"对自己的重新认识和改革。学者熊晓正的观点非常具有代表性，他认为

---

① 吴蕴瑞.今后之国民体育问题之我见［J］.天津体育周报，1932，1（33）.

② 方万邦.今日中国的十大问题及其解决途径［J］.教育杂志，1935，25（3）.

③ 程登科.读方万邦先生"我国现行体育之十大问题及其解决途径"中所持对体育军事化不切实用的检讨［J］.体育季刊，1935，1（3）.

"批评西洋近代体育的武器恰恰又是近代体育的基本原则。因此，不管他们怎样反对或批判西洋近代体育，怎样增强民族传统体育的优越性，其最终结果，不是传统体育取代了近代体育，而是按照近代体育的原则去发掘传统体育形式的体育意义，并对其加以改造。正是通过这样的改造，部分传统体育形式才找到新的立足点，成为近代中国体育教育的一部分内容。"①

正如熊晓正教授指出的那样，方万邦教授在三十年代就注意到"土洋体育"的互补性。这种观点在那个时代是具有非常重要的领先意义的。师大教授们不囿于"土、洋"之界限，而秉持"土洋结合"，"洋为中用"这个观点，与鲁迅的"拿来主义"也有异曲同工之妙，甚至和几十年后中国"改革开放"的战略观和政策也有暗合之理。中国体育现在所走的路，实际上也是朝着这条路线在前进。体育史专家徐永昌指出，"袁敦礼先生、方万邦先生等北师大体育先贤在那个年代的体育观点，其实就是代表了当时适合于中国实情的体育思想，具有全面性、代表性"②。北师大体育系在二三十年代能够在中国体育界、教育界引领时代潮流，跟拥有袁敦礼、方万邦等这样的先贤有直接的关系。由他们培养出来的体育人才，日后活跃在中国体育教育的各个层面，是我国体育教育史上精彩的一页。

（三）"体育军事化与教育化"之争论

1931年九一八事变后，抗日救亡运动风起云涌，政府极为重视体育的推动。蒋介石经常在不同场合宣扬体育，他在全国运动会上做题为《受外人轻视是因为民族体质不强》的报告，也曾演讲《救国救种的唯一要图就在提倡体育》③。政府也编印《体育与救国》的小册子，汇集孙中山、蒋介石、戴季陶等人关于体育的言论，利用政府与渠道进行舆论引导。而体育界的"体育救国"呼声，再次在报刊与学校中高涨。1932年，袁宗泽发表《国难与体育》，

---

① 熊晓正.从"土洋"对立道"建设民族本位体育".体育文史，1997（4）：13-17.

② 徐永昌.北京师范大学体育系建系90周年系史资料访谈录［DB］.北京，2007年11月25日

③ 关志钢.新生活运动研究［M］.深圳：海天出版社，1999：73.

提出"挽救国难、复兴中国，非从根本着手改革教育不可，改革教育尤应特别注意体育训练，以养成健全体魄，高尚人格，独立有为之公民，共负保卫国家之责任。"①1935年，程登科在《体育季刊》上发表《德国体育现状》，认为体育目标是体育民众化和军事化；主张将体育作为军事课程，并积极倡导体育军事化，即"不改体育内容，而以军事精神管理之，训练之，务使受训练者绝对服从，是以军事精神完成体育军事化"②，同时通过军警力量强制推行全民体育化。

针对体育军事化的倾向，方万邦发文明确指出：体育之不宜军事化的理由是：第一，现在战争"非如古代战争所用之弓马刀枪等可比，现代所用的专门战术，皆为体育课程所未备，所以体育军事化在实际上是没有什么用处的"。第二，如果因为体育与军事教育有密切关系而要实行军事化，那么，其他与军事教育密切的学科岂不也都要实行军事化？所以他认为，"体育实无单实行军事化之理由"。第三，既然教育宗旨首重民族复兴，那么，"与其体育以军事化为目的，不如以复兴民族为目的。因为复兴民族是需要个个国民有健全的身体，健全的精神，和健全的人格，体育就是造就这种国民的良好工具。"第四，从时下军队情形看，"体育军事化，实不如军事体育化，以训练军士坚强的体格及精神。"所以他说：体育"不当视为训练军人的工具"。"体育军事化徒具美名，其失去了体育的真义更为遥远"。我们应该坚定地认识："体育不能离开教育而独立，教育需要体育而完全。"③在1933出版的《体育原理》一书中，他着重阐述了体育的教育化、科学化、自然化、游戏化、生活化、普遍化的观点，主张体育中尊重儿童本体地位、注重活动的游戏性，促进儿童的个性发展、培养良好公民。这些思想间接对军事化体育理念进行了批驳。

吴蕴瑞这一时期，发表数篇文章阐述体育与军事关系。他认为国防的坚固与否完全依赖国民的体育事业，世界各个国家都在用不同种的体育训练方

① 袁宗泽.国难与体育［J］.体育研究与通讯，1933（1）：43–49.

② 程登科.德国体育现状〔J〕.体育季刊，1935，（2）：179–187.

③ 方万邦.我国现行体育之十大问题及其解决途经，教育杂志，1935，25（3）.

法来巩固国防基础，指出体育从技能上、体格上和精神上为在军事化方面的应用做准备，并就体育的国防功能作以详细阐释①。在体育与军事关系方面，他提倡中国人民无论农工商学兵，每个人都要受体育训练。给出了十分详细的解释。针对于社会上流行的体育军事化观点，他明确指出体育内容与军事内容的不同，体育属基本的，军事训练属应用的；非常时期的体育若不能作军事的准备，不能称作符合时代的体育，军事训练以体育活动代管不能称作真正的军事训练。②如果体育军事化，就会使体育的价值大大降低、能量缩小，那样就会得不偿失、因小失大，是急功近利的表现。"倘体育而军事化矣，则体育上所取之活动，所采之方法，所了解之外界，以及情绪之控制，完全以军事为依归，凡一切与军事无关而与其他环境与生活有关系者，将摈弃之不问之矣，体育本来之功用将大部分消灭无疑，而其能量亦将从此缩小，……岂非太不经济乎？"③。在学校体育方面，他指出年龄上划分体育和军事实践的关系，并将不同年龄段的特点加以分析，如年幼儿童应利用其游戏的本性授以活泼而自然的体育教材，儿童会产生兴趣，他们的体格才得以锻炼，身体的技巧才能养成，有利于儿童的身心发展。军事训练重纪律作风，方法严格，态度严肃，动作技能不自由，适合应用在高中生或是年龄更大成人这部分群体之中。体育训练与军事训练在实施的次序应当有先后④。

徐致一在《勤奋体育月报》中发表了《我也来谈体育军事化》表达了对两个人观点的看法。1936年，章辑五在《体育季刊》发表了《读方万邦程登科两先生大著之后》也发表了自己对体育军事化的看法。另外，邵汝干、王健吾、萧忠国等人也都参与了讨论。直至1937年抗日战争全面爆发，这场争论迫于时势而中止。其后，程登科在《体育季刊》发表了《读方万邦先生"我国现行体育之十大问题及解决途径"中所持对体育军事化不切实用的检讨》，进一步阐述了体育应该军事化的理由，强调体育军事化则是用国民党军

① 吴蕴瑞，刘黄琳. 体育与国防 [J]. 大学杂志，1935，1（3/4）：202-203.
② 吴蕴瑞. 体育与军事训练之关系 [J]. 体育季刊，1936，2（2）：139-141.
③ 吴蕴瑞：《军事训练与体育》[J]，《体育季刊》，1937，3（1）.
④ 吴蕴瑞. 军事训练与体育 [J]. 体育季刊. 1937，3（1）：1-6.

队那一套来管理体育并进行训练。程登科把体育看成是"强国强种"与"复兴民族"的工具。这些观点实际就是德国体操学派中强调军事价值及进行精神和纪律训练的内容。这套理论在当时以实用主义体育思想为核心的学校体育中很难占据主导地位，但是在抗战开始后逐渐受重视，成为"战时体育"的理论基础。

这场关于体育教育化与军事化的争论，是继"兵操存废"之争、"土洋体育"之争后，体育界又一场具有重大影响的思想交锋。尽管体育军事化的主张因为顺应挽救民族危亡的时代需求，并获得政府的支持和实施而压倒"教育化的主张"，显示了"政治正确"性；我们依然看到，"体育教育化"的观念具有内在的逻辑性与科学性。现在看来，两派在当时争论时候，都缺乏全局的观点，也都夸大了体育的社会职能；并把许多社会"恶"现象，甚至国家民族的兴亡，都笼统归咎于提倡体育不力或体育道路不当的结果；而没能从社会政治、经济等深层次方面去寻找原因。从文献中梳理发现，在争论的过程中和抗日战争后，双方都逐渐地认识到认自己的不足及对方一些合理之处，这也为后来两种体育思想的融合奠定了基础。通过争论，它更使人明白了我国需要什么样的体育，怎样才能使个体、社会与国家从体育的发展中获益。抗战胜利后，曾仲鲁发表《今后我国体育实施管见》一文，他检讨到政府曾颁体育政策法令多抄袭国外、存在弊端，且实施效果及反馈都不得而知。他分析了西方传入的以体操为代表的"人为体育"及以球类、田径与游戏为代表的"自然体育"这两种类型的优缺点；提出改善国民体质体格、陶冶精神、培养公民道德、养成生活习惯，培养民族意识，是体育发展的重要目标，也是我国国民体育实施方案的依据，并就体育实施提出了自己的方案[①]。

二三十年代，袁敦礼先生为核心的师大体育学人们不仅在校园里创新体育教育、精心培育人才、繁荣体育学术，更是主动投身社会体育实践，积极参与社会上的体育思想大讨论。在多次的社会体育思想大讨论中，他们对于体育的哲学基础、本质属性、发展道路、属性的阐述，以及与其他体育思想

---

① 曾仲鲁.今后我国体育实施管见［J］.江西地方教育，1936，2（1234）：9.

的辩论，推动了中国体育的理论的发展和传播，也提升了国民对于体育的认知水平。而且他们还创办各类体育协会，参与制定国家体育法律与政策制度，组织筹备各类大型体育赛事、举办各类体育培训班、代表中国参加国际奥林匹克运动，实实在在地推动了中国体育的发展与社会进步。

五、卓越竞赛成绩的创造

从北京高等师范学校到北京师范大学，二三十年代的学校历任领导，一直都重视体育教育。学校体育的发展，一方面体现于体育系的长足进步，另一方面也彰显于师大学生的校内外丰富赛事活动以及竞技比赛成绩。在学校重视和体育系的带动下，各系学生多养成了重视参与体育的良好习惯，平时经常举行系与系之间的球类、拔河、远足等比赛活动，校园众多比赛活动，不论是单项赛事还是综合的运动会，从组委会到裁判、记分员等各项赛事组织，都由体育系学生担任。而且校队的选拔与训练也进行的有声有色。校队的训练与比赛不仅很好地培育了学生，也为师大赢取了很多的荣誉，增进了学校师生的认同感与凝聚力，同时扩大了学校的知名度与社会影响力。生机勃勃的体育活动逐渐成为学校的一种优秀的校风与特色。

图2-11　北平师范大学女篮

北师大体育系自成立以来，在篮球、田径、足球等竞技项目上都取得了优异成绩。例如：第一届学生朱恩德在1919年第四届远东运动会上，连获"五项"和"十项"全能冠军并且双双打破运动会纪录；北师大篮球队驰骋国内，罕有败绩，并作为国家队主力于1921年在第五届远东运动会上夺取了中国篮球运动第一个国际冠军；1936年柏林奥运会，体育系学生牟作云及生物系学生刘云章被选入国家篮球队（另一体育系学生张连奎因参加进步学生运动被当时政府排斥）；金岩在1929年第十四届华北运动会上获取"十项"全能冠军、打破并保持了四年全国纪录（100米成绩10秒8）、追平第一位参加奥运会选手刘长春的全国纪录，其跨栏亦破全国纪录；牟作云在十六届华北运动会上破男子标枪全国纪录等。以体育系为主的北师大体育竞技的强盛一直延续到解放后。

1949年10月举行的第一届北京市运动会上，北京师范大学男子代表队，以53分独占大学组鳌头（第二名辅仁大学28分，第三名清华大学9分），女子组也以一分之差名列第二。1950年10月举办的第二届北京市运动会田径比赛中，北京师范大学男女队都荣获大学组第一名。这一时期，北师大附中、附小在比赛中也取得了名列前茅的好成绩（见表2-3、表2-4、表2-5），这些成绩里也包含了很多在这些附属中学中工作的体育系毕业生的心血。

表2-3 第一届北京市运动会竞赛项目获总分前三名表（部分）

组别	第一名	第二名	第三名
男子大学组	师范大学（53分）	辅仁大学（28分）	清华大学（9分）
女子高级组	辅仁女中（22分）	师范大学（21分）	师大女附中（11分）
女子小学组	师大一附小（10分）	南草厂小学（8分）	汇文小学（6分）

表2-4 第一届北京市运动会表演项目获特级和一级奖表（部分）

奖项	获奖单位	获奖项目
特级奖	师大二附小 其他三校	老鹰捉小鸡
一级奖	师大一附小 师大女附中 其他八单位	解放花处处开 红旗操

表2-5　第二届北京市运动会田径比赛获第一名单位表（部分）

田径比赛组别	获第一名的单位
男子大学组 女子大学组 其余各级学校组、工人组、农民组、军警组等共11组	北京师范大学 北京师范大学

（一）蓬勃发展的师大篮球队

学校在1917年创设体育专修科之后，篮球就成为传统的重点发展的项目。以体育专修科学生为班底的北京高师篮球队，在王石卿、王耀东的带领下，成为京城高校首屈一指的精英球队。第一代"五虎将"（王耀东、翟荫培、李澄之、魏树桓、王鉴武）为班底的球队，代表中国参加第五届远东运动会篮球比赛，荣获冠军。在二三十年代，学校代有人才出，学校篮球队更是明星辈出，在区域及全国的比赛中斩获各种荣誉，师大的篮球精英更是代表国家出征各种比赛。下面就将三代师大篮球"五虎将"做一介绍。

图2-12　以北师大"五虎将"为班底的第五届远东运动会男篮代表队
（图中右一为担任教练的北京高师体育专修科教授王石卿先生）

第二代"五虎将"：赵逢珠、李洲、佟复然、金岩、金德耀。1925年，这些篮球爱好者因为仰慕北师篮球的名望而考入北京师范大学体育系，并被选拔为校队的主力队员。指导教师先后由王石卿及王耀东担任。1927年的第8届远东运动会上，赵逢珠、李洲、佟复然三人入选中国篮球代表队，决赛负于菲律宾队而屈居亚军。1928年冬，在北京市冬季球类比赛中，北师校队一路击败清华大学、铁路大学、燕京大学等校队，获得大学组篮球冠军。这一代"五虎将"身体素质特别好，他们都有扎实的田径基础，金岩是全国十项全能和高栏的全国纪录长期保持者；赵逢珠、李洲都是五项全能的优秀运动员；金德耀的中距离跑在全国拿过名次；佟复然是优秀的铅球运动员。他们在老师的指导下，很快掌握篮球技术，高传、高吊、后卫远投以及篮下进攻等技术都非常出色，是当时一只所向无敌的篮球劲旅。

图2-13 20世纪30年代的师大男子篮球队

第三代"五虎将"：1929年第二代"五虎将"全部毕业，王玉增、刘冠军、赵文选、赵荣伯等考入师大体育系，并加入篮球队。起初由王耀东指导，后由董守义接任。董守义曾作为中国篮球队员参加了1923年在日本大阪举行的第六届远东运动会。在老师的精心训练下，不久他们就把师大篮球队的快速灵活、战术多变、横跨幅度大、积极抢夺篮板球等技术和顽强勇猛的拼搏精神继承下来。后来，师大这支篮球队在与北平几个大学代表队、全国运动会各代表队，以及在当时称霸北平的美国兵队的比赛中，失利极少，几乎是常胜队伍。

1930年底，应大连体育新闻记者王兰邀请，师大篮球队赴大连与日本队比赛。因海上风大，他们乘坐的小货船在浪尖谷底上下颠簸，队员们个个晕船，体力消耗极大。领队董守义请求推迟两日比赛，但日方心怀叵测，坚决不允。首场比赛于1931年元月3日按时举行，虽然师大篮球队队员体力尚未恢复，但他们满怀要为国家为民族争光的决心，与日本队决一胜负。队员们跑动迅速，拼抢积极，战术多变，越打越顺手。师大篮球队不负众望，以净胜10余分取得第一场的胜利。第二场比赛，日方派出了阵容更强的队伍，结果师大队以净胜超过20分获胜。日方大为恼火，不仅在大连周围网罗球员，还从国内紧急调来3名有经验的球员参战。但是，事与愿违，第三场比赛师大队竟以30多分的悬殊比分大胜日本队。由于全体队员始终将比赛与国家民族的荣辱联系在一起，在同胞们的关心和支持下，团结奋战，大获全胜，载誉而归。尔后，这支队伍还先后战胜过天津黑白篮球队、东北代表队。

图2-14　1931年在济南举行的华北运动会入场式（图片来源：http://yx.iqilu.com/yxql/2015/0506/2395284.shtml）

第四代"五虎将"：1933年后，张连奎、牟作云、刘世明、杨道崇等当时北平中学的田径和球类运动精英先后考入师大体育系，与生物系的刘云章组成师大新的篮球队。董守义任指导。这支球队的成员也都具有田径基础好、个人技术强的特点。牟作云传球投篮百发百中；杨道崇跑动快、拦截球有威力；刘云章灵活多变，机敏过人；张连奎拼抢勇猛，当仁不让；刘世明果敢坚决，作风顽强。全队均擅长快攻，在每年一度的北平五大学（清华、燕大、北大、辅大、师大）的篮球比赛中，常常名列榜首。1935年暑假，为准备参加第十一届奥林匹克运动会，师大的牟作云、刘云章经全国选拔而入选国家队，参加了1936年在柏林举行的奥运会篮球赛。1937年卢沟桥事变后，师大师生满怀民族仇恨纷纷离平，名噪十数年的师大篮球队从此解散，几代"五虎将"或奔往民族解放的前线，或转移大后方从事文教工作。新中国成立后，体育系"红队"健儿继承篮球队的优良传统，在平津地区颇具盛名。

——选自《北师大轶事》

（二）北平竞赛盛事——五大学体育会

三十年代，华北地区的学校及社会的体育运动比较活跃，几乎每年都要举办田径运动会，大学、高中、初中一起举行。但由于经费及运行较难等原因，因此孕育产生了"北平五大学体育会"这一组织。这个组织的倡导者就是北京师范大学体育系和清华大学。北师大方面主要是袁敦礼，清华方面主要是马约翰。北师大、清华和北大都是著名的大学，而新兴大学的燕京大学和辅仁大学也都重视体育运动。这五所大学（师大、北大、清华、辅仁、燕京）在三十年代组成的体育会，目的在于"提倡体育精神和体育道德，一切比赛都要注意友谊与联络感情，而非纯锦标性质。比赛在各校内，这样可以鼓励全体学生的兴趣，在管理和组织方面比较方便。既简易，效果又较大。这是普及体育的最好方法"[1]。这也表明，体育会将比赛视为教育的一部分，更注重的是体育的德育而非比赛成绩，显示出师大的体育理念在间接地影响其

---

[1] 北京市体育文史委员会 . 袁敦礼答五大学体育会 [G] .// 北京体育文史（一）. 内部发行，1984：23.

他大学的体育运动。

图2-15　20世纪30年代的师大男子足球队

　　"五大学体育会"在1930年冬正式成立。马约翰和袁敦礼分别担任正副会长，此外还有北京大学的王耀东、燕京大学的黄国安和辅仁大学的王石卿等担任领导职务。规定的比赛项目除田径外还有男子足、篮、排球，棒球和网球。女子有排球、网球和垒球。此外也办过几次乒乓球和男子越野赛跑。各项球赛都采用双循环赛制，分主客场，各自的大学自成主场。这种赛制曾引起各校学生的极大兴趣，对于开展各校群众性的体育活动，都曾起到过很大作用。当时北师大在和平门外，虽有足球场但不够大，篮球场也不多，并且都是篮排球并用。而当时清华大学在五所大学中拥有唯一的正规田径场，故每年5月举办的田径运动会总在清华大学举行。

　　五所大学各有特长。比如北师大的篮球，清华、辅仁的足球，燕京的棒球、网球和排球。相比之下，北京大学的体育成绩远不如其他四校，特别是很少参加田径运动会。北师大篮球队一直就是当时的劲旅，长期以来执北平篮球赛事之牛耳。早期曾有过"师大五虎"之称的李洲、金岩、金德耀、赵逢珠、佟复然等以及在"五大学体育会"时期的王玉增、牟作云、杨道崇、李鹤鼎和姜玉民等更有后来居上之势。当时的北师大和辅仁大学常是篮球决赛的对手。

"五大学体育会"除举办体育比赛之外，还经常开会讨论各项比赛的问题，会议轮流在各校举行。在后一阶段经常参加会议的除马约翰、袁敦礼外，还有北大的王耀东、北师大的付玉珊、郭俊卿、李鹤鼎，辅仁的李凤楼等。

（三）运动家金岩的竞技成就

金岩，著名的体育教育家。1902年出生于河北安国县农村，自幼热爱运动，擅长摔跤、游泳等运动。后跟随父亲赴日读中学，接触击剑、柔道、刺杀、棒球等。回国后在保定高等师范附中读书，接触田径及球类运动。1925年考入北京师范大学体育专修科、毕业后先后在河北北京中学、北京师范大学、北京中法大学、北京大学等学校任教。一生从事体育事业六十年，培养体育和各行业建设人才达数千名，堪称桃李满天下。

图2-16　1928年第十三届华北运动会，打破了十项全能全国纪录并获得第一名的金岩

1925年考入北京师范大学后，开始接受系统的体育理论教育及竞技培训，同年入选学校篮球队，受王石卿先生和王耀东先生的指导。此外，他也参加师大的足球队、排球队和田径队。周一、三、五参加球类训练队，周二、四、六参加田径队训练，在学校运动会上各项运动常常名列前茅。而且，他还特别擅长十项全能运动。[①]1925年冬季，学校举行高校联赛，师大篮球队获得冠军，1928年冬，又获得北京大学组篮球冠军。此时师大篮球队顿时名声大震，真可谓所向披靡。金岩与一起入学的李洲、佟复然、赵逢珠、金德耀四位同学作为球队主力，被社会媒体称为"师大五虎"。

---

① 金岩.回忆我学十项运动［J］.体育文史.1983（4）：55–56.

1928年第十三届华北运动会，他的田径才能得到充分发挥，打破了十项全能的全国纪录。在这次会上产生了华北"田径三杰"潘作新、黄金鳌和金岩三位优秀运动员。1929年第十四届华北运动会，金岩获得标枪冠军并打破全国纪录。会上东北大学短跑宿将刘长春创三项全国新纪录，刘长春参加的4×100米接力，也获得冠军并打破了全国纪录。金岩教授在这一段时期，100米成绩稳定在10.9秒左右，1928年前一直保持着男子110米高栏、标枪和十项全能的全国纪录。他还参加过全运会以及1927年在上海召开的第八届远东运动会。新中国成立后，他专注于体育教育事业，带领大学的田径校队获得诸多名誉。入选第一批国家级田径裁判，曾担任过国内外许多重大赛事的裁判。

（四）篮球精英牟作云

牟作云1913年生于天津农民家庭。中学阶段展现出优异的体育才华，入选学校的篮球队，在运动会的跳高、跳远、三级跳远都获得过冠军，1932年，被挑选参加华北运动会，他独得跳远、三级跳、标枪三项冠军，并且跳远打破了华北纪录，标枪打破了全国纪录。他不仅田径好，在足、篮、排球等项目也极为卓越，在这次运动会上和队友一起夺得了排球冠军。1934年，他又入选国家篮球队，参加菲律宾马尼拉远东运动会，获得亚军。1934年牟作云报考北京师范大学体育系。当时的师大体育系聚集着中国顶尖的体育教育家，如袁敦礼、董守义、徐英超、曾仲鲁、郭毓彬、万福恩、王石卿、王耀东等著名教授。在名师们的细心培养下，他不但是篮球赛场上的"师大五虎"之一，而且学习刻苦，准备将来以体育报效祖国。大学二年级的时候，他再次被选入国家篮球队，以运动员的身份参加了1936年柏林奥运会，这也是奥运会史上第一次设立男篮比赛。在这次比赛中，牟作云与队友们合力击败了法国队，负于日本、秘鲁和巴西，没有晋级。

图2-17 中国篮球队在1936年奥运赛场上的比赛

图片来源：四川新闻网 http://sports.newssc.org/system/2008/10/19/011201634.shtml

1937年，大学毕业后的他留校从事体育教育工作。抗战爆发后，他远赴昆明在西南联合大学教授体育。1946年，牟作云自费赴美国春田体育学院研究生院进修体育。1947年应召回国准备伦敦第15届奥运会，原本被任命为男篮训练的负责人却因故被临阵替换。后执教于清华大学，担任校篮、排球队的教练。新中国成立后，他进入国家体委负责篮球工作，相继担任球类司副司长、中国篮协主席等职务，领导全国的篮球工作，发展篮球运动事业。除了在国内篮坛地位崇高以外，牟作云的突出贡献还获得了广泛的国际认可。1996年荣获国际篮联颁发的"终身荣誉委员"称号。

六、积极参加革命运动

北师大体育专修科建立后经过十数年的发展，到二、三十年代已经成熟壮大。这种成熟不仅表现在体育运动方面，同时也表现在当国家、民族蒙难时挺身而出的壮举之中。

1931年九一八事变后，日本帝国主义陈兵关外准备随时入侵全中国。而此时国民党政府却消极抗日，对日采取"不抵抗"政策、对内采取所谓"攘外必先安内"的政策，疯狂镇压革命志士和爱国青年。在此紧急关头，广大爱国学生在中国共产党的领导下展开了轰轰烈烈的爱国救亡运动。1931年12月9日，在京的各校学生参加了抗日爱国大请愿的游行示威活动，一路高呼"打倒日本帝国主义""打倒汉奸卖国贼"、停止内战、一致抗日"等口号。游行队伍先向新华门的国民党机关提出要求，未果后转向设在东单，向正准备成立的亲日"冀察政委会"挺进。在途经王府井时遭到伪军警的突然袭击，学生与军警展开了英勇搏斗，向当时的政府施加了一定的压力，向全国人民宣示了一致抗日的爱国热情。这次游行就是有名的一二九运动。

如果说这次运动是在京学生的广泛参与的话，那么接下来的"一二·一六"游行示威活动则是北师大学生的光辉舞台，而北师大体育系又是这次活动的中心力量之一。12月16日，"冀察政委会"准备成立，北平学联又组织了"一二·一六"游行示威活动。当时燕京、清华等大学学生被军警阻止于西直门外，而北师大学生被阻于宣武门外。北师大学生一直坚持到天黑。正当学生准备撤回学校时，反动派对北师大学生下了毒手，对学生进行残酷镇压。体育系参加这次活动的进步学生颇多，如：

张连奎——（1933年入学）学生运动领导人之一，是当时北师大进步学生和民先队的重要骨干。后参加革命工作，新中国成立后曾任五机部副部长。

张修义——（1934年入学）学生运动领导人之一，后参加革命工作，新中国成立后曾任驻意大利大使。

姜文彬——（1935年入学）学生运动领导人之一，后参加革命工作，新中国成立后曾任国家科委副主任。

陈希愈——新中国成立后任中国人民银行总行副行长。

刘卓群——新中国成立后担任某保密工厂党委书记。

李鹤鼎——为体育系早期毕业生之一，在师大体育系任教。

其他学生还有龚克非、刘世明等。他们不仅是北师大体育系的优秀学生，也是代表当时全国人民意愿的优秀中华儿女。

附：张连奎与一二九运动

1934年秋，在北平师范大学体育系学习的若干同学，在附近各中学兼任体育教师。出于组织体育竞赛的需要，于1934年冬季正式成立了体育联合会。参加联合会的多是和平门一带的中学，因而定名为"和平门体育联合会"。主要负责人有张连奎、陈希愈、刘世明、刘子贞等。北师大附中运动场作为体育活动基地。体育活动按季节开展，如冬季开展篮球赛，春季举行田径运动会。和平门体育联合会的成立推动了各校体育活动的开展。当时参加组织活动的工作人员除各校体育教师外，还有北师大体育系的同学。

1935年12月9日，北京爆发了抗日救亡的一二九学生运动。张连奎思想进步，那时已经是中国共产党地下党员。在张连奎、陈希愈、张越等人的带领和北师大体育系同学的支援下，和平门附近各中学师生纷纷冲出校门、走上街头，组成了以"北师大"为首的和平门游行大军。张连奎等将"和平门游行大军"的大幅横标及竹竿等物准备好，于前一日藏于附近一家铺子里。12月9日下午，在宣武门外学生示威队伍受到了反动军警的镇压时，张连奎等领导群众与军警展开了搏斗，并机智地掩护群众疏散。在这次斗争中张连奎腹部及右上肢被刺伤，身受重伤。

一二九学生运动后，"和平门体育联合会"一面继续展开各校的体育竞赛，一面在学生群众中做革命的宣传、组织工作，使不少进步学生在抗日战争爆发后，走上了革命的道路。张连奎等领导的"和平门体育联合会"不仅推动了学校体育、群众体育的发展，同时也对中国的革命事业做出了贡献。

——引据刘世明、全广辉《北平和平门体育联合会和张连奎同志》一文。有增删。

七、女高师体育系的并入[①]

近代中国女性教育以强国为政治诉求，是对女性实施社会改造运动的结果。随着西学东渐，传教士在中国开办教会女子学校越来越多，中国知识分子逐渐将女子教育与强国联系在一起，创办中国女子学堂。为提升女子学堂的师资力量，规范办学，晚清政府与1907年颁布《奏定女子师范学堂章程》。1908年，京师女子师范学堂在北京创设，傅增湘任校长。辛亥革命后，更名为北京女子师范学校，吴鼎昌任校长；1919年又经教育部批准更名为"北京女子高等师范学校"。1924年5月，改为北京女子师范大学校，简称"女师大"，杨荫榆先生任校长。1928年6月，国民政府实行大学区制，北京9所高校合并为北平大学，北京女子师范大学改为北平大学第二师范学院，专门招收女生。1929年6月，大学区制停止实行。1930年，北平大学第二师范学院改为北平女子师范学院。1931年7月，该院与北京师范大学合并，学校更名为北平师范大学。

（一）合并前女子师范体育专修科的概况

经历了新文化运动与五四运动的洗礼后，民众思想获得解放，教育受到社会的进一步重视程度增加。作为教育组成部分之一的体育，也借着这些思潮发展起来，特别是女子体育教育。而我国近代最先开展女子体育教育课程的是教会女子学校，比如金陵女子大学一二年级每周有4节体育课，三四年级每周两节体育课，初期的教学内容有游戏、各类徒手操和器械操。作为当时唯一的女子高等学府，北京女子高等师范学校也在1920年创建"音乐体育专修科"学制三年。1923年后单独设立体育专修科，学制为四年，并逐步发展这一科系。北京女子高等师范学校在20年代里，转变为女子师范大学，培养目标和课程目标也随着学校性质的改变而变化。

在北京女子高等师范学校时期，学校的性质由原来的中等师范变为高等

---

① 此时的北京女子师范学院与上文所提到的女子师范大学是不同的。这是在北京师范大学抗战西迁后，由日伪政府重新设置的女子师范学院，而非在1931年时由男女北师大合并的女师大。

师范院校，又制定《北京女子高等师范学校暂行简章》，规定以养成女子师范学校或女子中学教员、管理员、小学教员、管理员及蒙养园保姆（幼儿教师）为宗旨。在这一教育宗旨的指导下，学校在1920年设立的音乐体育专修科，学制三年。起初依照日本学制略定教材教法，并规定以音乐为主科的学生，必须以体育为副科，反之亦然。由于当时音乐和体育师资奇缺，其课程设置音乐与体育并重，要求学生必须同时学习音乐、体育两类课程，以适应当时中学音乐、体育教育的需要，培育复合型教师。

1920年，"音乐体育专修科"第一期招收了26名同学，到1923年毕业时，剩下了21人。她们中间有刘和珍、李淑清、朱启明等人。其中李淑清毕业后曾去法国学习舞蹈，为我国著名舞蹈家。当时的科主任为曾仲鲁，一年后由高梓继任。教师有：黄济国、涂文、顾谷若（女）、陈映璜、沈步洲等人。所开设的课程有：体育原理、体育卫生学、心理学、数学、国文、英文、田径、球类、舞蹈、武术、音乐等。在这四年中，正是女子体育的起步阶段，这二十一颗种子，从1927年起开始扎根、开花、结果，成为北方女子体育的拓荒者。音乐体育专修科经过三年的发展，培养了第一班的学生过后，老师们逐步发现，两个专业不论是在专业性质与要求上，还是在学习方法和思维方式上，乃至学生的禀赋上，都有着很大的区别；将二者合并教育，无论对于教师教学还是学生学习而言，都很困难且缺乏合理性。于是，1923年学校决定单独成立体育专修科，学制为四年。

1924年，北京女子高等师范学校更名为北京女子师范大学。作为中国最早的女子师范大学，其培养目标更改为："养成中等学校师资；养成教育行政人员；研究高深学术；发展女性特长"，旨在培养女子师范学校、女子中学教员及小学教师。在这一时期，体育专修科的课程以女子体育为主、注重发展女性特长，所开设的课程有：体育原理、体育卫生学、心理学、数学、国文、英文、田径、球类、舞蹈、武术、音乐等。以1926年的体育科课程设置为例。这时的课程内容设置相比于音乐体育专修科时代，有了新的特色。

表 2-6　民国十五年北京女子师范学校体育系的课程设置

	第一学年	第二学年	第三学年	第四学年
国文	二	二		
人体解剖学	四			
体操	四	四	四	四
唱歌	三	三	三	三
英文	五	五		
体育学	二			
游戏	三	二	二	一
钢琴	二分之一	半小时	半小时	半小时
生物学	二			
音乐通论	四			
舞蹈	四	四	四	三
教育学		二		
和声学		一		
生理学		三		
心理学		二		
体操专论		二		
伦理学			二	
卫生学			三	
运动心理学			一	
教育史			二	
运动生理学			二	
教学法			二	
游戏专论			二	
教育行政				二
病理学大意				一
体育管理法				二
作曲法				一
学校卫生				二
诊断术及救急法				二
体育教学法（一学期）				二

（续表）

	第一学年	第二学年	第三学年	第四学年
运动卫生学				一
舞蹈专论				一
体育史（授完一学期）				二
身体测量				一
音乐教学法（一学期）第二期起授				
合计时间	每周共计三十小时又二分之一	每周共计三十小时又二分之一	每周共计二十八小时又二分之一	每周共计二十八小时又二分之一

1923年，女高师有了第一个独立的体育科。通过借鉴女子教会学校体育课内容与师大体育系的课程，结合女子体育特征，为第一期学生制定了上述课程体系。它开启了女子师范学校体育教育的序幕，是对发展女子师范学校体育专修科的一次成功探索，为后续的办学和课程设置提供了宝贵的经验。而且，这一时期的课程设置受到了当时先进体育思想和理论的影响，呈现出"美式化"的特点。1922年北洋政府颁布壬戌学制，要求把体操课改为体育课，把培养体育师资的体操科改成了体育科。废除了兵式体操为主的课程，以田径、球类、游戏等课程替代。北京女子师范大学根据教育部要求升级课程体系，添加了田径和球类项目，体育师资培养年限也由原来的三年变为四年。这也体现出女子体育师资培养契合了社会的需求。此外，当时女高师很多教师都是从国外留学而归，认识到学好外语可以使学生在学习与工作中突破交流限制，拓宽学习与工作的领域，故女子师大相当重视学生外语能力的发展，以至英文成为体育专修科学生的必修课。

1927年第一期学生毕业后，第二期有40名同学考入。当时的科主任仍是高梓。不过，在1928年春，高梓受邀前往东北。高梓的离去，使当时的体育专修科变得"群龙无首"，为了打破困局，学校转变教学办法，除了理论课仍由几位兼课的老师袁敦礼、方万邦、董守义等人每周定期来校授课以外，技术课则组成自学互助小组，分别由技术水平较高的同学带领，开始自学起来。

这种学习办法反而让同学们的能力变得更强。这一点从1928年4月的华北区球类比赛当中就可看出，由于这届比赛开女子参加比赛的新纪元，所以她们得以在清华大学的运动场上大显身手。同学们也不负众望，取得了排球冠军和篮球亚军。在随后的第十三届华北田径运动会和第十四届运动会上，该班同学均取得傲人成绩。其中彭静波分别获得50米、100米、跳远、三级跳远四项第一名和田径总分第一名；彭静波、吴宗武、朱文芳、陈若馨等四名同学取得4×50米接力赛第一名；最后还以74分获团体总分冠军。除了彭静波外，另有像张英、康锡志、权玉润等都是球类好手，也取得了不错的成绩。在1930年的第四届全国运动会上，又取得垒球冠军的好成绩。支持女性走入大学，并从事身体运动——这个历来被认为是男性主导领域，是一种对传统旧观念的突破和思想解放运动的重大实践，它培养了大量合格的女子体育教师，也为我国女性解放事业做出了积极的贡献。

（二）合并后体育系女子体育科的发展

图2-18　北平师范大学体育系中的女子体育
科的学生在课堂中

1931年2月，教育部决定将北平师范大学与北平女子师范大学合并，7月正式合并，原女子师范大学的校长徐炳昶担任合并后的国立北平师范大学的校长。女子师范大学并入北师大，对中国体育事业的全面发展具有重要意义。国立北平师范大学下设教育学院、文学院、理学院及研究院；体育系隶属于教育学院。

女子师范大学体育专修科的并入，在那个女子体育非常欠缺的时代具有历史性意义，也给北师大体育系注入了一股新鲜的血液。

北平师范大学体育系中的女子体育科，上课的教师相当优秀，课程体系有所调整。主要有以下表现：

袁敦礼：体育理论、健康教育；顾谷若：矫正操、踢踏舞、土风舞；谢似颜：游戏原理；王景芝：球类；吴蕴瑞：解剖学；李淑清：形意舞（芭蕾舞）；陈映璜：生物学；万福恩：生理卫生；陈越梅：丹麦体操；李仲三：田径；赵丽莲：音乐、钢琴伴奏。可见，除了有袁敦礼、吴蕴瑞、万福恩、谢似颜等著名的男性教师以外，还有顾谷若、王景芝、李淑清、赵丽莲、陈越梅等知名女子教师任教。

课程体系有了以下的新变化：一方面，合并后的女子体育部的课程采取建立了主修与辅修的制度，以提高学生的综合能力。北京师范大学自1923年就建立了辅修制。1931年，北京女子师范大学的体育专修科并入北京师范大学的体育系后，女子体育科也沿用此制度。1933年，学校进一步明确这项政策，颁布《本校组织大纲》，规定："教育学院的学生均需择文学院或理学院一科为副科，学分三十，使得该系学生具备在中等学校担任普通科目及教育各种科目的能力"。另一方面，建立学分制和选修课相结合的模式，尊重学生的兴趣，挖掘学生的个性。依据《本校学则》规定，本科生选择学习课程须足146学分方能毕业。设有公共必修课、主科、副科和选修课供学生自主选择，充分尊重并力求满足学生的选课需求。从1933年的课程学分分布表可知此点。

表2-7　体育系四学年所设课目学分总表

年级		第一年级	第二年级	第三年级	第四年级	合计
公共必修课4		6	2		2	10
		4	8	8		24
				10		10
本系课目（主科）	必修	16	20	12		60
	选修	4	4	2		10
其他系课目（即副科）		4至10	4至10	8	4	20
自由选修课		2至10	2至10	5至13	1至9	12
合计		36至44	36至44	36至44	39至44	146

但学校同时也规定，凡以体育为主科之学生必须修足以下课程共计七十学分，以保证体育系学生的专业知识储备。

表2-8　体育系四学年所设专业必修课目及学分

类型	学科	学分	
基础的学科	应用解剖学	6	
	人体生理学	6	
实需的学科（一、二年级技术各于下列学科中至少选择8学分）共三十八学分	初级体操	2	
	初级竞赛	4	
	初级技巧	4	
	初级武术	2	
	初级舞蹈	2	
	体育史	2	
	体育原理	6	
	运动指导及评判	4	
	健康检查	2	
	矫正体育	2	
	救急术及按摩术	2	
	体育行政	4	
深究的学科（体育技术于下列学科中选至少十学分，在二年级已选者，不得再选）	初级体操	2	
	初级竞赛	4	
	初级技巧	4	
	初级武术	2	
	初级舞蹈	2	
	高级竞赛	2	
	高级舞蹈	2	
	率角	2	
	高级体操	2	
下列学科中任选八学分（共二十学分）	国术研究	2	
	小学体育	2	
	民众体育	2	
	童子军	4	
	运动生理学	2	
	人体机动学	2	
	体育问题研究	2	

（续表）

类型	学科	学分	
（a）副科 以体育系为主科目之学生 得选以下各科为副科 （b）为养成兼任初中体育 之教员及兼任中学课外体 育指导	教育		
	健康教育		
	公民		
	音乐		
	生物		
	一年级：技术	8	（如遇因时间关系选修困难时得 经任课教员许可后选修二年级技 术）
	体育原理	6	其他体育系课程中选修十二学 分，以技术六学分，理论六学分 为原则
	运动指导及评判	4	

　　1931年9月，女子体育科第三期入学北平师范大学体育系。系主任是顾谷若，任课老师有：袁敦礼、顾谷若、王景芝、吴蕴瑞、李瑞清、陈映璜、万福恩、陈越梅、李仲三、赵丽莲等。这一期的学生正处于当时体育活动的发展期，也是当时我国国内举行大型运动会最多的阶段，得到了更多的机会来展现自己。这一期毕业时，仅剩二十人，有姚襄立、陈曼华、李淑贞等，都是当年驰骋在球坛上的好手。同年，主任顾谷若离职，由谢似颜继任。

图2-19　1923年女子高等师范学校运动会

1933年秋，第四期女子体育科入学。教师有徐英超、王耀东、钟浈荪、曾仲鲁、圣特夫人（外籍）等。这一期的同学都是参加华北和全国运动会的女子代表。李宗琦、欧阳瑾等人因运动成绩卓越，为当时全校学生与社会媒体所熟悉。1936年夏，该期毕业后，第五班23名同学于9月入学。至1937年七七事变爆发，体育专修科被迫停办，有一部分学生留在北京，其中6名于1938年3月转入女子师范学院体育专修科（伪临时政府教育部于1938年春在北京西城李阁老胡同设立）。

（三）优秀的体育师资与毕业学生

图2-20　女师大的学生在练习投掷标枪

从1920年女子高等师范学校建立"音乐体育专修科"，至体育专修科跟随女师大于1931年并入国立北平师范大学，体育科逐步延请著名师资进行授课。这些优秀教师使得女师大的女子体育获得快速发展，也为中国女子体育事业的发展和体育师资的培养做出了不可磨灭的贡献。1920年至1931年这一阶段，除了著名的曾仲鲁和高梓先生，还有以下优秀教师的奉献。

杨步伟：1905年考入南京旅宁女子学堂，后转学上海中西女塾。1912年任崇实女子中学校长。1913年留学日本，1919年获医科博士学位后回国。1925年后，随丈夫赵元任到清华学校，在校内从事节制生育、改善伙食、兴办公共汽车等公益活动。1929年至1934年，任北京女子师范大学体育系教授。著有《一个女人的自传》《杂记赵家》《中国妇女历代变化史》等。

黄济国：留学日本，曾担任北京女子师范大学体育史、体育原理等课程，后来也担任合并后师大体育系生理课的教学。他讲解清楚、平易近人，能和同学们打成一片。（白绍颐.北京体育文史.北京市体育文史委员会：1984.）

涂文：体育教育家。1918年南京高等师范学校毕业，次年入中国基督教青年会全国协会在上海办的体育专门学校深造。1920年后，任南京东南大学体育教员，开封河南师范体育科主任，北京大学、清华大学体育教员，并在女子师范大学兼职教课。1933年赴美留学，在爱沃华州大学攻体操。回国后仍回清华大学，并在师大兼职教授体操。1937年后，任长沙临时大学、西南联合大学副教授，国立师范体育科主任、教授。

陈映璜：留学日本，曾任北京女子高等师范教授，中国大学哲学院教育系主任，北京大学、北平女子师范大学讲师。著有《人类学》。（湖北省地方志编纂委员会.湖北省志人物志稿 第4卷.北京：光明日报出版社，1989.）

沈步洲：早年曾入英国伯明翰大学大学读书。回国后曾任上海数据英文编辑主任、北京大学预科专员、文科讲师、中国大学教授、农商部技正。1917年12月任教育部专门教育司司长。1923年3月任代理教育部次长。（李盛平主编.中国近现代人名大辞典.北京：中国国际广播出版社，1989.）

石评梅：北京女子高等师范学校"音乐体育专修科"第一期学生。中国近现代女作家、革命活动家，"民国四大才女"之一。1902年出生于山西省平定县书香之家，1919年毕业于太原女师。1920年拟报考北京女子高等师范学校国文科；当年女高师国文科不招生，于是改考"音乐体育专修科"。在新思潮的影响下，石评梅一方面在女高师勤奋学习课业，一方面即开始写诗和散文向各报刊投稿，被誉为"北京著名女诗人"。1923年毕业后在北京师范大学附属中学任女子部训育主任兼体育教员，她教学训练出色，附中女排在其带领下1928年的华北运动会上获得亚军。当时《世界日报》运动会画刊上，刊登石评梅和附中女排的合影。

李淑清：北京女子高等师范学校"音乐体育专修科"第一期学生。李淑清祖籍北京，自小家境贫寒。1923年入学到只有26名学生的音乐体育专修科，学习4年后毕业被母校北京师大附中聘为教员。后来赴法国勤工俭学，学习舞蹈艺术。为完成学业，她一边绣花挣学费，一边在学校苦读。学成归国，在北平民国大学、女子文理学院等高校教授体育和舞蹈课。后来与革命家杜任之（山西大学法学院院长）结识，并相恋结婚。婚后李淑清跟丈夫赴山西工作十多年。她先去延安陕北公学学习革命思想，后到临汾民族大学任体育教师。她自编教材授课，对教学工作认真负责。他在北京、山西任教期间，开设各国民族舞和韵律体操课（即现代艺术体操），是我国艺术体操事业的开拓者。

彭静波：北京女子师范大学体育科学生，擅长田径，旧中国女子三级跳远全国纪录保持着。在第十三届华北运动会上，彭静波分别获得50米、100米、跳远、三级跳远四项第一名和田径总分第一名的傲人成绩，并和队友吴宗武、朱文芳、陈若馨取得4×50米接力赛冠军。1925年，在沈阳举行的第十四届华北运动会上，设有女子三级跳远这个项目，这在国内外田径史上还是首创。在比赛中，彭静波跳出了9.14米的好成绩。就是在这届运动会上彭静波成了旧中国女子三级跳远全国纪录的创造者。1929年1月，张学良促成中、德、日三国田径赛在沈阳东北大学体育场进行。彭静波代表北平女师与短跑名将刘长春、中跑名将姜云龙、长跑名将陈伯林等一起参赛。1930年杭州举行的第四届全国运动会上和权玉润、张英、滕爽等组成北平女子篮球甲队，并获得该组冠军。30年代中期，在天津任教。

八、本章小结

1927年至1937年间，是近代中国的"黄金十年"（中国在政治、外交、军事、经济、文化、教育、社会、边疆民族政策等施政各方面都取得了一定成就，整体为近代中国较高水平）。1923年至1937年这一阶段，则是北京师范大学体育学科的黄金时期。在这一时期，在学校的重视与强力的领导下，师大体育由体育专修科升级为体育系，逐步聚集了当时最为知名的一批体育学人，他们在日本美国或欧洲等国留学研修体育、各怀所长聚在师大交流讨论、创新体育思想观念，开班授学、传播体育教学、训练、竞赛与管理的理论与方法。在袁敦礼先生的团结领导下，这批体育学人辛勤创设了当时极为系统完备的教学体系；在他们的精心培育下，师大体育系学生毕业后大都成为发展中国体育事业的骨干力量。体育系的发展壮大，不仅带动了整个学校体育锻炼的氛围，也通过校队的训练与竞赛培育了大批高水平的竞技人才，通过参与区域、国家乃至国际的运动竞赛，为学校、北京以及民族争取了很多荣誉。这一批体育学人不仅在师大致力于体育教育教学和训练，更是积极发表学术及科普文章去宣传先进的体育理念，参与社会体育议题讨论及体育组织及赛事管理运行，启蒙大众体育认知，影响公共体育政策制定和体育法规制度。他们为近代中国体育事业的进步，发挥了巨大的作用。北京女子师范大学与北京师范大学合并之后，师大体育系也与女师大体育课进行了整合，进一步增强了体育系的师资力量。合并后的体育系在师资、场地器材等资源方面逐步实现了共享互通，教育质量和社会影响力也进一步得到增强。受社会思潮和进步意识的影响，体育系的一些师生积极参与社会正义事业，投入革命运动。可以说，整个二三十年代，师大体育无论是在思想、教育、竞赛和社会影响力等方面，在中国体育界都处于领先的地位。

第三章　砥砺前行（1937—1949）

一、抗战西迁（1937—1946）

（一）艰难西迁

1937年七七事变全面抗战爆发后，各高校相继在政府的调动下离开北平。国立北平师范大学、北平大学和天津北洋工学院三校撤离平津，在西安合组"西安临时大学"，并成立三院，其中体育系属于第二院。西安临时大学成立不久，太原沦陷、潼关告急，敌机不断轰炸西安致使师生无法安心上课。学校于1938年再度南迁至陕西城固，改称为国立西北联合大学。体育系和工学院及附中，设在距城固县城外的古路坝（图3-1为当时师生翻越秦岭时的艰难

图3-1　古路坝校园生活

行程，图3-2、图3-3分别为现存古路坝校舍内外景观）。古楼坝是陕西南部城固县城以南四十里、大巴山里的一块平地。据说当年红军某部长征时曾经路过。在这个山区平地，隐藏着一座规模宏达、筑造细致、有楼房和礼堂的天主教堂。在1938年已经是一个空闲的大院落，正好作为西北联大的分校校址。工学院和体育系进驻之后，教职工和学生不但有住宿的处所，还有房间作为教室，甚至大的房间都可以腾作"体育馆"。

图3-2 古楼坝现存校舍

图3-3 古楼坝现存校舍

1938年7月，西北联合大学教育学院改称师范学院（包括体育系）。1939年8月，根据教育部令，西北联合大学再次改组，分为西北大学和师范学院。师范学院独立设置，全称为"国立西北师范学院"。1944年，西北师范学院全部迁到兰州现址，开始在那里扎根发芽。

（二）艰苦创业

北平师范大学西迁时期，学生和教职员的生活都相当艰苦。西北师范学院迁到城固的郊外，1939年全体新生入学新校园，就合住在一个原来作为风雨操场使用的大草棚里。即使后来搬到新宿舍去，新宿舍也都是板筑土墙、稻草覆盖、檐下透风的茅屋。室内一律泥土地，架子床上下铺。学院也始终没有饭厅，开饭就在风雨操场的草棚里。教师多数住在城里，步行经田间小路三四里往返学校上课。学校迁到兰州后，学生们的住宿条件稍好了一些。教职员们则散居在十里店的破旧土屋里，饮用水是学校雇用毛驴驮来的黄河水，生活条件比城固时反而退步。从十里店到兰州城里，西北师范学院仅有一辆极其普通且不带顶棚的马车作为代步工具。学校的负责人、教务长等就经常是在这辆马车上跨辕坐着；有时，因为赶时间还要啃着大饼到兰州市里去办公。

这一时期，体育系的教授阵容为袁敦礼、董守义、沙博格、徐英超、郭俊卿、刘月林等。其中，袁敦礼为训导主任兼体育系主任，徐英超教授辅助，董守义教授负责理论与棒球课程。尽管场地简陋、器材匮乏（当时有体育器械仅有22种，144件），学生们的体育活动仍然丰富多样、成绩也比较突出。体育系高年级学生组织有"校内比赛委员会"，在教授的指导下，办理全院的各类课外体育活动，不仅在校内，而且在社会上产生了极大的影响。

在城固办学时期，体育系在主任袁敦礼先生的带领下，以实干、苦干、硬干的精神，在教场边开辟了一个长100公尺、宽80公尺的运动场和4个篮球

图3-4 西迁师生们建设校区的情景

场。全校师生尽情享受自建体育场带来的体育乐趣（图3-4）。城固的汉水大桥是一个夏季天然的跳台，大家用各种姿势跳下去游泳，享受水的乐趣。暑假期间，大部分同学做社会服务工作，如演剧、宣传慰问、技术练习队、读书报告等活动，8月中旬穿上军服去做夏令营的体育助教。

鉴于战局不断恶化，陕西高校较多，城固地处偏僻，而甘肃高校又太少，国民政府于1940年要求西北师院迁移到兰州去。经过分批地迁移安置，西北师院于1944年全部迁入兰

州。迁兰后的西北师院继续发展体育系，为了更快培养体育人才满足西北所需，还在体育系下设置了2年制的体育专修科。

西北师院自设立之日，即延续了北平师范大学重视体育运动的优良传统。学校规定每日师生早操，全体学生每天坚持做早操，而且院长、训导长等领导以身作则，几乎每天都早早赶到学校出勤，这也是北京师大从高师以来形成的优良传统。

而且，学校体育活动相当活跃，各系科之间的篮球赛、排球赛、足球赛、垒球赛接连不断，学校里几乎天天都有比赛。成为校园独特的风景，当时社会新闻媒体开设"学府风光"专栏，曾有多篇文章对西北师院的报道佐证当时校园的浓厚运动氛围。如下是当时校外媒体的报道剪辑。

"师院课外活动有欢呼队一种，准备庆祝与热闹时全场欢呼，闻欢呼队长，拟选巨口一个，声音如雷者充之"，"师院运动风气甚盛，每一同学对运动均感最大兴趣，不论春夏秋冬什么时候，操场上总是活跃着不少的生气勃勃、身体健美的男女学生，喊着笑着跑着奔着，周末虽然举行学期考试，而操场上仍不见寂寞。"[1]

"体育系积极准备的技巧表演，于3日上午9时至12时在师院器械运动场公开表演，表演的项目计有单杠、双杠、跳跃、垫上运动及女子踢踏舞、男女西班牙舞。当地民众视为奇观，并有外籍嘉宾驾到，运动员精神百倍，表演精彩，喝彩之声不绝于耳。"[2]

"国立北平师范大学旅渝同学王玉增等为联合同学感情及观摩篮球技艺，组成师大校友篮球队，特聘该校体育系老教授，我国篮球著名指导董守义先生为指导，准备本年12月17日在该校42周年校庆日与本市各劲旅作大规模之表演，阵容如下，指导：董守义，队长：王玉增、赵硖，干事：张先涛、李武身，队员：李鹤鼎、李国堂、史麟生、马振签、梁钟睿、范宗先、王衡、陈海涛、齐有义、仲尧、房仲孝、尹鸿翔、赵国庆、王玉钰、柏芝蔚、许泽

---

① 西北日报，1944年1月19日

② 甘肃民国日报，1944年7月9日

清、李子侃。又讯，该校女子篮球队已着手组建中，以该校女子篮球队健将如张亚麓、向景秀、朱婴训、王义润、廖宝珠、范德明、彭瑢、朱兰训等人，将来实力不凡可观云。"

图3-5 西迁时期体育系迎新及校友会成立留影

"西北师范学院奉令西迁以来，对西北社教工作之辅导不遗余力，尤以体育活动贡献之大，于九九体育节，在兰园公共体育场举行技巧表演会，9日上午由该系教授徐英超、郭俊卿二人率领体育系男女学生50余人，均着白衣白裤莅场，全场观者逾千人，表演项目有男垫上运动、单杠、双杠；女子有垫上运动、双杆等，并有专人解说动作名称、要点及难易程度等，参观者对此极感兴趣，感叹观止！表演结束，既有多人现场仿效，并敬请该系同学指导云。"（编者按：西北师范学院体育系之技巧表演每年一次，不仅在西北为新颖之运动，即在全国也不多见）

"国立西北师院体育系，在本年度附设体育专修科，开始招生，修业2年，报名者踊跃。""兰州区运动大会在红山根体育场开幕，西北师范学院体育系主任、兼训导主任袁敦礼任总裁判，运动员计561人，西北师范学院获得团体及个人总分第一。"

（三）西迁的特殊意义

北平师范大学因抗战西迁陕甘共九年之久，毕业学生计一千三百余人。对发展西北的高等教育事业做出了很大贡献。西北师范学院从西北联合大学分出、独立建校时，原来北平师范大学的教师和毕业生，有一部分留在西北大学（与西北师范学院同时从西北联合大学分出、独立建校）；抗战胜利后，一部分师生返回北京，一部分师生继续留在西北学习或教学。

西迁时期，西北师范学院（即西迁时的北京师范大学）主要负责西北地区的师范事业的发展。1941年，国民党政府教育部按当时七个师范学院的所在地划定七个师范学院辅导区。河南、陕西、甘肃、宁夏、青海、山西六省为西北师范学院辅导区。体育系也在这个地区发挥了巨大作用。1941年后，体育系每年暑期举办体育讲习班，后又添设体育师资训练班，为西北地区培养了一大批优秀体育教师。体育系的很多学生，毕业成为我国体育界和高等学校著名的体育工作者或体育教师。

西北这块土地，在北平沦陷时给予了包括北师大在内的许多高校延续生命的机会（一部分高校师生去了西南）。同时，这些高校又在此孕育了新的生命，为西北教育事业的发展贡献了力量。现北京师范大学和西北师范大学就是战争局势所促生的姊妹校，直到现在，两校包括体育系也还保持着密切交流（图3-6）。

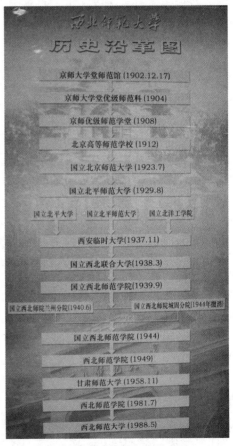

图3-6　西北师大校史沿革图

二、西迁后的回归（1946—1949）

（一）回归北平

1946年，西北师院的教授和学生成立了"恢复北平师范大学委员会"，要求当时的教育部准许复校，否则全校师生将徒步赴重庆（当时的国民政府由南京迁到重庆）请愿。但是，政府要求甘肃省教育厅阻止北师大的复校请愿。西北师院师生为此举行了徒步赴重庆的演练。许多教授都参加了二十里铺（十里店迄西的地方）的演练活动。1946年夏天，学院成立了复员北平的委员会。由于路途遥远，交通不便，大家殊途同归，选择不同的道路到北平。其中人数最多、有组织的一批二百多人，分别乘汽车到西安集中，乘火车至郑州，沿平汉线（北平至武汉）北上，一起步行回北京。

这次大迁移的统帅，就是体育系著名教授徐英超。他们在郑州雇了十几辆马车拖拉行李，带领二百多名师生从郑州徒步取道安阳、穿过晋冀鲁豫解放区，向北京进发。身体不适的女生坐马车，男同学步行前进。一路上遭遇了国共军队小规模冲突。途经邯郸时候，边区人民政府的主席杨秀峰接见了北师大师生。杨秀峰和徐英超是北师大同届毕业的老校友，在校时候也经常一起踢球。得知母校师生复员返回北平，他非常高兴地给予欢迎与款待，并安排了一场革命报告启蒙师生。离开邯郸后队伍经过邢台，并前往北方大学进行了交流，了解到一些关于当时北平的情况，在邢台人民政府的招待下观看了歌剧《白毛女》，从文艺作品中再次受到深刻革命教育。1946年9月上旬，北京师范大学复员大军离开了河北元氏县，经过石门（石家庄），于9月下旬到达目的地——中国文化古都北平，回到了北平师范大学。

这次复员行军，北师大师生途径解放区，亲身经历了并受到了革命教育的洗礼。二百余人虽然不是北师大复员大军的全部，但徐英超率领的这支复原大军具有特别意义，为我国的解放事业从精神洗礼、传播革命精神上而言做出了贡献；对于体育系、北师大而言是一个光辉的荣誉。

——据北师大校友马俊明先生《从兰州到北平的复员路上》，有增删。

在这次复校运动中，另一位体育系教授董守义也起到了很大作用。当时北师大校友会总会驻在重庆，代表由体育系教授董守义担任。董守义积极与国民党政府教育部要职人员进行交涉和争取。在西北师范学院复校运动的压力下，教育部于1946年3月批准，在北平原师大校址设立"北平师范学院"，任命西北师院体育系教授、系主任袁敦礼为院长。因当时袁敦礼受邀赴美国讲学，西北师院推选西北师院博物系主任郭毓彬代表袁敦礼赴北平接受学校。同年6月，袁敦礼从美国讲学归来，即赴北平接管学校，西北师院学生不分地域可无条件转入北平师院，至此，复校运动结束。

（二）西迁后的重建

1946年10月，复员的师生陆续到齐北平原师大校区，11月份正式开始上课。复员后的北平师范学院，设有国文、英语、历史、地理、数学、物理、化学、博物、教育、体育、英乐、家政等十二个系和一个劳作专修科；取消公民训育系、成立保育系。这时，全校共有学生1059人。教师的阵容也有加强。除西北回来的教授，抗战以前北平师范大学的教授也回归不少，学校还增聘了其他的教授。学校对长期失修的校舍建筑做了修缮，增辟了教职员宿舍，充实了一些设备，创建了电化教育设施。

其实，北平沦陷期间，敌伪在北平师范大学原址也设立了北京师范学院，另在李阁老胡同设立了北京女子师范学院，后来一起合并为北京师范大学继续保持运行。抗战胜利后，这个"北京师范大学"被国民党政府接收，改为北平临时大学补习班第七。这部分学生后来也都合并到西迁归来的北平师范学院。1948年，在北平师院全体师生及社会各界的支持和声援下，"复大"运动也取得了胜利，学校恢复了国立北平师范大学的名称。

（三）回归后师生的革命行动

在北师大重建时期，体育系师生也为新中国的解放事业做出了贡献。1948年初，北平解放前夕，国民党政府对革命群众和进步师生进行了镇压。北师大从4月3日开始罢课，师生们参加了反迫害、反饥饿、保卫学联的斗争。为了对付北师大的罢课，特务们于4月8日深夜时分乘两辆卡车偷入校园，油彩涂面、面带大口罩，进校后首先关掉总电闸，然后闯入南部斋宿舍，用铁棍殴打并绑架了八位学生，捣毁办公用具，抢走一些钱物。这就是有名的"四八血案"。

国民党政府的血腥暴行没有吓退北师大师生。在地下党的领导与北大、清华等院校支援下，北师大师生举行了示威大会，集体游行到北平行辕门前，要求释放进步同学。体育系教授徐英超亲自参加了这次示威游行，表现了一位进步教授不畏强暴、坚决支援受迫害学生的勇气与决心。徐英超教授对革命的参与，让特务们更加恼羞成怒。事后，国民党政府在12月绑架了徐英超教授，施用吊打、灌凉水、压杠子等等酷刑。在进步力量的营救下，徐英超教授才幸免于难。从五四新文化运动、一二九抗日运动到四八反国民党政府运动，北师大师生总是走在北京高校爱国运动的前列。在这些正义社会运动中，体育系师生从来都是最积极的一分子，他们的行为不仅代表了体育系对革命事业积极参与的愿望，也代表着当时中国人民的革命热情。

三、师资队伍的调整

西迁时期，体育系任教的教师有袁敦礼（体育系主任兼西北师范学院训导长）、董守义、徐英超（1944年迁至兰州后任系主任）、王耀东、刘月林、郭俊卿、罗爱华、李鹤鼎、薛济英、郭毓彬（兼任）、汪堃仁（兼任）、包桂浚（兼任）、管玉珊、陈荣泽、张鸿玺、何以龙、陈毓瓒、张开运、张志贤、吴图南、张润之、蔺克昌、马久斋（兼任）、吴志刚、黄金鳌、朱焕章、凌洪令、苏竞存等。

在这些教师中，除了袁敦礼、董守义为最初体育系的教师之外，其他教师包括徐英超、王耀东、李鹤鼎、张志贤、苏竞存等，基本上都是体育系自己培养出来的毕业生。大量北师大毕业生留校工作，在那个时期具有特别重要的意义。北京师范大学体育系代表了当时国内体育教学科研的先进水平，他们的留校工作既继承体育系高质量教学科研传统，也稳定体育系的教师队伍。

除了体育系自己培养出来的教师以外，也有像郭毓彬、汪堃仁等这样北师大其他系兼任的教师，还有像吴图南这样著名的国术大师在体育系任教。其中郭毓彬教授（1892—1981）不仅曾任北京范大学生物系教授、主任，运动竞技成就十分突出。师大学生时代的他非常热爱体育运动，尤其擅长中长跑，曾在1915年第二届远东运动会上为中国取得了赛跑比赛的两枚田径金牌。他曾在美国葛林乃尔学院和依林诺斯大学攻读生物学。回国后先后在东吴大学、北京师范大学担任教授。1934年期，兼任北京师范大学生物系主任。周恩来总理曾在新中国成立后提到，"不要忘掉历史，郭毓彬先生在体育界是有贡献的，我们不应忘记"，高度评价了他早年为国争光的业绩。正是体育系教师们团结努力、艰辛奋斗之

图3-7 曾在1915年第二届远东田径运动会上为中国赢得两枚金牌的北师大生物系原主任郭毓彬教授

下，北京师范大学体育系的存续和发展，才没有因抗战西迁而受到致命的打击，反而更加坚韧地向前发展。

五、课程设置及其特点

（一）西迁时期的课程设置与特点

学院内迁至固城后至1939年，体育系的课程设置也发生了一些变化。这个时期的主要特点，是开设的课程门类多，理论课占的比重大，学分比以往有所增加，达到172个学分。其中，理论课占到了总学分的73.5%；技术课（包括军事训练和童子军）只占26.5%。体育系课程设置主要有必修课目和选修课目两大类组成。内容包括了一般体育生理、卫生课程和一般体育技术课程，还包括了一些在其他系进行选修的科目，以适应当时艰苦的办学环境和

条件。

1. 必修课目

三民主义（4）、国文（8）、英文（8）、教育概论（6）、生物学（8）、社会学（6）、本国文化史（6）、体育技术（ ）、军事训练（ ）、普通化学（6）、教育心理（4）、卫生概要（2）、体育统计（4）、人体解剖（5）、体教技术（26）、中等教材（4）、普通教学法（4）、体育原理（5）、人体生理学（6）、童子军（6）、卫生学（4）、体育行政（4）、竞赛指导及裁判（4）、矫正体育及按摩（3）、体育教材及教法研究（8）、教学实习（16）、毕业论文（4）。

注：三民主义、教育心理、中等教材为共同必修课程，其中括号内数字为学分。体教技术（游戏、球类、武术、技巧、韵律、体操、竞技、游泳科）

2. 选修课目

小学体育（2）、社会体育（2）、诊断学与健康检查（3）、人体技能学（2）、医药常识（2）、卫生教育（3）、武术研究（3）、运动生理（3）、其他选修科目在其他系选修。

从以上这些课程可以看出，虽然抗战西迁的办学条件相当艰苦，体育系课程设置的基本部分几乎没有大的变化，保留了在北平时期的内容和风格，并增加了一些适合当时社会环境和地区环境的课程。课程设置的延续和灵活变化，为抗战西迁时期的体育系的培养质量提供了保障。

（二）回归时期的课程设置与特点

自兰州回北平复校后，学校于1946年11月开始正式上课。至解放共计四年的时间里，体育系的课程设置如下：

一年级主要学习内容为：

国文、英文、哲学概论、教育概论、中国通史、普通生物学、普通生物学实验、经济学、人体解剖学、体育技术、普通话及国音、三民主义、伦理等十余门课程。

二年级的主要学习内容为：

世界通史、教育心理学、体育原理、体育统计、田径及体操、人体生理学、技巧、近代舞、土风舞、武术、普通乐学等。

三年级的学习内容为：

辩证唯物论及历史唯物论、中学教育、球类运动、机巧运动、次要球类、舞蹈、运动生理、体育测验、场地设备、运动裁判法、健康检查、集体游戏、集体操练、民间音乐、新民主主义论、体育行政、教学实习等。

四年级的学习内容为：

中等学校体育课教材教法、参观见习、政治经济学、文教政策与法令、卫生学、苏联体育研究等。

从以上内容可以看出，体育系课程设置的主要内容没有大的变化，体育基础理论的解剖学、生理学等依然延续；田径、体操、球类等基本技术教学也同样开设。而且，还适时地加入了辩证唯物论及历史唯物论、新民主主义论等科目。这在一定程度上反映了一个知名学府成熟的学系较好的社会适应能力。

六、1937—1945年北平体育专修科的发展

1937年至1946年近十年抗战西迁，北京师范大学的发展重点主要在西北地区。但仍有部分师生未能西迁，继续留在北平的师大校区，被置于日伪管制之下。敌伪管辖的北京师范大学，也保有体育系，主要体现为女子体育师范的发展和男女体育师范专业的合并。

（一）体育系女子体育事业的发展

北京高等师范学校体育专修科1917年招生时，对象仅限于男子，没有面向女子。北师大体育系女子体育事业的发展，主要来自于两次女子体育师范的融合。这不仅健全了体育系的人员结构，也为我国女子体育事业做出了贡献。

1. 北京女子师范大学体育专修科的并入

北京女子高等师范学校（1925年改称为北京女子师范大学）于1923年设

立体育专修科（学制为四年），初任科主任为曾仲鲁教授，一年后改由高梓担任。教师有黄济国、涂文、顾谷若（女）、陈映璜、沈步洲等人。北师大体育专修科的教师如袁敦礼、方万邦、董守义等人担任兼职教师，每周前来教授体育理论。所开设的课程有：体育原理、体育卫生学、心理学、数学、国文、英文、田径、球类、舞蹈、武术、音乐等。第一班招收了26名同学，共有21名学生毕业，她们成为北方女子体育的拓荒者，创造了优异的竞赛成绩。1928年4月，女子师大体育专修科的学生参加华北球类比赛，获得排球冠军和篮球亚军。开辟了近代女子参加高水平团体竞赛的新纪元。同年，第13届华北田径运动会在北京汇文中学举行，女子师大体育专修科获得了团体冠军。彭静波获得50米、100米、跳远、三级跳远和4×50米接力赛（彭静波、吴宗武、朱文芳、陈若馨）五项第一名。1929年5月第十四届华北田径运动会在沈阳举行，她们又获得了女子高级组田径、垒球和网球冠军；彭静波继上届之后继续获得田径个人总分第一名。除了田径，球类好手也很多。1930年在第四届全国运动会上取得垒球冠军的北平队，全体成员都是女子师大体育专修科的学生。

1931年2月，教育部决定将北平师范大学与北平女子师范大学合并。7月正式合组建新的国立北平师范大学，徐炳昶担任校长。两校的体育科系也实现了合并。女子师范大学体育专修科的并入，在那个女子体育非常欠缺的时代具有历史性意义，也给北师大体育系注入了一股新鲜的血液，对中国体育事业的全面发展具有重要意义。

1931年9月，女子师大并入北京师范大学，体育专修科改为体育系，

2. 北京女子师范学院体育专修科的并入[①]

北京女子师范学院，是伪临时政府于1938年春季设立的学校，校址在西单李阁老胡同（今力学胡同）；其体育专修科的学制，为三年专修科制。1937年七七事变后，师大体育系的一部分女生留在北京，其中6名于1938年3月转

---

① 此时的北京女子师范学院与上文所提到的女子师范大学是不同的。这是在北京师范大学抗战西迁后由日伪政府重新设置的女子师范学院，而非1931年男女北师大合并时的女师大。

入北京女子师范学院体育专修科；后又转入一名（原河北省立女子师范学院体育专修科学生）。7名女生于1940年春毕业，是为北京女子师范学院体育专修科的第一班学生。而1938年3月入学，1942年春毕业的19名学生为第二届毕业生。1939年开始秋季招生，共招收21名；1940年第四班招收12名（毕业11名）；1941年招收10人。学生毕业后，大多成为中小学的体育师资。

北京女子师范学院全校约有500名学生，但是运动场地和设备极其简陋。在学校东侧的松竹胡同里有一块场地，田径场有三百米跑道、沙坑等。设备由跳箱、肋木、双杠、跳栏、垫子等。如此贫乏的物质条件，对普通班学生体育科教学已经很难满足，对于体育专业学生的训练需要，更是所差太远。教师和学生们就是在这样的条件下完成教学任务和学业的。

体育专修科的课程设置，分基础课（与教育系、家政系等合班上课）和专业课。基础课有：教育学、教育概论、国文、日语等。专业课有：①理论课：体育史、体育原理等。②技术课：田径、篮球、排球、垒球、徒手体操、舞蹈、踢踏舞、钢琴等。

合并前的师范学院院长为张凯，体育科主任为傅宝瑞，专业课教师有：王世林、白春育、虞积刚、李秀瑜（女）、黄济国、金爽田、刘纪元、胡安善、孙钰、于水竹、康锡恩、杨襄俊、（女）、王强、傅宝瑞、韩国儒、米东帆、柏芝蔚、王景芝（女）、赵丽莲、佟复然、李志刚、周春鸿、赵振绩、曲泽州等。

北平沦陷后，在日伪的管辖下，很多日本教师如：木村竞雄（垒球、体操）、岗部平太（柔道）、石津诚（体操）、渡边瑞枝（女，舞蹈）等也进入沦陷区的北师大执教。

在学校当局不重视体育，体育设施极为缺乏的情况下，学生们能够自发地学习锻炼，取得了一定的成绩。例如在北京、天津、太原举行的各种运动会上，女子师院体育专修科的田径方面取得了优越的成绩；他们的篮球、排球运动员参加北京代表队，取得几次冠军，还参加过体操表演等等。

北平沦陷期间，未能及时西迁的体育系师生，一些人受到日伪政权的迫害。如教师胡安善、师崔峙如被抓捕杀害，学生徐琪、孙立思也被抓捕拷打。

由于不甘受日伪欺压，一些教师和学生先后投奔大后方，如教师白春育，学生彭志铭、刘竞存、孙逊、赵锦华、车克英、齐宗耀等。而身在沦陷区的学生们，也进行了各种抵制和反抗。1938年以后，正是日本加紧侵占我国的时期。北京女子师范学院的学生心情抑郁，不甘心做"亡国奴"。一般都加强学习和技术锻炼，对学习日语尽量敷衍，每逢日本军队打了胜仗，校方强迫学生参加庆祝游行，不少学生偷偷溜走，用这种办法进行反抗。

北京女子师范学院培养了数十名体育师资。1942年，女子师范学院并入北京师范学院（即驻留北京，由伪政府管理的北师大部分）。1945年日本投降后，国民党政府接收北平后，宣布沦陷区大专院校为"伪大学"，学生为"伪学生"，要进行"甄审"。由于共产党领导的反"甄审"斗争的胜利，原来在日伪时期毕业的女师院学生都取得了国力北平师范大学的毕业证书。抗战西迁的北师大师生，沦陷期在北师大学习、工作的师生，都是北师大历史上的一部分。

（二）沦陷期北京男女师范学院体育专修科的合并

1942年春，在日伪政府教育部的要求下，北京师范学院与北京女子师范学院合并，更名为北京师范大学，校长为黎世衡。伪北京师范大学设有文学院、理学院、教育学院；教育学院的院长为张凯。两校的体育系科也实现了合并，学制为四年本科制；合并后的体育系共47人，男生40人，女生7人。合并后的体育系隶属于教育学院，体育系主任由林朝权担任。体育系的专业教师有：董锦地、柏芝蔚、王世林、林朝权、白春育、周春鸿、刘建堂、崔峙如、黄济国、胡安善。合并后体育系整体的课程设置如下：

基础课： 教育学、伦理学、工艺学。必修课：国文、日语、英语。选修课：钢琴、德语。

理论课： 体育史、体育原理、生理卫生、解剖学、音乐。

技术课： 田径、器械操、徒手操、舞蹈、队列、篮球、排球、足球、国术等。

表3-1　公共必修课

课程内容	第一学年	第二学年	第三学年	第四学年
教育学		2	2	2
心理学概说	2			
伦理学概说	2			
论理学概说	1			
哲学概论				
社会学概论				2
教育心理学		1		2
东洋伦理学		2		
教育行政与学校管理				2
普通话及语文	2	2		
日语	8	6	4	
东亚史论			2	
世界现势论				2
劳作	1	1		

四年总计49学时

表3-2　专攻科目

必修课程	第一学年	第二学年	第三学年	第四学年
体育卫生学	1		1	
应用解剖学	1	1		
国术	2	1		
徒手体操	2	2	2	2
学校教练	1	1	1	
球技	2	2	2	
技巧运动（男）	2	2	2	2
技巧运动（女）	1	1	1	1
音乐	2	2	1	
田径运动	2			
游戏（男）	2	1	1	1
游戏（女）	1	2	2	2

（续表）

必修课程	第一学年	第二学年	第三学年	第四学年
田径赛	2			
体育原理		2		
普通生理学		1		
体育史		2	2	
体育原理及体育设施			2	
体育教学法			2	2
体育测验			1	1
生理卫生			1	1
体育行政				2
急救术				1

四年总计男生66学时，女生64学时

表3-3　自由选修科目

英文	3	3	3
德文	3	3	3
法文	3	3	3

四年总计27学时

表3-4　课外运动

少年团		1		
柔道（男）	1	1	1	1
弓道（女）	1	1	1	1

四年共计男生5学时，女生5学时

这一时期，沦陷区的北京师范大学体育系也培养出了很多运动竞技选手，如刘士亮（新中国成立后任北师大体育系副教授）、黄健（当时十项全能、撑竿跳高、三级跳远全国纪录保持者）、齐沛霖（当时为三铁项目全国过纪录保持者）、刘竞存（新中国成立后任河北师范大学教授）、吴棠（女、破当时跳高全国纪录，新中国成立后任北京医学院教授）等。

本章小结

1937年七七事变后，国立北平师范大学被迫艰难西迁，尽管生活与办学条件非常艰苦，但体育系师生在袁敦礼、董守义等教授的带领下，以实干、苦干、硬干的精神，艰苦奋斗。这一阶段学院学生体育活动比较丰富，在社会上产生了极大的影响。为了西北地区的学校体育事业，体育系在西迁陕甘九年里相继开展了各种类型的体育师资培训班以及2年制的体育专修科，为西北地区培养了一大批优秀体育教师，对发展西北的高等教育以及体育事业做出了很大贡献。

1946年，师大的学生们发起复校运动，其中体育系教授徐英超率领的徒步行军，不但为北师大的复校做出了突出贡献，更是对师大的一次革命教育与爱国精神的洗礼。师大复校北平后，以兼容并包的精神接纳了伪师大的学生，并对他们开展正常的课业教育。体育系也积极接纳了这些学生。在北师大重建时期，体育系师生积极参加反对国民政府暴行的正义社会运动，体育系主任徐英超更是带头参加示威游行，也成为运动的活跃分子。整体来看，抗战时期及复校后的北师大体育系，在艰难中不离不弃、谋生存，求发展，以体育教育人才的高质量培养去实实在在地践行爱国主义精神，延续了师大体育系优良的传统。这一时期，不管是在学术、比赛成绩还是在革命事业上，都写下了光辉的一页。

第四章　凤凰涅槃（1949—1976）

1946年北京师范大学西迁归来后，因受到当时国民党政府的诸多压制，直到1948年才被正式批准恢复北京师范大学校名。1949年初，北京迎来了解放，10月1日中华人民共和国成立。在新的社会环境下，北京师范大学终于迎来了新的发展机会。师大体育系在这个时代大潮中也被赋予新的历史使命。1953年秋，北京师范大学体育卫生系脱离北京师范大学，作为筹建中央体育学院的核心力量，为新中国体育事业的发展写下了壮丽的一笔。1959年，北京师范大学体育系在困难时期艰难重建，逐步恢复了正常的教学体系；而后又遭受到了十年"文革"的浩劫，体育系办学停止七年之久。即使如此，师大体育人依然秉承着顽强奋斗的精神，抓住机遇迎难发展，为国家体育事业的持续发展做出了重要的贡献。

一、援建中央体育学院

（一）中央体育学院成立的背景

1. 新时代对于体育人才的需求

新中国成立后，面临的局面是我国经济基础非常薄弱、国民健康水平很低，卫生保健事业亟待发展健全。体育事业的发展不仅有助于提高全民的体质健康水平，更有助于中国摆脱"东亚病夫"形象、重建民族自信，是一项关系着国家民生的大事。1949年中华全国体育总会成立后，为了推动全国各地体育运动的发展，急需大量的体育专业干部、教师、教练员、科研人员和管理人员。1952年，毛主席发出"发展体育运动，增强人民体质"的号召，发展体育事业成为新政府的当务之急。为了完成这一历史使命，更需要大规模地培养专业的体育人才。1952年，教育部根据团中央冯文彬同志的提议，同意成立中央体育学院。北京作为首都和全国文化教育中心，也计划新建一批高等专科院校，中央体育学院就是其中之一。

2. 国家发展背景下的高校院系调整

新中国成立后，中央人民政府全面学习苏联。在教育方面，对于全国旧有的高等教育体系进行调整革新，以打破民国时期遗留下来的英美高等教育体系，为新中国确立对高校的实际领导扫清障碍。1952年，中共中央与政务院发出"以培养工业人才和学校师资为重点，发展专门学校，整顿和加强综合大学"的指示。中央教育部在高等学校教师思想改造的基础上，在全国范围内进行了高等学校的院系调整工作。通过调整拆散民国时期的大学体系，撤并取消私立高校，同时向苏联高等教育模式学习，限制人文学科与社会科学的发展，加强了工程、师范和农林等方面的专业院校及专业人才的培养，同时将高校部分教学权力收归教育部，政府于1953年完成对于教育系统的重大改造。

在此背景下，北京师范大学也实现了很大的变革。辅仁大学3个学院共11个系，除哲学系、经济系、社会系与外国语言文学系这四个系分别并入北京大学、中国人民大学、中央财经学院、北京外语学院等院校外，其他7个系分别合并到北京师大的相关院系，而体育系则被调整合并到中央体育学院，以实现体育专业人才的密集培养。

（二）中央体育学院的筹建

北京师范大学体育系从20世纪20年代即引领着国内体育教育事业的潮流，对近代中国体育事业的发展做出了重要贡献。新的时期，国家体育事业发展的重任理所当然地落在了拥有光辉业绩的北师大体育系的肩上。原设想于1952年成立中央体育学院，由于时间紧迫，师资不足，所以在当年7月决定成立"中央体育学院筹备处"。中央指定筹备处成员以北师大体育系为主，组成名单如下（摘自《北京体育大学校史》第5页）：

主　任：徐英超，负责全面工作（时任北京师范大学体育系主任）

委　员：贾世仪，负责教务（来自北京师范大学校办公室主任兼副总务

长，副教授）

展勤，负责总务（团中央调来）

李鹤鼎，负责教学研究（来自北京师范大学体育系教授）

刘英，负责秘书工作（来自天津河北师院）

1917年北京师范大学体育专修科成立时主要有袁敦礼、董守义等一大批优秀教师，而时隔三十余年，第一届毕业生徐英超（1919年）、第十一届毕业生李鹤鼎（1938年）、第二十一届毕业生贾世仪（1948年）等体育系毕业生再次引领了体育教育事业的潮流。

（三）中央体育学院的核心骨干

根据高等教育部的要求，徐英超教授领导北师大体育系的教师协心努力进行筹备工作。1953年，中央体育学院在先农坛体育场正式确立，并开始进行招生工作。1953年8月31日，中央四部委（中央人民政府高等教育部、中央人民政府教育部、中央人民政府体育运动委员会、中央人民政府财政部）联合下发通知，确立"以北京师范大学体育系为基础北京成立中央体育学院"（见图4-1）。

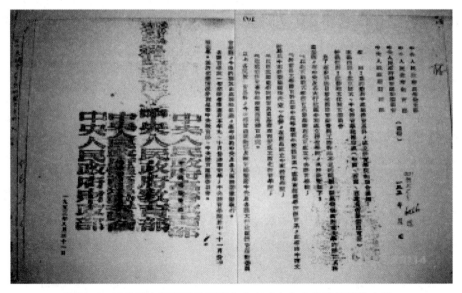

图4-1　以北师大体育系为基础在北京成立中央体育学院的文件

文件全文如下：

通　知

事　　由：为调整若干高师体育系科，成立体育学院的联合通知

主送机关：北京师大、中央体育学院筹备处（中南、西南、西北大学已电发）

抄送机关：政务院文化教育委员会

为了逐步解决目前全国体育师资与工作干部不足的问题，振兴全国高师或大学的体育系科为基础，在中央及各大行政区分别成立体育学院，具体决定如下：

一、以北京师范大学体育系为基础在北京成立中央体育学院；

二、将南昌大学体育科与华中高等师范学校体育系（或华南师范学院体育系，此事由

中南文教局与中南体委协商后决定）合并，在南昌成立中南体育学院；

三、以西北师范学院体育系为基础在西安成立西北体育学院；

四、改成都体育专科学校为西南体育学院；

以上各院校体育系科，今年经费由高教部及教育部拨归中央及各该大行政区体育运动委员会掌握，今后的预算由高教部编造，逐年发给中央及各大区体委掌握执行。

各体育学院一切交接事项应于本年九、十月份办理完毕；中央体育学院与十、十一月份办理完毕。并将交接情况分别呈报中央教育部、中央体育运动委员会。

中央人民政府高等教育部

中央人民政府教育部

中央人民政府体育运动委员会

中央人民政府财政部

一九五三年八月三十一日

1953年11月1日，中央体育学院在北京先农坛正式成立。11月3日，全院师生员工共600多人（其中学生有560名）举行了隆重的开学典礼。国家体委副主任荣高棠、国家体育总会主席马约翰到会并发言；作为中央体院母体代表的北师大校长陈垣，也参加了大会并做了发言。中央体育学院的开学仪式，从实质上完成了由北师大体育系向中央体育学院的传承过渡。

图4-2 徐英超教授去学校途中

（四）北师大体育系的贡献

1. 援建中央体育学院的师大力量

为了响应中央的要求，北京师范大学体育系全校体育教师（除十三名教授公共体育课的教师）外全部抽调，组成筹备中央体育学院的核心力量。他们在学院选址、场馆建设、器材搬迁与选购、教学体系建设、教师队伍搭建、招生方式与策略等方面克服重重困难，付出了不懈的努力，保障了中央体育学院的成功创设。从中央体育学院建校初期的工作人员名簿中可以看出，源自北师大体育系的教师群体构成了学院的主体力量。

表4-1 中央体育学院建校初期教职人员名册一

姓名	性别	年龄	籍贯	原工作机关	现在地址	职别	备注
徐英超	男	52		北京师范大学体育系主任兼教育部体育处主任	北京西四石驸马大街师大宿舍	主任	
展勤	男	34	河北省河间县	北京团中央	本校	总务长	
王荣劳	男	37	安徽	由教育部介绍	北京北新桥王大人胡同己10号	会计	
朝霖三	男	49	河北南宫县	由体委赵先生介绍	北京姚家井14号		
陈应蕙	女	37	福建省	由师大教务主任介绍	天津	会计	
范美年	女	32	江西省	由劳动局介绍	北京市香炉营二条37号	会计	
王静娴	女	21	河北昌平县	由劳动局介绍	北京	会计出纳	
陈俊慧	女	17	河北	由教育部来	河北	会计出纳	
张明兰	女	25	潘阳市	由劳动局介绍	北京	会计	
于丰玉	女	25	河北通县	由劳动局介绍	北京永光寺西街2号	保管	
宫竹君	女	25	江苏省大川市	由劳动局介绍	北京	保管	
周诗锦	女	36	江苏省	由教育部介绍		保管	
叶从蕙	女	23	陕西大荔县		陕西大荔县	伙食出纳员	
潘瑛	女	25	北京市	由劳动局介绍	北京西单前百户庙18号	财产记会员	
张魁芳	女	18	河北省武靖县		武靖县九区		
王瑞光	男	18	河北省香河县	由李生财介绍	河北省香河县三区	工友	杂工
李立本	男	18	河北深县	由李生财介绍	河北省深县第二区	工友	
张福生	男	23	河北省	由李生财介绍	河北省	工友	办公室服务员
李东岭	男	26	河北省深县	由李生财介绍	河北省深县	工友	烧锅炉

表4-2　中央体育学院建校初期教职人员名册二

姓名	性别	年龄	籍贯	原工作地点	现在住址（家庭住址）	职别	备注
窦文浩	男	23	河北静海县	河北师范学院体育系毕业（1952年）	河北省静海县窦家胡同内	助教	
王家飞	男	22	天津市	同上	天津	助教	
王汝美	男	25	河北省丰润县	北京师范大学体育系毕业（1952）	河北省	助教	
于伯杰	男	23	黑龙江省	同上	北京菜市口广安里十六号	助教	
顾京	男	24		同上		助教	
张天祥	男	23	湖南省汉阳县	同上		助教	
么有才	男	24	山西省高平	同上	山西省高平县风和村	助教	
宋子玉	男	26	河北省献县	同上	济南市	助教	
杨辛博	男	22	河北省武清县	北京师范大学体育卫生系毕业（1952）	天津	助教	
毛学信	男	23	江苏省关县	同上	天津第十区西交通忠义里一号	助教	
张立德	男	27	天津市	同上	宣内石驸马大街39号	助教	
田学易	男	20	河北省乐亭县	北京师范大学体育卫生系毕业（1952）	北京	助教	
吴中量	男	23	河北省沧县	同上	北京西四	助教	
于钢	男	23	天津市	北京师范大学体育卫生系毕业（1952）	天津	助教	
华忻	男	24	北京市	同上	北京	助教	
姜敬三	男	23	江苏省江阴县	同上	江苏	助教	
何继韩	男	24				助教	
吴守义	男	27	陕西省大荔县	天津河北省师范学院体育系		助教	
徐菊贞	女	23				助教	

2. 北师大体育系毕业生的援建

除全体北师大体育系专业教师支援中央体院建设外，师大还从1952届和1953届（提前一年毕业）的两届毕业生中，统一派遣15人赴中央体育学院作为助理教师承担各项工作。1953年，再从北师大体育系1954届（提前一年毕业）毕业生中挑选3名学生，参与了中央体育学院的建设。这18名师大体育系毕业生也逐步成为中央体育学院各学院的骨干教师。

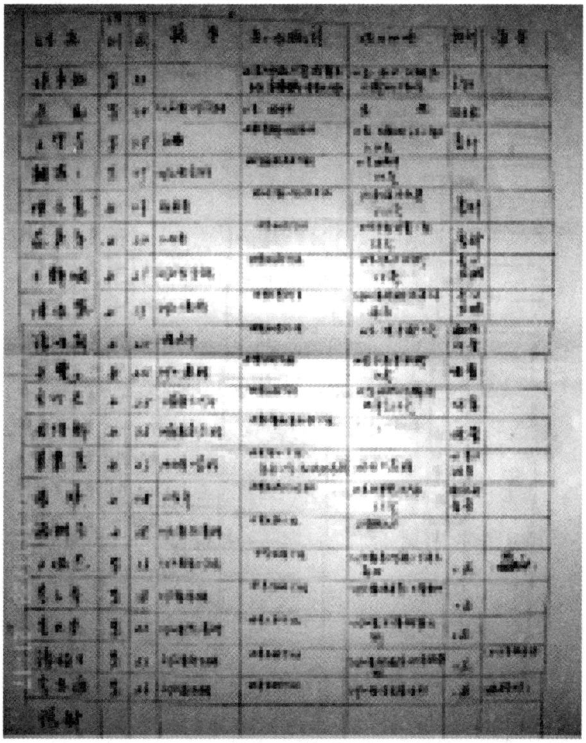

图4-3 中央体育学院建校初期教职人员表

中央体育学院筹建期间，北京师范大学体育系为中央体育学院引进的教职工进行了先期的专业培训。1952年暑假开始后，将抽调中央体育学院的教师（主要为刚毕业或从外地调入新人）分为四组，在李鹤鼎（北师大体育系第十一届毕业生，体育系教师）的领导下进行业务学习，钻研教材教法。翌年5、6月间，这批教师来到北师大体育系进行教育实习，为同年冬天的独立开课做准备。据《北京体育大学校史》介绍：在以后几十年中，这批教师大多成为北京体育大学教学、科研的骨干力量或学术带头人[1]。

3. 北师大体育系在校学生的援建

根据相关资料记载，当决定以北师大体育系为基础成立中央体育学院时，

① 王幼良等. 北京体育大学校史［M］. 北京体育大学出版社，2003：7.

即决议将师大体育系的全体专业教师抽调，同时北师大体育系二、三年级52名学生（本科）在1953年一并转入中央体育学院。但是，鉴于先农坛运动场的生活设施与教学条件太差，且中央体育学院的清河校区尚在筹划，这两个年级的学生在1953年暑假后继续留在北师大校园学习，直到1954年2月春季开学才正式转入到中央体育学院学习，他们也成为中央体育学院最早的两届毕业生，毕业后大部分都留在中央体育学院工作。这个群体，是师大体育系史上较为特殊的一个群体，他们的大学生活的前半程属于北师大，后半程属于中央体育学院。我们从现存于北京体育大学档案馆的资料可以看到，当年51、52级学生的学籍注册表、成绩登记表等原始资料，均为当年北京师范大学所发。

（1）学籍册

51级学生名册

表4-3 北京师范大学学籍册1953年度 体育卫生系科 专业三年级

注册号	学生姓名	性别	年龄	籍贯	入学年月	记事			备注
						第一学期	第二学期	下学年度	
511201	陈先通	男	24	江苏宝山	1951.9				
511205	张宝山	男	20	河北天津	1951.9				
511206	陈宝仁	男	22	天津市	1951.9				
511207	庞知忠	男	25	河北深县	1951.9				
511208	曹志	男	23	云南昆明	1951.9				
511209	白连波	男	23	河北宝坻	1951.9				
511212	屈瑞林	男	22	河北唐山	1951.9				
511213	牛钟岐	男	23	河北任丘	1951.9				
511215	王守纲	男	22	山东招远	1951.9				
511217	王元刚	男	22	河北新河	1951.9				
511214	温玉华	女	22	河北涿县	1951.9				

图4-4　1951级学生学籍册

52级同学名册

表4-4　北京师范大学学籍册1953年度　体育卫生系科　专业二年级

注册号	学生姓名	性别	年龄	籍贯	入学年月	记事			备注
						第一学期	第二学期	下学年度	
5210002	白崇林	男	19	北京市	1952.10				
5210003	邹益尧	男	26	浙江永嘉	以下相同				
5210004	王梦奎	男	21	河北元氏					
5210006	张秉孝	男	26	绥远					
5210007	谷世权	男	19	河北昌平					
5210008	朱金凌	男	21	浙江					
5210009	李沧民	男	23	绥远米仓					
5210011	黄国琪	男	25	广东新会					
5210012	赵敬让	男	21	河北易县					
5210013	苏宝兴	男	24	天津市					
5210014	孙翼平	男	21	山东					
5210015	于绍魁	男	24	河北武清					
5210016	温仲华	男	26	天津市					
5210017	苏永林	男	22	北京市					

（续表）

注册号	学生姓名	性别	年龄	籍贯	入学年月	记事			备注
						第一学期	第二学期	下学年度	
5210019	安庆海	男	20	河北安乐					
5210020	王一文	男	19	河北国安					
5210021	陈培风	男	21	江西峡江					
5210023	何力	男	26	山东济南					原名何连鸿
5210026	李清泉	男	28	四川					
5210028	廖仁	男	28	广东宝安					
5210029	陈元凯	男	22	广东兴					
5210030	简荣章	男	21	广东南海					
5210031	梁远明	男	25	广东召山					
5210033	娄树增	男	22	北京市					
5210034	罗先俊	男	20	四川安县					
5210035	张春木	男	23	福建永川					
5210037	王泰同	男	23	河北宛平					复学
5210025	丁爱华	女	21	河北永清					
5210027	倪珍珠	女	21	福建晋江					
5210032	何洁华	女	20	广东南海					
5210040	黄保真	女	21	广东召山					转学生

图4-5　1952级学生学籍册

（2）学生注册表

表4-5　北京师范大学学生注册表

姓名	白崇林	性别	男	年龄	18	出生日期	1934年8月13日	
籍贯	北京市	民族	回族	宗教	回教	个人成分	学生	家庭成分
现在本市住址		北京		永久通讯处		同前		
爱人姓名	无	婚否	未	职业		住址		
入学系科年级	体育系专业一年级			入学年月		1952年10月9日		
原毕业学校或？业学校（详处须注明年月）	北京毕业（1952年8月）							
参加过何党派团体和其他活动（须注明年月）	无							
家庭经济状况								

	姓名	年龄	与你的关系	现在何处	作何事	政治面目	现在住址
家庭主要成员	白××	50	父	北京	因病无事		
	马××	47	母	北京			
	白××	67	祖母	北京			
	白××	10	妹	北京	宣武门小学读书		

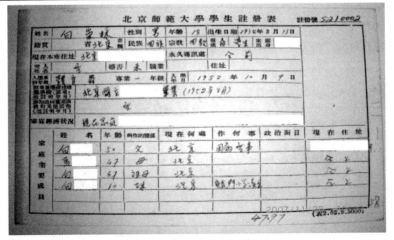

图4-6　北京师范大学学生注册表（个人资料做了技术处理，以下同）

（3）学生成绩记录表

表4-6 北京师范大学学生成绩记录表

姓名：白崇林　　　**注册号：5210002**　　　**系班：体育卫生系**　　　**专业：**

1952年度一年级					1953年度二年级					1954年级三年级				
科目	1学期		2学期		科目	学期		学期		科目	学期		学期	
	学时	成绩	学时	学成时乘积		学时	成绩	学时	学成时乘积		学时	成绩	学成时乘积	学时	成绩	学成时乘积
新民主主义论	3		3		政治经济学	4				球类运动					
人体解剖	5		5		教育学	3				体操					

1952年度一年级					1953年度二年级					1954年级三年级				
科目	1学期		2学期		科目	学期		学期		科目	学期		学期	
	学时	成绩	学时	学成时乘积		学时	成绩	学时	学成时乘积		学时	成绩	学成时乘积	学时	成绩
心理学	2		3		教育见习					田径运动					
冰雪运动	2				体育行政					教育史					
田径	2		3		冰雪运动					马列主义基础					
球类	2				田径					体育教育理论					
游戏	2		2		人体生理学					卫生学					
化学	4				球类					拳击					
初级外语	3		3		俄语	无	无			摔跤					
水上运动	无	无	2		水上运动					舞蹈					
获得学时总数与学时乘成绩总数					获得学时总数与学时乘成绩总数					获得学时总数与学时乘成绩总数					
学期平均					学期平均					学期平均					
全年平均					全年平均					全年平均					

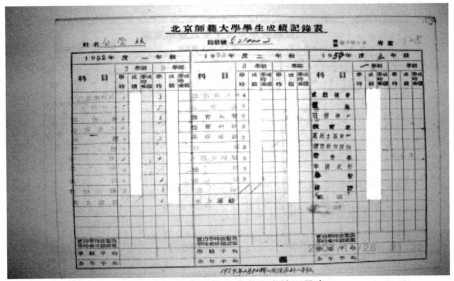

图4-7　北京师范大学学生成绩记录表

这些资料在反映了这两届学生在北师大学习、于中央体育学院毕业的特殊身份的同时，也见证了北师大体育系移植到中央体育学院的这一段历史过程。

（4）教学与训练物资上的支援

北京师范大学不仅在体育人才资源方面全面支援着中央体育学院建设，在运动教学相关的物力资产上也是无私奉献，一些可移动的体育设备器材、全部体育相关的文献资料等资产，都相继移交给中央体育学院。文档资料显示，当年师大体育系支援北京体育大学的仪器设备清单上，首页都有北京师范大学和中央体育学院的清晰方印，并且还有时任师大校长陈垣和中央体育学院院长钟师统的个人印章；第二页记录着"北京师范大学体育卫生系仪器器械用品等转移至中央体育学院清册"，并加盖了北京师范大学的印章；最后一页清楚地记录着转送的设备。清册为手工制作，纸张相当于现在的A3页面，并且采用竖写形式，每一个栏目中都加盖接收人印章，条目清晰、工作仔细。资料显示，这些物品共计161种，同时另有玻璃柜4个。

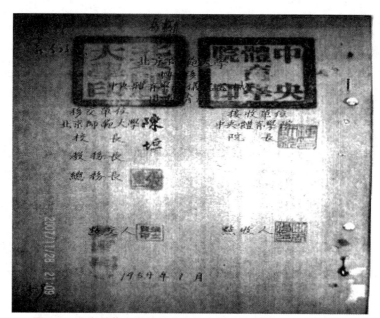

图4-8　北京师范大学转移中央体育学院仪器器械用品清册档案

表4-8　北京师范大学体育卫生系仪器器械用品等转移至中央体育学院清册

一九五三年十一月

镖箭	三十支	
木槌	八个	
木球	八个	
球门	八个	
笼球	二个	
羽毛球拍	二十把	
其他用具		
拳手套	十六付	附护手带十一副
拳把套	一副	
木环	七十四个	附木环架二个
英文打字机	一架	
放大尺	一个	
教育图片	一百四十张	
奴隶社会图片	二十张	
讲义夹子	一十九个	

（续表）

论文本	七本	
小玻璃柜	一个	放置解剖仪器用
帆布保护布	一块	体操用
带篮球	一个	体操用
		以上共一百六十种附玻璃柜四个
		另跳桌一个共一百六十一个附玻璃柜四个

北京师范大学

转移

中央体育学院仪器器械

用品清册

移交单位：　　　　　　　　　　　　接收单位：

北京师范大学　　　　　　　　　　　中央体育学院

校长：陈垣　　　　　　　　　　　　院长：

教务长：

总务长：

点交人：　　　　　　　　　　　　　点收人：

　　　　　　　　　　　　　　　　　1954年1月

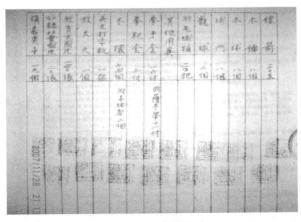

图4-9　清单图

（五）北师大体育系师生在中央体育学院的业绩

自1952年之后，从北师大体育系转入到中央体育学院的这批专业教师、应届或提前毕业后调到体育学院工作的学生，以及开始在北师大学习、后来在中央体育学院毕业并工作的学生们，很快就成为中央体育学院的骨干力量，在学院的教学、训练、管理、竞赛、科研等各个领域内发挥和贡献自己的力量。

1. 担任领导职务

（1）担任党支部书记

受政府调令派遣，北师大体育系主任徐英超教授转任中央体育学院筹备处主任，并担任中央体育学院初创期的党支部书记，领导了中央体育学院创建初期的党建活动（参见表4-9）。

表4-9　建校初期党组织、负责人一览表

名称	书记	副书记	委员	备注
临时党支部 1952.7-1953.10	徐英超			
院党支部 1953.10-1954.7	徐英超	李东敏	徐英超　李东敏　王汝英　穆静贞　王幼良	
院党总支 1954.7-1957.2	李东敏 1954.7-55.1 赵　斌 1955.11-57.2	倪瑞江 田日新	赵　斌　倪瑞江　田日新　李东敏　穆静贞　王品三　马良 1955.11增补孙山爽　王幼良 1956.4增补刘玉杰	

（2）担任第一、二届校务会委员

除党委以外，北师大体育系的师生还在中央体育学院的校务委员会中发挥了积极作用。主要有徐英超、王幼良、毛学信、李鹤鼎、柏芝蔚、薛济英、崔泽等人（见表4-10）。

表4-10 历届校（院）务委员会名单

届别	主席	副主席	委 员（按姓氏笔画）				
第一届 1955.11—1958.12	钟师统	徐英超 赵斌	马 良	毛学信	王义润	王幼良	王汝英	田日新
			任蔚农	刘树勋	孙山爽	刑笑先	宋君复	张文广
			李东敏	李鹤鼎	谷 琛	柏芝蔚	胡兆琪	倪瑞江
			徐宝臣	贾玉瑞	缪进昌	穆静贞	薛济英	
第二届 1958.12—1961.12	钟师统	徐英超 赵斌 李树平	丁 丹	于 钢	马 良	马启伟	毛元灿	王义润
			王幼良	邓乙真	田日新	乔 伋	华 忻	孙山爽
			曲治全	吴守义	孙君复	张文广	张明辰	李东敏
			李娥恒	李梦华*	汪菊芬	谷 琛	郑 恒	
			宫克非*	柏芝蔚	闻 铭	倪瑞江	展 勤	
			徐宝臣	徐焕之	柴吉森	耿国辉	贾世仪	贾玉瑞
			崔 泽	鹏恒文	程 乾	缪进昌	蔡永宁	潘靖伍
			穆静贞（"*"为1956年吸收）					

（3）担任第一、二届学位委员会委员

此外，徐英超、李鹤鼎、贾世仪、薛济英、毛学信等学者专家，还分别担任了中央体育学院学位委员会的主席、副主席和委员等要职（见表4-11）。

表4-11 第一、二届学位委员

届别	主席	副主席	委 员				
第一届 1982.2—1988.5	徐英超 1982—1984.3 马启伟	梅振耀 李贺鼎	马启伟	毛学信	王义润	王世安	田麦久
			吴中量	张文广	郑 恒	贾世仪	贾玉瑞
					缪进昌	薛济英	
第二届 1988.5—1993.2	马启伟	王义润 王世安 田麦久	毛学信	王则珊	冯炜权	曲宗湖	朱泰昌
			刑文华	吴中量	张天祥	张文广	张宝罗
			李良标	杨锡让	高言诚	缪进昌	

2. 获得奖项

以下为原北师大教师及毕业生，在中央体育学院（1956年改名为北京体育学院）工作期间所获奖项的一部分。

1. 毛学信，1965年，获国家体委"体育运动荣誉奖章"。图为当年刘少奇同志为体育系毕业生毛学信颁发奖章照片。

2. 毛学信，1985年获北京市"劳动模范称号"。

3. 李鹤鼎、王士林、贾世仪、薛济英等，1988年，获国家体委"体育运动荣誉奖章"。

中央体育学院的成立，是新中国政府加强体育专业人才培养的重要决定。同一时期，批准成立的体育学院还有中南、西南、西北、华东、东北等一批体育学院（相继改名为武汉体育学院、成都体育学院、西安体育学院、上海体育学院和沈阳体育学院）。北京师范大学体育系在中央体育学院（其后又更名为北京体育学院，北京体育大学）的建设中，投入了全部人力、物力和财力，构成了中央体育学院成立初期的根干和基石。

中央体育学院的成立，翻开了中国体育教育事业发展的新篇章。由于北京师范大学体育系全体教师（十三名公共体育教师除外）、体育图书资料全部移植到了中央体育学院，象征着那个引领国内体育学术潮流、驰骋国内体育竞技的北师大体育系光辉时代的结束。但值得欣喜的是，北京体育大学继承了前北京师范大学体育系的风格，成为当今国内最重要的体育高等学府之一，继续发挥着为社会培养体育人才、提供体育服务的重要作用。

（六）徐英超教授的体育贡献

1. 徐英超教授的体育实践

徐英超先生是北京高等师范学校体育专修科的第一届学生。在校工作期间他积极进修英语，并于1926年顺利毕业于本校英文系。在学校推荐下，他

被选为中国体育考察团成员，于1936年赴柏林参观考察第11届奥林匹克运动会，随后赴美国春田学院进行两年体育研究生的学习，获得体育与健康教育硕士学位。抗战期间，他回国参与筹建江津体专，后应召前往在西北师范学院任教，逐步主持体育系的工作，并于1944年正式任职体育系主任。

1946年夏，徐英超教授带领200多名师生自兰州徒步回北京复校。北京复校后，他担任北京师范大学体育系的主任，全面主持体

图4-10　徐英超

育系工作。后因同情和支持学校的进步学生的爱国运动被捕入狱；遭受严刑而威武不屈。新中国成立后，他继续担任北京师范大学体育系主任，并被新政府委任为教育部体育指导处处长，以及中华全国体育总会的副主席。1950年8月，他被委任中国体育访问团团长，带领人员深入苏联两个月，学习其体育制度与实践。

1952年，徐英超被政府委任为"中央体育学院筹备处"主任，并担任中央体育学院临时党支部书记（1952.7—1953.10）。为了完成光荣而艰巨的任务，他以北师大体育系人员为班底，带领着团队为中央体育学院聚人才、选校址、做规划、招学生等建校工作不懈努力。自1953年10月，他历任北京体育学院副院长，相继负责学院的运动训练及研究生教育工作。50年代后期的肃反运动、整风运动和反右派斗争中，徐英超教授受到冲击；1966年"文化大革命"爆发，又备受打击，被下放到山西屯留干校去放牛。1971年因健康状况恶化而被送回北京治病。1972年，年已古稀的他深入中小学进行体育教育调查研究，5年期间实地调研了河北、山东、江苏、北京等地的百多所学校，并身体力行进行学校体育改革的试点探索。

图4-11　徐英超教授从教60周年纪念（前排左荣高棠、中徐英超、右钟师统）

"文革"结束"拨乱反正"后，他于1978年当选为第五届全国政协委员。1979年5月，在全国学校体育卫生工作经验交流会议上，他做了题为《两亿接班人的中小学体质教育需要调查研究》的主题报告，并深刻影响了当时的学校体育政策。随后，他组织参与了全国儿童青少年体质调查，研究制定了我国青少年儿童成长发育与身体素质的评价标准，并对《国家体育锻炼标准》做了修订。1981年，在修订教学手稿的基础上出版了《体育统计方法》一书，以及《体质考查方法的设计和验证——如何掌握两学生体质增强多少》一书；1983年，又完成了《体育教育研究初论》一书。这些书籍，都成为学校体育的重要教材。1986年1月24日，徐英超教授因病逝世，享年86岁。

2. 徐英超教授的体育思想

第一，徐英超教授具有热忱的"体育救国"思想。还是北京高师体育专修科学生的时候，徐英超就已经显露出自己的爱国情怀。在柏林考察第11届奥林匹克运动会的时候，中国队的挫败加重了他的民族耻辱感，坚定了他"振兴体育，强体强国"的想法。美国学成后他积极回到祖国参与建设，在流离迁徙的困难中，徐英超与师大体育系同仁维系中国体育教育的火种。1946年，他依然率领200多名师生徒步数千里返回北京复校，并积极支持学生的进步运动。"体育救国"的思想是支持他从事体育事业的重要观念，贯穿于他的体育实践脉络中。

第二，"文武兼备、均衡发展"的体育思想。无论是作为体育教师还是作为管理者，徐英超都极为重视对学生全面能力的培育。他要求体育系学生与地理系、历史系或外语系的学生宿舍混住，以便在宿舍里互相沟通、促进跨学科的交流学习。徐英超也极为重视学生英语能力提高与体育理论学习。师大体育学子毕业后，基本上都成为体育教育的精英人才，为传播体育教育、发展体育运动做出了重要贡献。50年代初，他选择上地清河畔为中央体育学院校址，一个重要原因便是近临清华大学与北京大学，以后体院学生可以去听课选课，便于搞科学研究与文化交流。这也反映了他对于体育人均衡发展的要求。

第三，构建竞技人才培养一条龙的学院机制。1954年，徐英超负责中央体育学院中等专业科的建设。他并不将此视为简单培养中等职业体育人才的事情，而认为这是一条长达7年、由中专向大学本科延伸的体育竞技人才培养机制的探索。自1954办中专科到1957年设本科运动系，都是这种思想的实践，即通过早期中专阶段的全面教育，让选拔出来的、具备优异运动潜质的少年在体育理论和运动技术水平等方面奠定基础，并不失时机地发现他们的运动特长，然后选拔进入本科运动系，根据运动技术专项特长分专业，再从"运动部"选拔更为优异者去形成高水平运动队。这是一种融合苏联和美国体育体制的创新性探索。再加上自1958年开始创办预科——大预科、小预科并发展为运动竞技体校，都是徐英超竞技人才培育思想的实践与探索。

第四，体育研究科学化的思想。徐英超是近代体育学界倡导运用科学方法研究体育的先驱，在西北师范学院即开设体育统计、体育测验的课程，讲解运用数学原理与方法研究体育教学与运动训练中的大量随机现象。徐英超教授坚持体育研究的科学化，并身体力行地指导学

图4-12　徐英超先生工作中

生在运动训练与教学中进行科学探究和思考。他在教学中一直告诫学生，体育人应该用"研究者的态度"，"研究者的方式"对待自己的实践活动。1964年，他在教学研究的基础上撰写了20万字的学术著作《体育统计方法》，这门课程也成为了全国体育院校都在开设的课程，促进了中国体育学科研究的科学化。

第五，坚持"体质教育论"的思想。"文革"结束后，针对我国两亿青少年的体质下降问题，徐英超提出了"体质教育"的观点："体育就是体质健康的教育"，"一个学校体育、卫生工作搞得好不好，最根本的一条是看学生的体质是否有所增强"。"体育是在学校里设置课程，由教师运用教材和教法对学生进行体质教育，进行体质健康的教育，使学生成为身体和精神都健康的人"。所以，不能误认为"运动就是体育活动"，"运动是

使身体活动的方法，是推动体育的工具，如果只重视运动比赛、只追求运动技术，而不讲如何增强体质，如何保持健康，其结果会违反人体生理。不能增强体质还会损坏健康，这就是以运动比赛视为体育的结果"。徐英超教授的"体质教育"思想受到了政府肯定，1979年国家制定的《中小学体育工作暂行规定》中，提出学校体育的根本目的在于增强学生体质。此后，国家体委、教育部、卫生部在1979年也组织全国性的儿童青少年体质调查，研究制定了我国青少年儿童成长发育与身体素质的评价标准，并逐步完成了对《国家体育锻炼标准》的修订。徐英超教授，则是这些工作的主要参与者。

二、北师大体育系的恢复重建

（一）恢复重建的背景

20世纪60年代，我国处于一个十分困难和混乱的时期。1959—1961年三年经济困难，致使全国中小学体育限于严重停滞的状态，学生们的体质水平迅速下降。国家调整改革之后，学校体育工作渐趋得以恢复，但优秀的、具有综合素质的体育教师，依然为教育系统与社会各体育机关所急需。1959年夏天，时任教育部部长的杨秀峰率教育部调查组赴北京师范大学调研，通过和各级干部、新老教师、各年级学生举行座谈及个别谈话，在深入教研室、教室、图书馆、实验室、操场、食堂、宿舍了解各方面情况的基础上，调查组为师大的办学方向与任务做了新的指导。杨秀峰部长还特别指出："北京师大历史悠久，在全国有很大影响，要做高等师范教育的先锋，起带头作用，有所创造，有所贡献"。

根据任奇智主任（1959年任教育部体育卫生处副处长，1960年从教育部调到北师大担任体育系党支部书记兼副主任）的回忆，"时任教育部部长杨秀峰同志曾经提出，北京师范大学在二三十年代有个体育系，在全国还是很有名气的，影响也很大，后来被调整出去了，而且办师范大学仅有德育、智育方面的培养还不够，还缺一个体育"。后来，杨秀峰同志专门跟国务院办公室主任张际春同志谈过此事，表达了恢复师大体育系的想法。国务院相关部门研究后也同意了这个提议，而后召集时任教育部体育卫生处处长的苏竞存、副处长任奇智以及国家体委副主任荣高棠等同志，一起去国务院开会，张际春同志亲自接见了他们，并讨论了恢复师大体育系的一些具体问题，最后做出了恢复北京师范大学体育系的决定。

（二）恢复重建师大体育系的决定

在国务院、高教部领导的亲自关心、指示和协调下，教育部于1959年8月20日专门下文批示（内容如下），正式批准恢复重建北京师范大学体育系（参见以下图文）。

1959年8月21日收到

通知北京师范大学关于国务院二办对高等师范院校中保留和设置体育系科的批复

北京师范大学：

我部接到国务院第二办公室（59）二办徐宁16号文关于高等师范院校中保留和设置体育系科的批复，今将原文抄致你校。

（一）同意北京师范大学从今年起恢复体育系。但该系开始恢复，师资、设备还有待逐步充实，今年招生不宜多，是否改招60名，请考虑。

（二）同意现有高等师范院校的体育系、科保留办好，不再调整出去。

（三）准备在有条件的高等师范院校中逐步增设体育系、科问题，请会同国家体委统一规划逐步实施。

中华人民共和国教育部（盖章）

1959年8月20日

图4-13 教育部批文

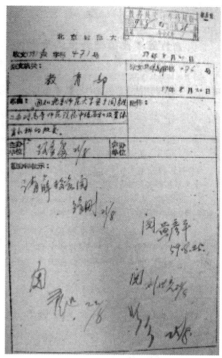

图4-14 北师大接收文件函

（资料来源：北师大档案馆）

（三）恢复重建的师资配备

1953年，体育系从北京师范大学划出，从人、财、物等方面全力支援筹建中央体育学院，留守师大的专业体育师资非常少。加上1956年调入的梁焕志、洪逸、蓝贵英、何支闵、滕子敬、邱诗腾、游桂香（7名应届毕业生分别来自北京体院、武汉体院），学校体育教研室仅有13人，负责全校学生的公共体育课教学与课余训练和竞赛。所以，1959年师大准备恢复重建体育系时，遇到很多困难，尤其突出的问题就是师资队伍的搭建。体育系恢复重建时，主要通过以下三种途径解决师资和教学问题：

1. 利用学校教师资源

由学校公共政治课教师讲授体育系的政治教育课程，由公共外语课教师负责体育系的外语课，由生物系教师兼授体育系的人体解剖学、生理学课程（1959、1960、1961年）。

2. 聘请社会人士入职

体育系恢复初期，曾聘请王占春先生讲授体育理论，聘请王力泉先生教授武术课等。

3. 调进兄弟院校师资

1959年体育系恢复时，从北京体育学院调来的教师有源镇辉（田径）、卓国能（篮球）、乐仁义（体操）；1959年，从东北师大体育系分配来的毕业生有金铭院等六人；从河北师大分配来的毕业生有韩继武、王倩华等三人。同年，田继宗也从苏联留学回国到体育系任教。

1960年，原任高等教育部体育处副处长、抗美援朝时期的神奇战斗英雄任奇智调任体育系党支部书记（原书记为胡惠贤，后调离），兼任副主任，后任主任。60年从北京体育学院分配来的毕业生有张宗斌、蔡寅宝等七人。

1961年继续从北京体育学院分配来毕业生，如孟浩德、李瑶章、谭世何等六人从事教学工作。之后又陆续调进一些教师，如从北京体育学院分配来的研究生范学良、谢三祥、周志焕、杨启孟、孟昭祥等人。至1966年"文革"前，体育系恢复重建时遇到的师资问题已经得到解决（附：1959—1966年教师名录）。

刘伯奇	田继宗	刘世亮	王金铎	刘钟琪	金永延	徐菊贞	娄金山
娄敬三	金海荣	王培顺	白子平	王满	张廷余	李华庆	朱婴训
王锦云	张志贤	张鸿玺	腾子敬	丘诗腾	何之敏	梁焕志	吴金山
徐德范	王倩华	韩继武	张国富	张云涛	金铭院	刘继学	吴妙芬
张云超	尚久莹	徐素卿	闫德海	卓国能	乐仁义	刘俊骧	廖一萍
王起然	黄质民	王章	张曼萍	张庆华	蔡寅宝	孙李江	孟浩德
谭世和	源镇辉	张宗斌	颜菊才	杨森林	金永延	李瑶章	吴金梅
刘锋琪	姜孔方	杨启孟	范学良	张公超	邢志和	郑宝兴	王浩顺
尚文莹	任奇智	许建辉	胡惠贤	李含中	贾希效	韩德才	谢三祥
孟昭祥	康光森	杨宏松	周之焕	朱谷林	赵振荣	崔大国	高树荣
李厚云	范正云	安东普					

（注：当时教师队伍流动性较大，因而人数较多）

（四）培养目标的定位

这一时期，体育系培养目标的定位是从当时的历史条件出发，遵照"教育为无产阶级政治服务，教育与生产劳动相结合"（《中共中央、国务院关于教育工作的指示》，1958年）的指示和党的教育方针——"应该使受教育者在德育、智育、体育几个方面都得到发展，成为有社会主义觉悟的有文化的劳动者"（《关于正确处理人民内部矛盾的问题》，1957年2月27日），确定了较为明确的培养方向，即培养德、智、体全面发展的无产阶级接班人，具体是为培养又红又专的合格中学体育教师。

（五）恢复时期的教学、训练

1. 课程设置

公共政治课：形势与教育、中共党史、辩证唯物主义、政治经济学五门。

公共教育课：教育学

公共外语课：英语、俄语（选一种）

专业理论课：体育理论、运动生理学、运动解剖学、运动保健学四门。

专业技术课：田径、体操、篮球、排球、足球、手球、乒乓球、棒垒球、武术、摔跤、举重、游泳、滑冰十三门。

运动训练课：每周三次，个人选项训练。（不在课时教学内）

劳动教育课：分散和集中劳动，每周两课时，每年有至少一至二次集中劳动时间，为期两周或一个月，主要是到农村参加夏收、秋收等。

2. 教学要求

在学生的培养方面特别强调"三基"，即扎实地掌握体育专业的基本知识、基本技术、基本技能。要求毕业生"既能当演员，又能当导演"，提出"要给学生一杯水，自己就该有一桶水"。

尽管这一时期学习环境、训练条件较为艰苦，重新创业非常艰难，但广大师生克服了种种困难，学习教学与训练的积极性很高，通过苦教、苦学、苦练取得了很好的教学训练效果。如1960级的学生朱谷林，跳远成绩提高突出，而体育系篮球队更是进步神速，成为当时打遍北京篮坛无敌手的超一流球队。

（六）恢复时期的机构设置

1959年师大恢复体育系后，逐步建立起各项教学研究室，整体教师队伍人数也稳定在60人左右。当时的教研室主要有理论教研室、田径教研室、球类教研室、体操教研室（含武术、举重、摔跤等）、公共体育教研室共五个。体育系管理服务人员，包括政工、行政和后勤诸方面。具体分工组成如下：

党支部书记（专职）兼系主任1人；

党支部副书记（专职）1人；

团总支书记（专职）1人；

年级辅导员（专职）3至4人。

（七）教材、图书资料与场地设施的状况

在体育系重建之初，办学条件也是十分艰苦，在教材资料和场地器材的配置上方面都遇到了许多困难。在起初两年里，由于正式教材和教学参考资料的缺乏，各科教师不得不临时编写讲稿，并油印发放给学生。直到1961年采用了体育院校通用教材后，这一问题才得到了缓解。而且，当时学校的体育场地、器材、设备也相当简陋，主要有：东西田径场二块，露天篮球场、排球场若干（全校共用）、乒乓球练习棚一个，而体操器械更是简陋且分布零散。

自1959年北师大体育系恢复招生1962年困难时期停招一年，到1964年"文化大革命"之间共招五届学生，共计307人。此阶段的毕业生分配去向，基本上是面向学校，尤其是面向中学。当时的口号是："祖国需要就是我的志愿""到边疆去，到农村去，到祖国最需要的地方去！"因此，北师大体育系毕业生的足迹遍布全国各地，他们为了祖国的教育事业奉献着自己的青春。

恢复重建时期，恰逢三年困难时期，场地器材设备师资教材等极为匮乏，

办学条件十分艰苦。但就是在这样艰难的环境下，重建的体育系师生们不畏困难、知难而进，充分利用各种资源，逐步恢复了体育系的办学活力，完成了特殊的历史使命，为体育系以后的发展奠定了基础。

三、"文革"时期的北师大体育系

1966年，"五一六通知"发布。6月1日，《人民日报》发表了题为"横扫一切牛鬼蛇神"的社论，同日电台播放了北京大学的"第一张大字报"。一场波及全国、震惊世界的"文化大革命"开始了。而1959年白手起家艰难重建的北师大体育系，再次遭受了沉重的冲击。

（一）"文革"期间的七年停招

1959年北师大体育系重新建系并开始招生。由于处于困难时期，体育系和很多高校院系一样在1962年停招一届。1963年，师大体育系又恢复了招生。然而，仅仅进行了三年的招生和正常教学科研工作之后，体育系的各项工作在"文革"的冲击下被迫中断。而且，这次停招一停就是七年之久。如果说，1962年的停招，是在经历三年经济困难之后迫于物资极度匮乏等因素而进行的必要调整的话，那么自1966至1972年的七年停招，则是"文化大革命"所造成的直接影响和后果。

1967年1月，造反派组织夺了北京师范大学校党委的领导权。学校的各级各类组织相继受到冲击，并陷入瘫痪。很多校领导受到冲击，党委书记兼副校长程今吾，被打成"大黑帮"，受到非人折磨致病，于1970年含冤病逝，袁敦礼老校长也于1968年被造反派折磨致死。学校教师队伍也受到极大摧残，一些老教师被打成"牛鬼蛇神""历史反革命""反动学术权威"等，遭到残酷斗争和无情打击。物理系祁开智、中文系刘盼遂、教育系邱椿、政教系马特等老教师被迫害致死。体育系的任奇智、张延祜、刘伯奇、白子平、田继宗、张志贤、刘世亮等一批教师，也先后受到批判甚至批斗。此外，还有一部教师先后被迫进入"五七干校"进行"学习""改造"。"文革"对学校的粗暴干涉，严重干扰、阻断了教学的正常进行。

　　同样，"文化大革命"对于学生的打击也是巨大的。包括体育系在内的多个院系被迫停止招生，不仅剥夺了众多学生到高等院校深造的机会，在校学生的学习也受到严重影响。1963至1965年所招收的学生受此影响，都从原本的四年在校期，延长到了五年，即由原本的"四年"制本科实际变成了"五年"制本科，直到1968至1970年这批学生才陆续走上工作岗位。

图4-15　1965年体育系毕业生与老师合影

　　"文革"期间，正常教学工作受到干扰，图书资料也严重流失。知识分子都被变成了"臭老九"，不再是受人尊敬的对象。据此，许多教师不得不走"白专"道路，不敢保留会随时成为祸根的书籍资料。为免受"抄家"之害，很多教师都纷纷"主动"销毁图书。体育设施和器材也遭到破坏或荒废。昔日充满生机的操场也变得杂草丛生、冷冷清清。

　　受"以阶级斗争为纲"的思想和理论的影响，严酷而持久的斗争运动无处不在。长期生活在这种紧张、残酷的斗争环境中，广大师生逐渐人心涣散。学校的日常工作不再是教学，而是变成了长期的阶级斗争。这场残酷的斗争，不仅使众多的师生受到迫害，更令人痛心的是让中国的教学、科研停滞不前甚至倒退。

　　（二）重新招生的艰难起步

　　尽管"文化大革命"对中国的教育事业造成了极大的破坏，但并未能完全阻断教师和学生们对教育事业的热爱和追求。有相当一部分人从一开始就质疑"文化大革命",即使在"革命"期间也采取各种力所能及的方法和手段,公开或暗自地抵制了这场错误的斗争。进入70年代,更多的人开始觉醒,被中断的教育事业也出现了一些新的转机。

1971年的九一三事件后,周恩来、邓小平等领导人又开始主持中央工作。他们的工作也给中国教育事业带来了转机。在体育方面,包括国家体委在内的一部分干部、教师,于1972年从山西省屯留县五七干校撤离回归正常岗位;中国在70年代初开展了著名的"乒乓外交",体育再次得到政府的重视。1972年秋,北京体育学院和首都体育师范学院试点招生之后,北师大体育系也于1973年开始重新招收学员。到1976年,北师大体育系共招收了四届三年学制的"工农兵学员"。

"工农兵学员"的招收,在那个十年浩劫之中,这却是一个逐步恢复高考、挽救中国教育事业的可行之策。起到了一个从无到有、从灾难到重建的过渡作用。北师大体育系四届共计310人的"工农兵学员",对体育系的重建起到了重要作用;而且他们毕业后,对急需体育教师的中国教育事业也起到了雪中送炭的历史性贡献。

招收"工农兵学员"这一时期,体育系科招生考试最初要求文化课统考四门:语文、数学、政治和理化(物理、化学合为一门),同时要求加试体育(身体素质测试和专业加试各占50%),在此基础上,进行择优录取。但是受当时的政治社会环境的影响,1973年的招生工作进入录取阶段时,又采取由考试成绩与地区推荐相结合的方式进行录取。

这一时期,北师大属于国家教委和北京市教委的双重领导。因此,当时体育系将为北京市培养中学体育教师作为主要任务,兼顾高校所需;在招生方面,主要以面向北京市招生、在北京市分配为原则和条件。考虑到当时的历史遗留问题,每届学生中又包含部分由外地招收进来的北京市下乡知青(约占总人数的1/4左右)。

从某种意义上讲,招收并培养这些"工农兵学员",既是体育系开始艰难重建的起点,也是建立教学秩序、健全管理制度、凝聚教学力量的"促进剂"，更是建设系统教材、完善教学设备、总结教学经验、改善工作方法等的推动力。这几年的教学与管理积累，为1977年初开始的全国统考招生教学工作，以及体育系走出低谷、恢复正常工作铺设了有利的条件。

（三）"工农兵学员"时期的课程设置与教学训练

1973至1976年，学校先后进行了旨在反对"修正主义教育路线""回潮"和"复辟"的"反右倾""反回潮"和"反复辟"等政治运动。其中，1974年春掀起的"批邓、反击右倾翻案风"浪潮，对邓小平同志及其提出的"恢复高考制度"和"规范教学制度"等思路和举措，进行了声势浩大的批判，同时提出从广大工农兵队伍中选拔优秀人才进入高校学习的要求。于是，从1974年到1976年，体育系科的招生工作，以地方党政推荐结合体育测试成绩进行录取的方式进行，这一阶段所招收的高校学生，便被称为"工农兵学员"。当时学生上学期间的各种费用，全由国家承担，学生无须缴纳学费，住校也不用缴纳住宿费，而且每月还有一定的生活补贴。

由于当时急需各类人才，政府提出并施行了缩短教育年限的改革设想和措施，将过去的本科四年学制缩短为三年学制。1975年，有关部门一度提出，将体育教育学制缩短为两年的议案。在这种思路影响下，我校体育系曾在75级中，将其中的一个教学班设为两年制实验班。不过，两年制实验的那一届，最后依然是学满了三年才予以毕业。以下是当时办学的几个特点：

1. 课程设置

当时的课程主要分为理论课与运动实践课（含专业理论课）两大类，运动实践课不仅设有运动普修课，还开设了辅修课（亦为必修课）和专业选项课。与今天一样，学生毕业分配前（与今天的学生毕业自行寻找出路不同，当时主要是根据用人单位的需要，结合毕业生的人数，对毕业生进行统一分配），除了按规定修完这些课程外，还要完成教育实习和撰写毕业论文（习作）等工作。

当时，主要开设的理论课有生理、解剖、保健、体育理论、体育史、政治等；普修课开设两年，每周两次，主要有田径、篮球、排球、足球、体操、武术等。其中，田径总学时300以上，学习除障碍外几乎所有的项目。普修结束后以百米、铅球、跳远三项为准（即当时常说的三项全能）进行考核评定；体操总学时288，其中技巧、跳马、单、双杠为教学项目，鞍马、吊环、平衡木、高低杠为介绍项目；球类（三大球）的总学时与体操大致相当。辅修课包括手球、垒球、乒乓球、举重、游泳和滑冰。专选课则开满三年，每周三次，包括田径、体操和三大球。

2. 运动训练

在当时的环境下，各单位的体育学科及学生都非常重视课余训练。当时，我校体育系设置了多个不同的课余兴趣训练组，每周二、四、六下午的课余时间里组织训练（当时全国实行的是六天工作制，即周一至周六工作、上课，周日休息）。而在其他课余时间，学生们也大多根据自己的兴趣爱好和强项弱项等，积极地自行训练。由于当时的学生生活条件普遍较低，因而凡在北京市内参加各种运动竞赛，一般都是以自行车为代步工具，条件相当艰苦。

图4-16 1976年新建的北京师范大学体育馆

3. 教育实习

除教学外，为保证教学与实践相结合，以促进学习，北师大体育系依然保持并执行着教育实习制度。当时的教育实习，被安排在1—2月进行，采取的是去郊区中学代课（无当地教师进行实习指导）的方式。如73级学生的教育实习，全部被安排到密云县的偏远中学。具体是先由教师到密云县城协助当地对中学体育教师进行培训，再由实习学生到已安排、指定的各个中学去进行任教。75级的教育实习，学生们则是被安排到顺义县，在当地体委和中学进行实习。受当时社会环境的影响，加上当时的实习工作管理较为松散，考核制度并不完善，教育实习并没有被很好地重视和实行。

4. 教学条件

当时的教学条件非常简陋，体育系仅有田径场、室外排球场、手球场和室外灯光篮球场各一块，此外还有室外泳池和体育馆各一座。既无体操馆（曾借用北饭厅、实习餐厅、南院库房等地进行教学、训练），也无现代化教学设备和手段。生理、解剖的实验条件亦很差。但就是在这样艰苦条件下，体育系终于从无到有，从简陋起家，再次开始前进。这一时代师生们的奋斗和拼搏精神，值得后世学习。

（四）"工农兵学员"时期的组织机构

这一时期，学校各项工作均强调政治挂帅、党领导一切。因此，各单位都是以各级党组织为核心（如总支、支部），确立领导层和管理层。当时师大体育系的最高领导和管理层，主要是工宣队和军宣队执掌权力，并管辖系的党总支部，下设教师和学生支部，对师生进行统一管理。行政管理方面，当时系主任一职为空缺，教务管理层由系副主任为主组成，具体的教学工作则由各年级教学组负责组织、实施。

年级教学组，是一种类似今天中小学中按学制和各年级相应的教学任务，对教师进行划分、组合的教学管理方式。当时，体育系将不同专业的教师，按学生三年的教学任务和学校公共体育教学任务，划分并组建成三个年级教学组和一个公共体育教学组。这种教学管理方式，优点是便于计划管理，缺点是教师资源较为分散、难以保证教师专项专任、专业专攻，很难实现教师之间的经验共享以及教师资源利用效益的最大化。例如，在年级教学组中，田径专业的教师可能兼教武术，体操专业的教师可能兼教田径，至于游泳和滑冰课，则干脆由教师轮流上课。

这一时期（1973—1976）系党政领导组成的具体人员如下：

首任系总支书记：李汉忠，1973年任该职一年左右，后调任我校艺术系总支书记。

二任系总支书记：张鸿宾，原我校地理系总支书记，1974年任该职，时间不足一年。

三任系总支书记：徐振庭，原军宣队留任军人

专职总支副书记：许建辉　张印所

专职支部书记：李厚云

系副主任（主抓教学）：刘伯奇　贾希效　吴金山

（五）"工农兵学员"时期的教师队伍

当时体育系大部分教师是1959年后由北京体院陆续分配而来，因此，骨干教师主要以北京体院60—65届毕业的教师为主。时任教师主要有：

球类：白子平、周志焕、孟浩德、卓国能、杨宏松、金铭院、姜孔芳、张廷余等；

田径：田继宗、崔大国、刘世亮、张东斌、范学良、高树荣、杨森林、朱谷林等；

体操：金永延、韩德才、乐仁义、谢三祥、楼金山、李瑶章、张庆华

理论：张志贤、徐永昌、滕子敬、赵金丽

武术：孟昭祥、蔡寅宝

公体：吴金山、姜敬三、邢志和、韩继武、梁焕志、王满、王章、吴妙芬、郑宝兴、王天成、孟庆生、宋绪礼等

当时的教师中有教授职称的1人，研究生学历的2人，曾获得健将级运动员称号的2人。

除了上述教师外，其后从工农兵毕业的学生中陆续留校补充了教师队伍。具体留校的毕业生有：

73级：回寅、刘润生、王振军、张德福、蔡长有、冯宝华、王晓娟、高旺。

74级：侯金云、杨俊茹、苑文燕、吴增乐、丛连凡。

75级：赵纪生、杨学成、赵鸿星、齐建国、梁宁。

76级：王建军，与其同级的郑桂海则由北京体院分配来我校任教

（六）"工农兵学员"与同期事件

●1974年，"批林批孔""今不如昔"言论肆行，"工人阶级必须长期占领、彻底改造学校"，学员要"上、管、改（大学）"等"左"的口号被提出。一批曾经对专业的学制、培养目标、教学计划和方法等提出意见者，被当作"路线回潮"的典型受到点名批判。

●1974年5—7月，包括体育系在内的北师大二百多名教师、干部和六百多名学员，到工厂、农村和部队实施"开门办学"。

●1976年7月，包括体育系80名学员在内的师大816名首届三年制的学生毕业。其中体育系20位来自内蒙古、东北的下乡知青或兵团知青，全部在北京市分配就业。这其中有8人留校，少部分一次性直接分配到用人单位，大部分是被分配到区县教育局后再接受二次性分配。

●1977年4月下旬，我校举行了有两千多名师生员工参加的校春季田径运动会，并在会上宣布我校被评为"北京市冬季锻炼先进单位"。

本章小节

从1949年新中国到1976年"文革"结束前期，是北师大体育系历经各类政治运动、挫折与低落、不断寻求机会争取发展的重要阶段。1952年援建中央体育学院，体现了北师大体育系对国家体育事业的责任担当，物资的支援、

优秀师资的人才供应，支撑夯实了中央体育学院建设发展之根基，也奠定了其学风优良之传统，为中国体育事业的发展贡献了全部的力量。1959年，北师大体育系重新建设，从各类体育学院（尤其中央体育学院）汲取优秀人力资源，在三年经济困难时期坚持体育教学任务，维持了师大体育系的学脉延续。十年"文革"浩劫中停招7年，优秀教师和学生受到无端批斗和折磨，是一个极为困难的时期。在多灾多难的状况下，北师大体育系的师生们依然坚持发展的路径，即使步履维艰也始终不退缩，谋求着生存与发展的机遇。1976年，北师大体育系的毕业生占全校毕业生的十分之一。这显示了体育系顽强拼搏、奋力求胜的竞争精神以及在教育事业中不可或缺的地位和作用。从1953年倾尽所有援建中央体院而取消，到1959年艰难复建，再到因政治原因几度停止招生，而后渐趋恢复与发展，北师大体育人秉承不屈不挠的体育奋争精神在时代发展的阻力中顶住重重困难，锐意奋发进取，敢于付出奉献，身体力行地做出了符合时代发展与社会需求的重要贡献！

第五章 继往开来（1976-2001）

粉碎"四人帮"，结束"文革"之后特别是党的十一届三中全会后，学校进入拨乱反正时期，开始了转轨定向。恢复整顿工作，把工作重心转移到以教学为主的轨道上来。

1978年党的十一届三中全会以后，学校党委组织全校师生认真学习上级文件，开展真理标准问题的大讨论，深入批判极左思潮，贯彻实事求是的思想路线，学校从落实知识分子政策入手，为一批"文革"时期受迫害和排挤的教师进行了平反，并对1957年被错划为右派的部分教师的历史遗留问题进行了妥善解决，恢复其名誉。通过拨乱反正和恢复整顿，全校的工作重新转移到教学科研这一中心上来，广大教师的积极性得到了充分的调动，学校出现了新的气象。

八十年代以来，我国改革开放进入了新的历史阶段。1985年5月党中央发表的《中共中央关于教育体制改革的决定》，为我国高等教育事业的发展提出了伟大而艰巨的任务，而市场经济体制的确立，既为我国高等教育的发展带来了新的机遇也带来了新的压力与挑战。如何在新的历史背景下，坚持社会主义的办学方向，探索适应社会主义市场经济发展需要的办学模式和人才培养体系，已成为北师大面临的主要问题。这一时期，体育系的发展既有开拓发展的可喜之处，也存在着师资队伍不稳定、新老交替等隐忧，其发展可谓辗转起伏，曲折前行。

一、恢复全国统一招生制度

1. 全国统一招生制度的恢复

1977年，邓小平同志重新主持工作，着力进行教育改革，明确了继续

"文革"前高考招生方式的改革思路，从而在真正意义上恢复了高考制度。这种任意报名、统一招考、排斥政治因素干扰的高考方式与举措，打破了唯政治论、阶级论和血统论对青年学生要求求学上进的约束和限制，使许多缺乏社会资源和关系的青年学生，有了平等竞争、享受知识改变命运的机会，这对此前的白卷英雄张铁生和"头上长角"黄帅的现象予以了否定，也对当时媒体舆论和电影《决裂》中所表现的对高校教育、入学资格和大学教授的观点和认识，表达了不予认同的态度。通过展开的对"科学的春天"的大讨论，以及对"科学是第一生产力"思想的宣传与肯定，知识分子的社会地位逐渐得以恢复，扭转了"文革"期间所形成的轻视教育、轻视知识和科学的局面，使全社会逐渐形成了渴求知识、尊师重教、求学求变、努力进取的良好氛围。

如果说"工农兵学员"的招收是当时政治环境下的一个过渡性政策，是"文革"条件下的特殊产物，那么1977年恢复的高考则完全是制度化、长期化、法律化后的产物。这是全中国人民所企盼的，是恢复中国教育事业正常发展所必需的；也是北师大体育系再塑辉煌的主要制度保障。

2. 北师大体育系招生概况

在学校平反错乱、恢复面向全国的高考招生制度的背景下，体育系在也在1978年恢复了高考制度和本科办学，同时废止了工农兵学员的推荐制。1978年春，体育系在十年"文革"后首届统考招收的学生入学。他们习惯上被称为77级学生，因为当时正值改春季招生为秋季招生，故77级学生是78年春季入学。自77级开始，体育系本科教育学制改为四年，学生修满学分方得学业合格，获得教育学学士学位。体育系77级的学生，绝大部分来自北京市。原计划招生100人，实际入校人数为99人，其中6人为宁夏代培生。当时的入学考试，要求统考文化课四门：语文、数学、政治、外语，同时要求加试体育；在双过线的基础上，根据名额择优录取（代培生除外）。从78级开始，体育系开始面向全国的省市招收学生；各省优秀的体育考生源源不断地不断报考，为北师大体育系带来了活跃的新生力量。

自1982年开始，体育系在招生录取的要求上，逐年提高了考生文化课录取的分数线。具有标志性意义的变化是1985年。这年招收的许多学生文化课分数线都达到了一般理工科考生的录取分数线。体育系对文化课录取的要求之高在全国同类院校中实属少有。这种对文化课录取分数要求的提高，在以后几届中仍得到了不同程度的体现。

这一改革的原本意图是想加强体育系学生的文化功底，以便为将来培养高层次的学术型研究人才打基础。但由于受制于当时的课程设置、培养方式及大多数用人单位（大、中学）对人才的要求（注重实践能力），并且由于相当一部分高分同学在中学时期缺乏运动训练经历，入校后，其术科学习和训练也遇到一定的困难，因此，这一招生改革的良好愿望并未完全实现。

二、领导班子及其变更

1. 20世纪80年代的领导班子

1984年后，由于前体育系主任张延祜的离任，系领导班子进行了相应的调整。"文革"时期受迫害的田继宗先生出任系主任，系副主任分别由滕子敬（分管教学）、金铭院（分管学生工作）、崔大国（分管行政后勤）担任。总支书记仍然由前书记徐建辉担任，副书记由金铭院老师兼任。1986年，公共体

图5-1 20世纪70年代中期至80年代初的体育系部分教师和领导。从左到右为：张志贤教授、张延祜主任、刘世亮副教授、刘伯奇和贾希孝副主任

育教研室与体育系分立而设。公共体育教研室主任由刑志和先生担任，副主任由孟庆生先生担任。但公体教研室不另设党总支，而是与体育系共设一个总支，书记仍然为徐建辉。其后，系领导班子于1988年重新进行了改组，系主任一职由孟浩德担任，系副主任分别由滕子敬（分管教学和科研）、金铭院（分管学生工作）担任，回寅任系主任助理（分管行政后勤）。总支书记由李双立担任，谷文英老师任副书记。

2. 20世纪90年代的领导班子

1992、1995、1998年体育系领导班子又相继进行了调整变更，李瑶章、周之华先后出任体育系主任一职，王世伟、杨国庆、崔大国、王建华、贾齐先后担任副主任职务。另外，周之华、郑萼、杨国庆先后担任系党总支书记，张吾龙担任副书记（详见后续附录）。特别值得一提的是，自1995年后，系领导班子开始呈现出年轻化的趋势，完成了体育系领导班子的新老交替。

三、各专业教研室的设置及变动

1. 各专业教研室的设置

这一时期，全系工作的重点已完全转移到了教学、科研和训练竞赛上来。为了提高教学、科研、训练的质量，在时任系主任张延祜先生的主持下，体育系一方面强调教学为主、业务求精；另一方面，建立、健全了教学、训练等各项制度，并撤销了"文革"时期形成的年级教研室，恢复了专业教研室设置。

当时共分田径、球类、体操、武术、理论和公共体育六个教研室，教研室主任分别由刘世亮、周志焕、谢三祥、孟昭祥、张志贤和吴金山先生担任。由年级教学组改为专业教研室，将相同或相近专业的教师聚到一起，方便了教师之间的教学研讨和集体备课，对提高教师们的业务水平大有裨益。

2. 各专业教研室的变动

80年代后，各教研室分别进行了调整，公共体育教研室独立分设，理论教研室分设为体育理论教研室和体育基础理论教研室，体育理论教研室主任由徐永昌先生担任，基础理论教研室主任仍由张志贤先生担任。

在90年代初期这两个教研室又合并为理论教研室，教研室主任由梁焕国先生担任，后由殷恒婵老师担任。在80年代和90年代，其他各教研室主任也有相应的变动，如田径教研室主任先后由田继宗、张宗斌先生担任，后由朱谷林、张广德老师担任；武术教研室在孟兆祥先生退休后由王建华老师担任；体操教研室主任先后由韩德才、李耀章担任，后由回寅、高增霞老师担任，球类教研室则先由白子平、孟浩德先生担任，后由王世伟、刘润声老师担任。

四、师资队伍的构成及其变动

为应对改革开放以来国家体育发展的需要，除加强学生留校的工作力度外，还积极引进了一批骨干教师，如梁焕国、王桂莲、侯曰信、马洪元、王定坤、谭志和、王世伟、李哲、周国正、陈必谦等，使教师队伍得到了较大的补充。另外，还先后从77、78、79、80各年级中，留下了部分毕业生补充师资队伍。如77级留校的有杨国庆、葛向荣、王建华、高增霞、张艳芬、郑景泉、蒋文进、李德芳；78级的有王立男；79级的有杨力八国、黄向东、宋丽惠；80级的有郭尚、杜青、张广德等。另外，还有北京体院分配来校的袁丽丽等两人。通过引进、留校、分配、调入等方式，使教师队伍得到很大的扩充，教职工的人数最高多时达百人之多。

1986年公共体育教研室的独立分设，使得师资队伍在规模上有所减小，随着一批老教师相继退休、离休，如张志贤教授、白子平教授等，体育系继续招来一批青年教师，如先后从北京体院毕业的田琳，上海体院毕业的研究生侯曼，华东师范大学体育系毕业的研究生张建华等；本系毕业留校的有关杰、彭友连、王增欢、孙璞、张繁以及硕士生张吾龙等人。这一时期，田继宗、孟浩德、腾子敬、徐永昌等教师共同担当起领导体育系发展的重任，他们通过有关重要科研课题的研究和主编有关教材、学术论著，逐渐成为全国体育院系中有一定影响的专家，也为进一步提升了师大体育系在学界的社会声望。

五、课程设置及教学改革

1. 20世纪70年代末至80年代的课程设置

在拨乱反正以及整顿恢复时期，培养目标主要以培养大学和中学体育教师为主要目标，在课程设置及其教学中明确地按照"一专多能"的具体规格进行培养。在课程设置上，在以前工农兵学员时代的基础上增加了一些科目。其课程主要包括学科、术科和专项训练三类。

学科课程主要设有生理、解剖、保健、生物力学、生物化学、体育理论、体育统计、体育史、公共政治等。

术科主要包括普修、辅修和专选三类。普修课（含专业理论课）开设两年半，每周两次，设有田径、体操、篮、排、足球和武术。

其中：田径普修总学时324，普修结束时，以百米、铅球、跳远三项全能为准，进行考试与技术评定；

体操普修总学时324，其中技巧、跳马、单、双杠为教学项目，鞍马、吊环、平衡木、高低杠为介绍项目，教学考核中，理论占40%，技术占60%，第五学期进行教学比赛，成绩记入教学考核；

球类（三大球）普修总学时与体操大致相当。辅修课每周一次，每项一学期，课程包括垒球、手球、乒乓球、举重、游泳和滑冰。

专选课则依然是开设三年，每周三次，课程依然是田径、体操和三大球。

2. 20世纪70年代末至80年代的教学

图5-2 体育系84级同学在上运动生理学实验课

党的十一届三中全会以来，广大教师的教学积极性得到了充分的调动，教学工作再次步入了健康发展的轨道。体育系的教师们一心一意搞教学，埋头于教学业务的钻研，对教学一丝不苟，其教学各有其特点。而且他们还在教学中为人师表、率先垂范，取得了很好的教学效果，其课程教学的质量普遍很高，很多教师的教学成为后来学生们回味的教学经典和佳话。

这一时期的课程教学中，不仅重视学生基本理论知识素养的培养，还十分注重学生运动实践能力和教育能力的培养。如，当时的运动解剖学和运动生理学，对实验教学有严格的要求，要求学生在实验员老师的指导下进行实验学习。再如当时的体育理论课（当时尚未开设学校体育学），非常强调理论和实践的结合。在该课程的教与学过程中，教师特别注意加强学生撰写单元教学和训练计划的制定与撰写以及体育教学中运动负荷与密度的观测与分析等教学实践环节，体育系还特别聘请王占春、李晋裕等名家来讲学，使同学们能及时了解我国基础教育课程教学改革的动向。同时还组织学生观摩北京市中小学的体育课堂教学，使同学们在观摩了关槐秀、王仲生、夏克若等北京著名体育教师的课程教学后深受启发。

这一时期，体育系还狠抓课堂教学外的其他培养环节。如这一时期的早操有严格的规定和要求，要求每个学生都必须出早操。而早操时，很多术科老师也亲临运动场馆，在田径场、体操房、体育馆对学生的运动练习进行技术辅导，帮助辅导有学习困难和问题的同学。不仅如此，早操还兼有专项训练教学的要求，如武术专项的同学，在孟兆祥（孟老师总是第一个到武术场）等老师的感染和严格要求下，同学们每天五点半后就开始出操，成为全校出操最早的一批同学，四年坚持下来，受益匪浅。另外，还定期组织全系学生进行会操，对各年级各班出操情况进行检查，抽测评比各班同学的队列队形表演。

对于学生在校外的教育实习，体育系也极为重视，且狠抓落实与效果。实习主要以北京市实验及近郊的部分中学为基地，实习有严格管理制度要求，并安排实习学校的教师作为指导教师，对学生进行全程实时指导。同时，为了加强对实习工作的管理，我系还专门派本系教师做带队，实施全程管理和指导，实习前要做动员和针对性的准备，并在实习结束时，对学生进行评议考核。在80年代中期，鉴于当时北师大的毕业生主要分配在高校工作的实际，为加强实习的针对性和有效性，其实习的时间由原来的6周改为8周。前四周在中学实习，后4周在北京主要高校实习，使同学们对中学和大学的体育课程教学都有实践体验的机会，有力的提升了其课程教学能力为其将来就业的教学工作奠定了基础。

3. 20世纪90年代后的课程教学改革

自80年代后期以来，伴随着体育学科的发展，新的体育子学科逐渐增多，鉴于这一情况体育系的课程及其教学在20世纪90年代后进行了相应的改革。在这一阶段的改革过程中，体育教育本科专业的课程结构发生了较大的变化，其主要的特点是：学科课程的比例不断增大，学科类课程日益增多，而术科类课程的比例开始减少（参见后续体育系课程设置附表），学生的专项运动训练因此受到了较大的冲击和削弱。由于专项运动训练不被重视，不计入教师的工作量，这相当影响了教师投入训练的积极性。在20世纪90年代后期的课程调整中，学生的专项运动训练甚至曾一度取消。这在很大程度上影响了全系师生专项运动训练的质量，削弱了学生运动实践能力培养的环节。

特别是90年代后，许多国内许多竞技运动学校关闭办学，而使得有扎实运动训练基础的生源日渐减少；与此同时，很多高校相继设立了高水平运动队，在一定程度上也吸引了许多运动技术水平高的生源。这样的局势下，全国运动素质好的生源就相对减少。体育系的招生中，文化课录取分数线还依然相当高，这无形中把一些运动基础较好、文化课底子相对较差的考生挡在了门外。同时，在招生中又因文化课录取分数线的限制，无形中把一些运动基础较好、文化课底子相对较差的考生挡在了门外。因此，学生入校时的起始运动技术水平已经很难与70年代末期、80年代初期相提并论。但遗憾的是，当时的课程改革，并未充分考虑这一现实问题，以致带来了学生运动实践能力的整体滑坡。这一突出问题，在后来学生的教育实习中也得到了印证。

六、运动训练与竞赛

1. 开展面向全系学生的专项运动训练

根据"一专多能"的培养定位，自77级起，我系专门设立了运动专

图5-3　田继宗先生指导学生进行田径专项训练

项训练课制度：学生自大学一年级开始，每周要按规定，接受三个下午（一、三、五或二、四、六）的专项运动训练课的系统训练。这一时期的专项运动训练主要包括田径、体操及艺术体操、篮球、足球、排球、武术等主要运动项目。专项训练课的开展在当时很有特点和氛围，深受学生们的认同，并成为北师大校园的一道靓丽的体育风景，对活跃校园体育文化氛围和带动其他各系同学参加体育活动具有引领示范作用。这一制度的实施，保证了学生能够进行系统地运动学习与训练，为学生奠定了扎实的运动专项能力基础。

2. 系队训练和运动竞赛

这一时期，在广泛开展面向全体学生专项运动训练的基础上，体育系根据"在普及的基础上提高，在提高指导下的普及"原则，选拔专项水平更高的同学组建系队，开展更高水平的运动训练。当时主要建立了篮球、排球、足球、体操、武术、艺术体操等系队，体育系委派教练，利用早操和普通学生专项训练之余进行训练，积极参加北京高校和全国高校的体育比赛，尤其是80年代的系队，其运动竞技水平达到了相当的专业水准。虽然当时体育院系参加很多比赛不计成绩，但体育系的足球队、篮球队、排球队在北京运动竞技领域却多是人们赞叹的"无冕之王",深得其他高校和社会的尊重及认可。

图5-4　夺得第一届全国大学生比赛冠军的体育系学生

除此之外,我系还定期举行全系性的多种运动竞赛,旨在为全系学生提供参加运动竞赛的机会,并通过各种田径、体操、篮球、足球、排球等主要运动项目的竞赛促进学生技、战术应用能力的提高。学生自发组织的各类运动比赛活动也每学年频繁开展。

图5-5　体育系78级获得北京市夺得北京市高校排球比赛第一名合影纪念

七、研究生教育的开拓

1. 研究生教育的开拓尝试

为了提升人才培养的层次，1982年，在50年代末恢复建系招生以来，我系首次开始尝试招收硕士研究生。由于当时的尚无硕士研究生学位授予权，并缺乏培养研究生的经验，因此，当时仅招收贾齐一名研究生，并由我系张志贤教授和大连医学院知名教授白春育先生、滕

图5-6　体育系硕士研究生贾齐进行毕业论文答辩

子敬讲师组成导师小组，指导贾齐攻读硕士学位。1985年，贾齐同学在我校完成研究生毕业答辩的基础上，于北京体育学院通过硕士论文答辩后获得硕士学位。

2. 硕士学位授予权的获得

1985年，我系获得了体育理论专业的硕士研究生学位授予权。翌年，开始了在当时较大规模的硕士研究生招生。当年招收的研究生有10人之多（其中7人为研究生班学员）。这在当时高师系统体育系中产生了较大的影响，标志着我系在人才培养层次上的提高。其后，体育理论专业成为当时体育系研究生培养重点，并为后来体育人文社会学专业研究生教育奠定了基础。

步入20世纪90年代中期后，我系又于1995年获得运动人体科学硕士学位授予权，开始招收运动生物力学研究方向的硕士研究生。至此，我系形成了以体育人文社会学和运动人体科学两个专业为主的硕士生教育体系。

3. 研究生教育及其人才培养

我系在研究生教育实施的初期阶段，在以我系师资为依托和挖掘利用我校综合大学的办学资源优势的基础上，充分利用在京体育和教育优势资源，

拓宽培养途径，多方位和多渠道的进行研究生培养。如在体育理论专业的课程的设置上，除了设置本专业核心课程体育理论、比较体育、运动生理学、体育心理学、体育统计等课程外，还设置教育学、教育心理学、心理测量等课程，聘请教育系和心理学知名教授王策三、孙喜庭、郑日昌、冯忠良等教授任教。除此之外，还聘请教育部李晋裕司长、曲宗湖副司长，以及国家体委体育理论研究所熊斗寅、蔡俊武研究员兼任硕士生导师，并进行有关课程的教学。这些有益的举措，对于提升研究生教育的层次，培养研究生的综合学术素养和开拓研究生的学术视野起到了重要的作用。

随着研究生教育的不断改进与完善，我系先后吸引了国内许多优秀考生的报考（如1997年考入我系的国际象棋大师谢军等），并培养出了一批高层次的优秀体育人才。如今，这些人才正在成为各行业的骨干力量，如目前在我系执教的贾齐教授、张吾龙教授、高嵘教授、唐东辉教授，在首都体育学院的副院长骆秉全教授和谢军教授，在华中师范大体育学院的郭敏教授；在重庆大学体育学院分党委书记许定国教授，中央电视台资深体育记者、著名制片人、体育营销专家阮伟，在北京大学体育部任教的赫忠慧教授国家体育博物馆的王军研究员等。

图5-7　谢军和我校教授

从左到右：武尊民教授、张厚粲教授、谢军、顾明远教授、方福康教授、田继宗教授

八、办学途径与层次的拓展

1. 函授教育

这一时期，体育系还积极拓展办学途径，结合当时体育教师继续教育的需求特点，在体育教育专业的函授生教育方面进行了有效的开拓，先后在北京、河北、河南、山东、山西、江西、湖南、湖北、甘肃、内蒙古、海南等省市招收了专科、专升本函授生。为此，体育系教师利用寒暑假时间，奔赴全国各地的函授站，克服诸多困难，认真教学，为全国一线体育教师提供了优质的教学，师大体育系的函授工作取得了良好的教育教学效果，博得了各地函授学员的好评。我系函授教育的实施培养了一大批体育教学一线骨干人才，很多学员后来还成长特级体育教师，如北京市曾经接受过体育系函授教育的张立新、姚卫东等人。可以说，这一时期，我系在提升体育教师的学历层次和质量方面做出了应有的贡献。。

2. 研究生课程班的开设

为了满足我国各地高校和中小学骨干体育教师进修的需要，体育系以研究生主要课程的进修学习为主要途径，开设研究生课程班先后培养了来自北京、河北、山西、黑龙江等地的研究生课程班进修学员500多人，教学质量受到了社会认同和好评，为全国的体育教师继续教育层次的提升做出了重要贡献。

九、20世纪90年代后发展中出现的问题

1. 师资队伍的失衡

由于"文革"时期人才培养的断档，步入20世纪90年代后，教育界在师资队伍新老接替过程带来的师资队伍结构失衡问题也开始显现。与此同时，由于受这一时期"出国热"的影响和市场经济大潮的冲击，体育系办学规模的缩减，使得相当一批原来留校和分配来的青年教师的稳定性受到了动摇，一些人相继离职或出国。如这一时期先后出国的青年教师有田琳、荣妮、陈

志伟、梁宁、程丽晨、杜青、李德芳、吴增乐、刘一明、袁丽丽、王增欢、彭友连等，相继调离的青年教师葛向荣、杨利国、黄向东等……。与此同时，滕子敬、徐永昌、孟浩德、田继宗、李瑶章等一大批骨干老教师也相继退休，虽然当时也先后通过留校和外校分配，补充了一些青年教师，但新老教师队伍交替带来的教师队伍的青黄不接，已经表露无遗。如当时的体育理论教研室，在滕子敬、徐永昌教授相继退休，青年教师贾齐、张建华出国学习的情况下，仅剩青年教师高嵘一人。无奈之际，系里只好将原来的体育理论教研室与基础理论教研室合并为一个教研室——理论教研室。

不仅如此，这一时期，由于不注意教师队伍学历结构的改善和来源的多元，以及学科发展的规划布局，形成了以本校本科毕业生为主体的教师队伍。应该理解20世纪90年代国内有体育科研人才培养实力的机构极少，高校体育系统依然存在着人才匮乏的窘境，体育人才选择余地小，将优秀毕业生留校更利于工作开展，具有一定的历史合理性。而且，这种"肥水不流外人田"的思想与行为，在国内高校的各个专业都相当普遍。"近亲繁殖"现象的一个不良后果，是导致组织的制度创新、学术科研创新、以及教学工作创新水平的滞后。这一阶段，体育在教师队伍结构的优化方面出现失衡，在学科建设方面也逐步与兄弟体育院校系形成差距，也对以后体育系的发展造成一定的影响。

2. 办学规模的压缩

步入90年代后，恰逢北京师范大学办学模式向研究型、综合性大学办学的转型过渡时期。这一时期，学校的非师范类专业相继设立，而与此同时，北师大除了不断加大研究生办学的规模外，为了控制本科教育的规模，本科生招生的比例一直不予增加。在学校空间、资源的有限状况下，体育系没有获得学校的各类资源倾斜投入。当时体育系的本科教育层面，除了体育教育专业外，并未增加其它非师范类的专业；研究生教育层面，其规模效益和办学层次，也明显落后于北师大的其他院系。由于受1989年春夏之交的政治风波的影响，我系本科办学的规模一度受到了较大的压缩，如92、93、94、95级体育教育本科专业，一度压缩为40人左右的规模。这种规模的缩减，使得体育系在教师队伍的扩充、教学训练课程的正常开设上受到了很大的影响。

这一阶段，专项训练和专项选修课程因学生规模的制约难以得到有效的开设，尤其是球类等集体项目的教学和训练，连组织正常的教学比赛都遇到了困难，昔日运动场上，体育系学生生龙活虎、龙争虎斗的局面不再，其教学和训练的下滑和惨淡经营由此可见一斑。

本章小结

20世纪80年代体育系完全步入了高等教育的正轨，在招生质量把关、教学训练管理、师资队伍建设等方面都有了很大的提升，全系教师的积极性得到充分的调动，广大教师对教学认真负责，相当重视学生运动竞技能力和实际教学、训练能力的培养。而这一时期招收的学生大多饱受"文革"之苦，对知识学习的渴求强烈，且绝大多数学生都具有较好的运动技术功底。因此，这一时期培养的学生受到了社会的好评和欢迎。后来，这批学生已经成为全国许多高校、中学体育师资中的核心骨干，许多同学还成长为其教学科研领域的专家，并担任着重要的领导职务。可以说，这一时期体育系的发展，再次复现了欣荣向上的发展势头，成为全国体育院系中最有实力的体育系之一，在兄弟院校中享有较高的威望，并培养出了一大批优秀的人才。

这一时期，体育系在研究生教育方面有了很大开拓，通过在全国各地开展函授教育和体育教师继续教育，为地方体育教育师资水平与教育质量的提高做出了贡献。九十年代，由于社会政治与经济环境的发展变化、学校办学方向与模式的转型、以及体育系自身领导班子的调整，体育系在教师队伍年龄结构、学历层次等方面出现一些问题，办学内容和办学规模方面也受到很大影响，以致于后来出现了学科建设相对滞后、培养质量有所下降等问题。

第六章 创新发展（2002年至今）

步入20世纪后，师大体育系在国内体育学科中的地位已经与北京师范大学在国内所具有的地位颇不相称。这一问题，受到了北师大领导的高度重视，也得到了教育部体育卫生艺术司的关注。为了加强北师大体育系的学科建设，重振师大体育学科昔日的雄风，学校领导通过多方调研，决定对体育系进行调整改革，以体育系改建学院为契机，通过引进人才、整合体育学科的研究力量，来加强体育学科的综合实力，以更好地服务于社会。

2002年7月5日，在经过多方研究论证和认真准备之后，北京师范大学体育与运动学院在原体育系和公共体育教研室的基础上正式宣布成立。北京师范大学体育发展的新篇章由此开始。2017年，体育学科与教育学、心理学一道成为学校"双一流"建设所重点发展的第一学科群，迎来了新的重大发展机遇。

图6-1 2002年7月，教育部副部长赵沁平与何振梁名誉副院长为体育与运动学院揭牌

一、学院组织机构的新建

建院伊始，北京师范大学聘任了时任国际奥林匹克委员会执委、中国奥林匹克委员会名誉主席何振梁先生为体育与运动学院名誉院长。院长由引进的国内知名学者毛振明教授担任，院分党委书记由前体育

系党总支书记杨国庆担任，殷恒婵任副院长，孙璞任副书记，唐东辉任院长助理。学院分设3系2所，张建华任体育系主任，回寅任运动系主任，姚明焰任体育与健康系主任，高嵘任体育人文研究所所长，周之华任体育教育研究所所长。

随着学院的快速发展，2005年学校对体院领导班子进行了部分调整补充，毛振明、杨国庆、殷恒婵、孙璞原职务不变，高嵘、乔德才分别任副院长，姚明焰任院长助理。

2009年，学院第三届领导班子成立，院长为毛振明，书记：杨国庆（2009.3–2013.6），殷恒婵（2013.6–2016.6）。副院长：殷恒婵，副书记：孙璞（2009.3.–2013.6），林小群（2013.6–2016.6），副院长：乔德才，副院长：朗健，副院长：姚明焰（2013.11–2016.6），院长助理：姚明焰（2009.3–2013.11），院长助理：屈国锋。

2016年6月29日，学院第四届领导班子正式成立，院长：殷恒婵，书记：殷恒婵（2016.6.29–2016.9.15）、刘林（2016年9月15日至今），副院长：高嵘，副院长：王兆红，副院长：屈国锋，副书记：林小群，工会主席：李卫东，院长助理兼办公室主任：吴晓路，院长助理：李笋南。

图6-2　体育与运动学院第四届学院领导集体

院长殷恒婵，书记刘林，副书记林小群，副院长高嵘，副院长屈国锋，副院长王兆红，院长助理李笋南，工会主席李卫东，院长助理兼办公室主任吴晓路

2017年，时值北京师范大学体育学科创建100周年，新领导班子对百年学科精神文化建设高度重视，通过塑立袁敦礼先生塑像，创建院训、重设院徽等形式，推动百年学科精神的传承与创新。其中，首次提出的院训"守正创新，坚卓致远"，反映了北师大体育人的精神内涵，并号召北师大体育人要守护和弘扬百年优秀体育文化传统，继续改革创新，以坚定的信念和顽强的意志去追求卓越，实现宏大而久远的目标。

学院现设3个系（体育学系、运动学系、体育与健康系），2个研究所（体育人文科学研究所和体育教育研究所），6个教研室（理论、球类、田径、体操、武术、游泳），10个中心（高水平运动管理中心、对外办学中心、群众体育中心、运动与健康促进研究中心、运动人体科学实验教学研究中心、体育经济与产业研究中心、校园足球发展研究中心，郎平体育文化与政策研究中心、武术与民族传统体育文化推广研究中心、奥林匹克教育研究中心）。

二、师资队伍建设加强

建院后，学院为了加强师资队伍的建设，积极引进了一批具有博士学位的新人，如先后引进了乔德才教授、刘晓莉教授，任园春、甄志萍、王兆红、屈国锋博士，张靓博士后以及将侯莉娟博士留校。与此同时，学院还加强了对学院的中青年教师的培养，高嵘、张建华、姜桂萍、查萍、杜晓红、孙璞、李笋南先后于本院和北京体育大学攻读博士学位；另外，郎健、朱俊全、李国红、杨兆春、郭建富、李卫东、邵作刚等，则通过在本院攻读在职硕士研究生学位，先后获得了硕士学位。

经过几代人的努力，学院现已形成了一支结构合理，术科、学科比例平衡，学科交叉性强、研究力量雄厚、发展潜力较大、团结奋进的老中青结合的师资队伍。学院现有教职员工72人（专任教师60人，行政工作人员12人），其中教授22人、副教授20人、博士生导师20人、硕士生导师39人、具有博士学位的教师28人、硕士学位29人。学院有国家级教学名师1人（毛振明教授），国际级裁判2人，国家级裁判4人，高水平教练员3人（郎健教授、王长权教授、李笋南教授），冠军教练 4 人（郎健教授、王长权教授、李笋南教授、王建华教授），2009 年，毛振明教授带领的学校体育理论课程教学团队获批北京市教学团队、国家级教学团队。

表6-1　体育与运动学院教师职工人员构成一览表

教研室 行政科室	人数	教师岗位				管理岗位	工勤技能岗位
		教授	副教授	讲师	助教		
理论 教研室	18	毛振明 纪仲秋 殷恒婵 张建华 刘晓莉 乔德才 高　嵘 唐东辉 甄志平 王兆红 任园春	张　靓 宋湘勤 侯莉娟	胡　惕 马运超 何　莉 李　根			
球　类	16	郎　健 郎　平 李笋南 王长权	胡春雷 王力晨 朱俊全 李国红 杨兆春	郭建富 宋陆陆 裴嘉文 刘天彪 毕　妍	孙思远		
体　操	9	姜桂萍 姚明焰	张　繁 高增霞 李卫东 查　萍 陈一冰	韩　青 张　卓			
田　游	9	张吾龙 孙　璞	孟繁斌 郑景泉 徐爱娥 邵作刚 赵　歌	苏荣海 陶　焘			
武　术	8	王建华 吕韶钧 屈国锋	杜晓红	李爱华 张　娜 张长思 陈新萌			
总　支	3					刘　林 林小群 白金凤	

（续表）

教研室 行政科室	人数	教师岗位				管理岗位	工勤技能岗位
		教授	副教授	讲师	助教		
办公室	8					吴晓路 袁雪梅 王江梅 田晓龙 许晨晨 孙晓东 胡沈秋 张乐嘉	
场　地	1						王　录

三、学科建设步伐加快

建院以来，学院积极进行学科调整和人才引进，在学科建设上有了长足的进步。2002年，学院在原有体育教育本科专业的基础上，拓展了本科教育的办学层次。通过与我校经济与工商管理学院的密切合作，设立了体育经济本科专业。翌年，学院又新增了运动训练本科专业。

2003年，学院研究生学科建设上有了重大突破。学院在原有体育人文社会学、运动人体科学硕士学位授予权的基础上，获得了体育人文社会学专业博士学位授予权，同时还获得了体育教育训练学专业和民族传统体育学专业硕士学位授予权。从而使学院在学科建设的发展上实现了跨越式的发展。

从2004年起，学院开始招收博士研究生，并在硕士研究生的办学规模上有了很大的突破。翌年，学院在已有教育硕士（体育学科方向）专业研究生培养的基础上，被国务院学位委员会办公室首批授权招收体育硕士专业学位研究生。全日制体育硕士专业方向共包括体育教学和运动训练两个专业。

2007年，学院在完整地培养了一届博士研究生和扩大博士研究生培养规模的基础上，经国家人事部批准，建立了体育人文社会学专业博士后流动站。

经过多年来的努力发展，学院已经获得了体育学一级学科博士的授予权。现学院设有体育学一级学科博士点、硕士点、博士后流动站、体育专业硕士点以及体育教育与运动训练2个本科专业。体育学一级学科下设体育人文社会学、运动人体科学、体育教育训练学和民族传统体育学四个二级学科，各二级学科分别设有2-6个研究领域，具体是：体育人文社会学设有学校体育学、体育运动心理学、体育社会学、体育经济与管理学、体育思想史研究、国际体育比较研究等6个研究领域；运动人体科学设有运动生理与神经生物学、体育保健与运动营养学、运动生物力学和人因工程学、体质健康与肥胖的运动防治研究、运动生物化学与代谢性疾病研究、运动康复及儿童动作发展研究等6个研究领域；体育教育训练学设有球类教学、训练与方法研究，田径教学、训练与方法研究，体操教学、训练与方法研究等3个研究领域。民族传统体育专业设有武术教育教学研究、武术文化与思想研究等两个研究领域。其中，体育人文社会学还被评选为北京市重点学科。2017年，在国家"双一流"建设的大背景下，体育学科与教育学科、心理学科被北京师范大学列为重点发展的第一学科群。

四、人才培养的层次及其规格提升

伴随着体育学科建设上的不断突破，学院在人才培养的层次和规格上也有了很大的提升，形成了本科生教育与研究生教育并重的办学格局。人才的培养包括大学本科、硕士研究生、博士研究生和博士后四个教育层次，真正成为教学和科研并重的综合性学院。

学院设立了以教学、科研、管理和训练为一体的人才培养目标战略。学科体系中，学校体育学、体育课程教学论、体育运动心理学和体育社会学等领域要为国家基础教育课程改革培养人才，运动生理学、体育保健等和体育测量学等领域要为国家青少年体质增强的理论创新与方法探索培养人才，运动生物力学和运动训练学等领域要为国家竞技体育发展做出成绩。可以说，目前我院的研究生培养规模和本科生的培养培养规模已基本持平，这在人才培养的规格及其规模上无疑是一种质的飞跃。

1. 本科生培养目标

体育教育专业：旨在培养德、智、体、美全面发展，具有较好的文化素养，扎实的体育理论、"一强一能"的运动技能、具有一定教学和科研能力、符合体育教学和体育管理工作要求的复合型创新人才。

运动训练专业：旨在培养德、智、体、美全面发展，具有较好的文化素养，扎实的体育理论、"一长一强"的运动技能、具有一定科研能力、能在专业和职业队、体校和学校代表队、体育俱乐部等部门胜任运动训练、教学、竞赛和管理等方面工作的复合型创新人才。

图6-3　我院2017届本科生毕业合影

2. 硕士生培养目标

学术型硕士研究生：通过三年的课程学习、学术活动和科学研究的培养，使硕士研究生具有扎实的体育学及其相关学科的理论基础；能掌握专业理论知识和科学研究的方法；熟练掌握1门外语，能够快速阅读外文资料。了解本学科专业的学术前沿动态与发展趋势，具有一定的科学创新思维能力和分析、解决问题的能力，成为能胜任体育相关领域工作的高级专业人才。

全日制体育硕士：培养在体育领域中，掌握坚实的体育基础理论、宽广的体育专业知识，具有较强的解决实际问题能力，能够独立承担体育专业技术或管理专业领域核心课程。

图6-4　我院2017届研究生毕业合影

3. 博士生培养目标

博士研究生通过三年课程学习、实践活动和科研能力的培养，使其奠定宽厚的相关学科基础，掌握有关理论知识、科研方法；能够精准地把握学科前沿动态与发展趋势，发现专业理论与实践中的重要问题，提出恰当的研究方案并能深入地进行分析和加以解决，具有较强的创新能力；熟练地掌握1-2门外国语，具有国际学术交流的能力；成为可胜任体育及相关领域重要工作的高层次人才。

图6-5　我院硕、博研究生与清华大学体育硕博研究生举行学术交流

五、教学、科学研究的加强及其丰硕的成果

自2002年建院以来，学院高度重视并大力加强教学和科学研究工作，鼓励教师们积极申报各类教改项目、科研基金、科研奖励以及各类人才项目，实行科研成果培育计划，制订了"科研成果奖励制度"，全面加强了实验室的统筹与管理，为广大教师创造优质的科研环境，促进教师科研水平和国际影响力的提升，实现科研成果的不断丰硕。

1. 教改项目

先后承担了全国教育科学规划重点课题"体育课程的本质和设计原理研究"、教育部"三自主教学改革项目"等国家级、省部级和校级教改项目100余项。其中"健康与文化并重的公共体育课程建设与改革"项目于2005年获国家教学成果二等奖。

表6-2　部分获省部级以上优秀教学成果、教材奖一览表

序号	成果名称	获奖人（*）	获奖名称、等级及证书号、时间
1	健康与文化并重公共体育课程建设与改革	毛振明（1）	国家级教学成果奖二等奖（2005）
2	体育与健康	毛振明（1）	国家级精品课程（2007）
3	第四届高等学校教学名师	毛振明（1）	国家级教学名师（2008）
4	学校体育理论课程教学团队	毛振明（1）	国家级优秀教学团队（2009）
5	体育教育特色专业	毛振明（1）	国家级特色专业（2009）
6	体育运动心理学多策略教与学新体系的创建与实践	殷恒婵（1）	国家级教学成果二等奖（2009）
7	体育运动心理学多策略教与学新体系的创建与实践	殷恒婵（1）	高等教育北京市教育教学成果奖一等奖（2009）
8	北京市第五届高等学校教学名师	殷恒婵（1）	北京市教学名师（2009）
9	第八届全国大学生运动会突出贡献奖	郎　健（1）	北京市教委突出贡献奖（2007）
10	大学体育文化与运动教程	杨国庆（1）	全国普通高等教育精品教材（2008）

2. 课程建设

承担"体育与健康""运动心理学""运动专项教学理论与实践"等课程建设项目40余项，其中"体育与健康"于2007年被评为国家级精品课程，"体育运动心理学"于2010年被评为北京市精品课程、国家级精品课程，并于2013年又获批国家级精品资源共享课，2017年"京师体

图6-6 殷恒婵教授主讲的"体育运动心理学"课程获批国家级精品课程

育谋健康"系列慕课课程已获学校立项，正在建设中。

3. 教材建设

学院教师主编《体育教学论》《运动生理学》《体育心理学》《大学体育文化》等教材160余部，其中国家级精品教材4部，国家级规划教材15部，《运动生理学》《体育心理学》获高等教育出版社高等教育百门精品课程教材称号。2011至2016年

图6-7 出版的部分教材

间，毛振明教授先后主编了《体育教学论》（第二版）、《实用学校体育学》《简明体育课程教学论》《体育与健康高职教材》（南方版）、《体育与健康高职教材》（北方版）等国家级规划教材。

表6-3 "十一五"国家级规划教材

序号	教材名称	第一主编姓名	出版年月	出版单位	参与单位数（*）	是否精品教材
1	体育教学论	毛振明	201105	高等教育出版社	2（1）	是
2	体育心理学	季浏/殷恒婵/颜军	201007	高等教育出版社	10（2）	是
3	运动生理学	邓树勋/王健/乔德才	200906	高等教育出版社	18（3）	是
4	大学体育文化与运动教程	杨国庆/殷恒婵	200907	北京体育大学出版社	10（1）	是

4. 课题项目

迄今为止学院教师主持国家级、省部级科研项目230余项，其中国家自然科学基金、国家社会科学基金、国家科技支撑计划课题等国家级项目30余项；国家体育总局、北京市自然科学基金、北京市社会科学基金等省部级项目200余项。

表6-4 部分代表性科研项目（2007-2011）

序号	项目来源	项目下达部门	项目级别	项目名称	负责人姓名	项目合同总经费（万元）
1	国家自然科学基金	国家自然科学基金委员会生命科学部	面上项目	纹状体对运动性中枢疲劳的调控作用及其机制研究	乔德才	30
2	国家自然科学基金	国家自然科学基金委员会生命科学部	面上项目	基底神经节-丘脑-皮层通路对运动疲劳调控作用的机制研究	乔德才	60
3	国家自然科学基金	国家自然科学基金委员会生命科学部	面上项目	丘脑底核神经元对运动疲劳的调控作用及其机制研究	刘晓莉	32
4	国家自然科学基金	国家自然科学基金委员会医学部	青年项目	松弛素抗心肌纤维的机制研究	张靓	22
5	国家社会科学基金	全国哲学社会科学规划办	一般项目	中国特色体育体制与中国竞技体育可持续发展战略研究	王长权	12

（续表）

序号	项目来源	项目下达部门	项目级别	项目名称	负责人姓名	项目合同总经费（万元）
6	国家社会科学基金	全国哲学社会科学规划办	青年项目	我国青少年体质健康状况的地域特征及发展规律研究	甄志平	10
7	全国教育科学"十一五"规划课题	全国教育科学规划领导小组	重点项目	"学校体育与教学理论"整体设计与理论创新研究	毛振明	4
8	全国教育科学"十一五"规划课题	全国教育科学规划领导小组	教育部重点课题	中国学生体质健康测量与评价方法的研究	乔德才	2
9	全国教育科学"十二五"规划课题	全国教育科学规划领导小组	国家青年	我国体育教育专业武术课程教材内容体系的创新研究	杜晓红	10
10	全国教育科学"十一五"规划课题	全国教育科学规划领导小组	教育部重点课题	运动干预对小学生执行功能健康发展影响的研究	殷恒婵	3
11	全国教育科学"十一五"规划课题	全国教育科学规划领导组	教育部重点课题	我国学校足球振兴与发展的策略研究	朗健	1
12	国家科技支撑计划课题	国家科技部	重大项目	北京市增强青少年体质健康教育模式的建立与运动健身科学指导及其效果评价关键技术的研究与应用（子课题）	殷恒婵	13
13	教育部人文社科研究规划基金项目	教育部社会科学司	一般项目	身体表现类运动对大学生社会性发展的促进研究	姜桂萍	7
14	教育部人文社科研究规划基金项目	教育部社会科学司	一般项目	中小学体重控制课程的开发及实施研究	张　靓	7

（续表）

序号	项目来源	项目下达部门	项目级别	项目名称	负责人姓名	项目合同总经费（万元）
15	教育部人文社科研究规划基金项目	教育部社会科学司	一般项目	中国学龄前儿童粗大运动发育特征调查	任园春	7
16	教育部人文社科研究规划基金项目	教育部社会科学司	一般项目	北京市学龄儿童青少年肥胖发生现状、机制及体重控制综合干预模型的建构与实践研究	唐东辉	9
17	教育部人文社科研究规划基金项目	教育部社会科学司	一般项目	运动干预对青少年身体姿势健康促进的模式研究	纪仲秋	9
18	北京市自然科学基金	北京市自然科学基金委员会	一般项目	运动性疲劳中枢调控机制的电生理学研究	乔德才	13
19	北京市教育科学"十一五"规划课题	北京市教育科学规划领导小组	青年专项	6—8岁注意问题学童运动干预的实施、评价及远期效应研究	任园春	4
20	北京市教育科学"十一五"规划课题	北京市教育科学规划领导小组	青年专项课题	青少年体育运动与健康促进的国际比较研究	侯莉娟	2
21	北京市教育科学"十一五"规划课题	北京市教育科学规划领导组	重点课题	北京市义务教育阶段体育教育公平性的影响因素	张吾龙	5

表6-5 部分代表性科研项目（2011—2016）

序号	项目来源	项目类别	项目名称	项目负责人	项目合同总经费（万元）
1	国家自然科学基金	面上项目	单纯性肥胖儿童血管内皮功能障碍的运动干预措施及机制研究	唐东辉	80
2	国家自然科学基金	面上项目	皮层-状纹体Glu能通路在运动调节PD大鼠纹状体MSNs可塑性中的作用及机制研究	刘晓莉	63
3	国家自然科学基金	面上项目	肌肉因子白介素15在运动改善胰岛素抵抗中的作用及机制	张靓	62

（续表）

序号	项目来源	项目类别	项目名称	项目负责人	项目合同总经费（万元）
4	国家自然科学基金	面上项目	基底神经节-丘脑-皮层通路对运动疲劳的调控作用的机制研究	乔德才	60
5	国家自然科学基金	青年项目	黑质-纹状体DA系统对运动疲劳的调控及D2DR的干预作用研	侯莉娟	24
6	国家自然科学基金	小额资助项目	运动对PD大鼠纹状神经元可塑性作用及其机制研究	刘晓莉	17
7	国家自然科学基金	面上项目	肌肉因子白介素-15在运动减轻肥胖中的作用及机制	张靓	16
8	国家社会科学基金	重点项目	30年来中国学校体育重要理论问题研究	毛振明	25
9	国家社会科学基金	一般项目	关于我国中小学生安全教育内容、方法与评价的研究	张吾龙	20
10	国家社会科学基金	教育学一般课题	促进儿童动作发展及影响因素的教育干预研究	姜桂萍	18
11	国家社会科学基金	教育学青年课题	学校体育伤害"校闹"的治理机制研究	王兆红	12
12	国家社会科学基金	教育学青年课题	我国体育教育专业武术课程教材内容体系的创新研究	杜晓红	10
13	全国教育科学规划课题	教育部重点课题	运动干预对小学生执行功能健康发展影响的研究	殷恒婵	3
14	全国教育科学规划课题	教育部重点课题	体育课程与教学方法论的研究	贾齐	3
15	全国教育科学规划课题	教育部重点课题	我国学校足球振兴与发展的策略研究	朗健	1
16	教育部人文社会科学研究项目	一般项目	中小学体育与健康课程中构建生存教育的实验研究	孙璞	10
17	教育部人文社会科学研究项目	一般项目	义务教育阶段体育教育均衡发展的研究	张吾龙	10
18	教育部人文社会科学研究项目	一般项目	促进学习困难小学生脑执行功能改善的运动干预方案开发与应用研究	殷恒婵	10

（续表）

序号	项目来源	项目类别	项目名称	项目负责人	项目合同总经费（万元）
19	教育部人文社会科学研究项目	一般项目	我国中小学校园足球发展方案实证研究	王长权	10
20	教育部人文社会科学研究项目	一般项目	运动干预对青少年身体姿势健康促进的模式研究	纪仲秋	9
21	教育部人文社会科学研究项目	一般项目	中小学体重控制课程的开发及实施策略研究	张靓	7
22	教育部人文社会科学研究项目	一般项目	中国学龄前儿童粗大运动发育特征调查	任园春	7

5. 出版著作

图6-8　出版的部分著作

学院教师在高等教育出版社、人民教育出版社等出版了《学校体育课程与教学理论体系的研究》《北京市中小学生健康教育模式建立与运动健康科学指导研究》《体育知识论》《高校女子篮球体能训练负荷监控与评价》《体能训练原理与实践》等重要学术著作90余部。著作涉及理论、技术以及文化等多方面，反映并较好地代表了这一时期北师大体育人的教学理念、科研素养与文化传播等社会贡献。

表6-6　体育学科教师出版学术专著（不含教材）情况

序号	专著名称或发明专利名称	作者（*）	出版、授权时间	出版单位及ISBN号
1	学校课外体育改革新视野	毛振明（1）	2005.01	北京体育大学出版社，7-81100-250-7
2	小学体育与健康新课程教学法	张吾龙（1）	2005.10	东北师范大学出版社，7-5602-4304-5
3	学校武术	王建华（1）	2005.09	北京体育大学出版社，7-8100-391-0

（续表）

序号	专著名称或发明专利名称	作者（*）	出版、授权时间	出版单位及ISBN号
4	球类领会教学法	殷恒婵（2/2）	2006.01	北京体育大学出版社，978-7-8100-380-5
5	解读中国体育课程与教学改革——著名专家、学者各抒己见	毛振明（1）	2006.07	北京体育大学出版社，978-7-8100-490-9
6	体育教学方法理论与案例研究	毛振明（1）	2006.06	人民体育出版社，978-7-5009-2912-9
7	日本合气道健身与修养	王建华（1）	2006.11	人民体育出版社，978-7-5009-2963-5
8	武术对练和对抗健身	王建华（1）	2006.11	人民体育出版社，978-7-5009-3009-9
9	师之翘楚——全国体育特级教师教育智慧与艺术	毛振明（1）	2007.07	北京出版社，978-7-200-06821-4
10	再说中国体育课程与教学改革——学校体育知名专家各抒己见	毛振明（1）	2007.07	地质出版社，978-7-116-05419-6
11	新教材疑难问题研究与解决	毛振明（1）	2008.06	东北师范大学出版，978-7-5602-5369-5
12	太极拳内涵指要	王建华（1）	2009.12	人民体育出版社，978-7-5009-3522-3
13	体育教学评价技巧与案例	毛振明（1）	2009.02	北京师范大学出版，978-7-303-09779-1
14	体育教学理论问题与研究案例	毛振明（1）	2009.02	北京师范大学出版，978-7-303-09781-4
15	体育教学计划编制技巧与案例	毛振明（1）	2009.02	北京师范大学出版，978-7-303-09778-4
16	体育教学方法选用技巧与案例	毛振明（1）	2009.02	北京师范大学出版，978-7-303-09783-8
17	瑜伽	姜桂萍（1）	2009.06	高等教育出版社，978-7-04-018150-0
18	体育与健康课改论	毛振明（1）	2009.04	北京体育大学出版社，978-7-81051-736-8
19	体育新课改教学门诊	毛振明（1）	2009.04	北京体育大学出版，978-7-5644-0121-4
20	体育学教学内容选编技巧案例	毛振明（1）	2009.02	北京体育大学出版，978-7-303-09782-1

6. 学术论文

学院教师积极撰写各领域高水平学术论文，分别在CSSCI、CSCD及以上期刊发表学术论文约1500篇。其中有80余篇论文在国家级体育学术会议中获奖。

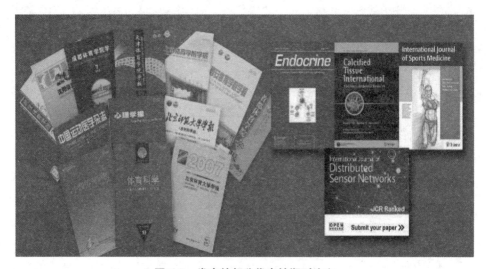

图6-9　发表的部分代表性期刊论文

表6-7　学院师生在国内期刊上发表的部分学术论文

序号	论文名称	第一作者	通讯作者	发表时间	发表期刊名称	收录类型
1	马拉松运动对人体外周血细胞DNA损伤和氧化应激的影响	刘晓莉	刘晓莉	200907	北京体育大学学报	CSSCI
2	运动员认同测量工具的研制与检验	殷恒婵	殷恒婵	200908	体育科学	CSSCI
3	新课改后中小学体育课教案存在的问题	于素梅	毛振明	201001	体育学刊	CSSCI
4	体育锻炼与老年人幸福感的关系：孤独感的中介作用	陈爱国	殷恒婵	201001	中国体育科技	CSSCI
5	运动疲劳对大鼠黑质致密区DA能神经元电活动的影响	乔德才	乔德才	201001	上海体育学院学报	CSSCI
6	北京市青少年学生人体适应能力结构研究	唐东辉	唐东辉	201002	北京体育大学学报	CSSCI

（续表）

序号	论文名称	第一作者	通讯作者	发表时间	发表期刊名称	收录类型
7	论"三层次、三标准"体育教学方法分类体系的建立	彭小伟	杨国庆	201005	体育学刊	CSSCI
8	随意运动控制的全脑功能磁共振成像研究	侯莉娟	侯莉娟	201008	体育科学	CSSCI
9	功能磁共振成像技术及其在运动心理学研究中的应用	陈爱国	殷恒婵	201105	中国运动医学杂志	CSSCI
10	短时中等强度有氧运动改善儿童执行功能的磁共振成像研究	陈爱国	殷恒婵	201110	体育科学	CSSCI

表6-8　学院师生在国外期刊上发表的部分学术论文

序号	论文名称	第一作者	通讯作者	发表时间	发表期刊名称	收录类型
1	Adrenomedullin protects against fructose-induced insulin resistance and myocardial hypertrophy in rats.	张靓	张靓	201107	peptides	SCI
2	The effect of aerobic dance on the changes of body composition in female college students	侯莉娟	侯莉娟	201102	International J of Obesity	SCI
3	Brain-derived neurotrophic factor changes in hippocampus and striatum in rat after exercise-induced fatigue	侯莉娟	侯莉娟	201012	The 2nd International Conference on Information Science and Engineering	EI
4	The oxidative stress and DNA damage of blood cells induced by exercise fatigue	刘晓莉	刘晓莉	201105	5th International Conference on Bioinformatics and Biomedical Engineering, iCBBE	EI
5	Project Portfolio Selection Method Based on Entropy	王兆红	王兆红	201107	the 8th International Conference on Fuzzy Systems and Knowledge Discovery	EI

表6-9　近年来发表的部分学术论文（2011–2016）

序号	论文名称	第一作者	通讯作者	发表年月	发表刊物名称	收录类型	署名单位数	单位署名情况
1	电刺激前脑内侧束对运动疲劳大鼠纹状体神经元诱发电活动的影响*	刘晓莉	刘晓莉	201201	西安体育学院学报	CSSCI	1	第一作者单位
2	运动干预对小学生身心健康影响的实验研究	殷恒婵	殷恒婵	201202	体育科学	CSSCI	5	第一作者单位
3	知行错位与健康维护*——基于体质自评理论的大学生健康管理研究	甄志平	毛振明	201203	西安体育学院学报	CSSCI	1	第一作者及通讯作者单位
4	Modulatory effect of subthalamic nucleus on the development of fatigue during exhausting exercise: An in vivo electrophysiological and microdialysis study in rats	王大磊	乔德才	201206	Journal of Sports Science and Medicine	SCI	1	第一作者及通讯作者单位
5	处于"历史–当下–未来"中的作者、读者与学术期刊	贾齐	贾齐	201301	体育与科学	CSSCI	1	第一作者单位
6	电刺激穴位按摩对局部运动疲劳后姿势控制能力恢复的影响	纪仲秋	纪仲秋	201301	医用生物力学	CSCD	1	第一作者单位
7	不同大肌肉动作发展水平儿童体质、行为及认知功能特点	任园春	任园春	201303	北京体育大学学报	CSSCI	4	第一作者单位
8	论义务教育的基本性质对体育课程学习评价的制约——以个体内差异评价为中心	贾齐	贾齐	201309	体育与科学	CSSCI	1	第一作者单位
9	运动疲劳的中枢机制研究进展——基于基底神经节–皮层环路紊乱的视角	乔德才	刘晓莉	201402	北京体育大学学报	CSSCI	2	第一作者及通讯作者单位

（续表）

序号	论文名称	第一作者	通讯作者	发表年月	发表刊物名称	收录类型	署名单位数	单位署名情况
10	两种运动干预方案对小学生执行功能影响的追踪研究	殷恒婵	殷恒婵	201403	体育科学	CSSCI	5	第一作者单位
11	我国体育用品出口贸易竞争力影响因素研究	王兆红	王兆红	201403	体育与科学	CSSCI	1	第一作者单位
12	跑台运动对高脂饮食诱导的肥胖大鼠腓肠肌肌肉生长抑制素的影响	张靓	张靓	201405	中国运动医学杂志	CSCD	2	第一作者单位
13	运动对帕金森病模型大鼠纹状体神经元电活动的影响	刘晓莉	刘晓莉	201405	北京体育大学学报	CSSCI	1	第一作者单位
14	健美操运动员单次跳跃与连续跳跃能力的生物力学分析	吴升扣	纪仲秋	201405	体育学刊	CSSCI	1	第一作者及通讯作者单位
15	运动与非运动情境内隐情绪调节策略测量工具的研制与检验	杜吟	殷恒婵	201412	体育科学	CSSCI	2	第一作者单位
16	5种运动干预方案对小学生脑执行功能影响的实验研究	殷恒婵	殷恒婵	201501	天津体育学院学报	CSSCI	3	第一作者单位
17	Development and Validation of a Portable Human Body Joint Power Test System	李林	纪仲秋	201501	International Journal of Distributed Sensor Networks	SCI	2	第一作者及通讯作者单位
18	论"新校园足球"的顶层设计	毛振明	毛振明	201503	武汉体育学院学报	CSSCI	1	第一作者单位
19	运动与非运动群体女大学生内隐与外显情绪调节效果的实验研究	杜吟	殷恒婵	201504	中国体育科技	CSSCI	2	第一作者单位
20	再论"新校园足球"的顶层设计——从德国青少年足球运动员的培养看中国的校园足球	毛振明	毛振明	201506	武汉体育学院学报	CSSCI	1	第一作者单位

7. 教学与学术获奖

图6-10　部分获奖证书

这一阶段教学与学术获奖共30余项。教学方面，获得国家教学成果奖2项，北京市教学成果奖2项，多名教师分获国家级教学名师、北京市教学名师、通鼎青年教师奖、宝钢优秀教师奖、励耘优秀青年教师奖、袁敦礼体育科技与教育奖、钱瑗教育基金优秀教师奖等教学奖；学术方面，获得"全国教育科学优秀成果奖"1项，"北京市教育科学优秀成果奖"1项，"第21届冬奥会科研攻关与科技服务项目贡献奖"1项，"第29届奥运会奥运科技攻关与科技服务项目贡献奖"3项，1篇博士论文获北京市优秀博士学位论文和全国优秀博士学位论文提名奖等。

另外，为了加强实验体育实验科学的研究，自2002年以来，学校先后投入数百万元资金用于体育学院实验室的改建和仪器设备的购置。同时，学院还先后建立了两个校级重点实验室：运动学习实验室和运动生理实验室，建立了体质健康测试中心。科研经费的加大投入，进一步促进了学院科研的发展及其成果的产出，同时也促进了学院教学质量的提升。建立学院以来，陆续取得了一系列重要科研及教学奖项（部分获奖项目参见下表）。

表6-10　部分科研获奖

序号	成 果 名 称	完成人（*）	获奖名称、等级及证书号，时间
1	体育教学改革新视野	毛振明（1）	北京市教育科学成果二等奖（2008）
2	我国技能类项目运动员参加重大比赛心理调控研究	殷恒婵（3/10）	国家体育总局"第29届奥运会奥运科技攻关与科技服务项目贡献"1等奖（2009）
3	中国体操备战2008年奥运会重点运动员增强训练和比赛心理稳定性的阶段性研究	殷恒婵（2/5）	国家体育总局"第29届奥运会奥运科技攻关与科技服务项目贡献"3等奖（2009）

（续表）

序号	成果名称	完成人（*）	获奖名称、等级及证书号，时间
4	对完善《体育与健康课程标准》的建议	毛振明（1）	第四届中国学校体育科学大会1等奖（2007）
5	简析当前体育课程教学改革的形势及课题	毛振明（1）	第十届中学生运动会科学论文报告会1等奖（2009）
6	Development of Chinese Student's physical Fitness Testing Index System	甄志平（1）	第四届世界大学生运动会科学论文报告会一等奖（2005）
7	Influence of Exerciseinduced Fatigue on DA Transmitters and receptors	刘晓莉（1）	延边国际体育科学大会优秀论文奖（2007）
8	Influence of Exerciseinduced Fatigue on BDNF expression in striatum	侯莉娟（1）	延边国际体育科学大会优秀论文奖（2007）
9	唐代杨倞之技击注释考辨–兼谈射与技击的关系	王建华（1）	第二届世界传统武术节论文报告会一等奖（2006）
10	低年级学童感觉统合能力发展现状及开展感觉统合训练的可行性研究	唐东辉（1）	第四届中国学校体育科学大会优秀论文一等奖（2007）

表6-11 部分代表性科研获奖

序号	奖励名称	获奖项目名称	完成人	获奖年度	获奖等级	参与单位数	本单位参与学科数
1	第21届冬奥会科研攻关与科技服务项目贡献奖（国家体育总局）	中国花样滑冰队（双人滑项目）备战2010年冬季奥运会重点运动员心理调控的研究	殷恒婵	2010	三等	5（1）	1
2	第29届奥运会奥运科技攻关与科技服务项目贡献奖（国家体育总局）	我国技能类项目运动员参加重大比赛心理调控研究	殷恒婵	2009	一等	5（3）	1
3	第29届奥运会奥运科技攻关与科技服务项目贡献奖（国家体育总局）	中国体操备战2008年奥运会重点运动员增强训练和比赛心理稳定性的阶段性研究	殷恒婵	2009	三等	4（2）	1

（续表）

序号	奖励名称	获奖项目名称	完成人	获奖年度	获奖等级	参与单位数	本单位参与学科数
4	第29届奥运会奥运科技攻关与科技服务项目贡献奖（国家体育总局）	国家帆船帆板队重点运动员综合科研攻关研究与应用	殷恒婵	2009	二等	6（6）	1
5	第四届全国教育科学优秀成果奖	《体育教学论》	毛振明	2011	二等	1（1）	1
6	北京市教育科学优秀成果奖	《体育教学改革新视野》	毛振明	2008	二等	1（1）	1

表6-12　学院教师获国家级、省部级教学成果奖

序号	获奖级别	项目名称	完成人	获奖等级	获奖年度	参与单位数（*）	本单位参与学科数（*）
1	国家级	学校体育理论课程教学团队	毛振明	—	2009	1	1
2	省级	北京市高等学校特色专业-体育教育	毛振明	—	2009	1	1
3	国家级	体育运动心理学多策略教与学新体系的创建与实践	殷恒婵	二等	2009	2（1）	1
4	国家级	国家级精品课程建设项目：体育运动心理学	殷恒婵	—	2010	1	1
5	省级	北京市第五届高等学校教学名师	殷恒婵	—	2009	1	1
6	省级教学成果奖（北京市）	中国大学生足球人才培养改革与实践	郎健、王长权、李永明、高林	一等	2013	2（1）	1（1）

这一时期科研成果的获取原因，一是因为科研投入的加大，二是因为前述人才引进的加强，另一重要原因是学院对科研工作的规划与管理水平进一

步提升。学院在统一规划的基础之上，同时也注重发挥各研究团队的主观能动性，科学的管理方法较好地激发和挖掘出了学院师生的科研积极性（下图为部分科研规划论证与汇报场景）。

图6-11　学科群规划项目研讨　　　　　图6-12　科研培育项目汇报研讨

六、社会服务的贡献突出

学院在社会服务方面主要做出了以下贡献：

1. 服务中国基础教育（体育）

作为教育部建立的"体育卫生艺术教师培训基地"，依托"全国学校体育联盟（教学改革）"平台，开展了全国范围内的体育教学质量提升的实验和成果的推广工作；通过学院球类、体操、武术等教研室，积极开展"体育与健康"系列课程师资的精品培训，服务社会。

图6-13　院长殷恒婵教授为新疆体育骨干教师培训　　图6-14　弹力带课程培训中

图6-15　陈一冰老师讲授"青少年健康体适能"实践课程的场景

2. "国家教育和体育政策智库"工作

参加绝大多数党中央国务院、教育部关于学校体育的文件、规定、标准的起草和讨论，参与总理、部长关于学校体育的讲话的起草；并向全国"两会"提交过四份提案，其中一份提案被民进中央评为优秀提案。作为中国教育政策研究院、北京文化发展研究院等研究平台的体育智囊团队，为国家、北京市的教育发展做出贡献。另外，通过郎平体育文化与政策研究中心，进行体育文化与政策、国家体育改革发展中的关键问题、竞技体育、学校体育、大众体育、民族体育等热点难点问题研究，服务国家重大体育战略需求。

其中，毛振明主持研究制订《国家普通人群体育锻炼标准》被列为2003年新华社十大新闻第三条内容；2009年北师大提出两会提案《建设新的举国体制》和《开展中小学生健身工程》被评为民进中央的优秀提案并被全国政协列为重点提案。

3. 推广校园足球

通过校园足球发展研究中心，举办足球教练、教师培训班；举办足球夏令营、派出教师和高水平运动员进校园足球指导，多途径促进青少年足球人口大幅增加，培养足球后备人才；积极开展校园足球研究，为相关部门推广校园足球提供策略。

图6-16　北京师范大学校园足球研训基地铜牌授予现场

图6-17　2016年毕妍老师在甘肃庆阳五中指导校园足球现场

4. 服务国民体质健康

2010年体育学科组为国家基础教育质量中心完成了《体育学力与身心健康监测方案》；相关人员参加了《国家学生体质健康标准》《中国学校体育场地设施配置标准》《体育与健康课程标准》的制订工作。并且，学院师生一直承担教育部委派的《国家学生体质健康标准》测试抽查复核工作，已覆盖天津、黑龙江、河北、云南、江苏等地；通过师生健康评价与促进中心为校内外师生、社区居民、企事业员工等进行体质监测、评价及科学健身指导。

图6-18 2016年测试抽查复核工作组师生合影

图6-19 2016年学院师生在河北赵县第五中学进行教育部的体质监测

5. 为北京市体育发展和体育科学研究做出贡献

如在北京市的高精尖（未来教育）工程、"高参小"工程等工作中做出了卓越的贡献。进行人文奥运和人文北京的研究，总结成为《北京文化发展研究报告》的内容；完成"北京奥运教育研究中心工作"，为奥运教育普及和奥运遗产研究做出突出贡献；参与北京区县的各项教改研究，为基层学校发展做出技术支持；利用学科优势在北师大推动"和谐校园、全民健身"工程，促进北师大社区群体发展。

6. 助力奥运

参与了国家奥运科技攻关和科技服务方面的工作，如多年来为夏奥会、冬奥会多支国家运动队（体操队、花样滑冰、帆船帆板、棒垒球、田径队等）进行心理科技服务，受到运动员和教练员的高度认同和好评。

图6-20　2009年师生与国家体操队总
练黄玉斌合影

图6-21　2017年学院服务国家田径队的
教师与教练、田径运动员高阳的合影

7. 文化传播和技能培训

学院师生走向国际、走进校园、走入社区、走进机关进行民族传统体育文化传播和技能培训，弘扬民族传统体育文化，增强中华民族文化自信。

图6-22　2011年王建华教授中国武术西部行在陕西辅导武术爱好者

图6-23　2016年学院教师为中国国际青年交流中心演讲中国武术

8. 体育学科参与社会服务的具体案例

学院积极参与社会服务并取得卓有成效的结果，以下几个案例较好地反映了我院社会服务的特点与所做贡献。

案例一　中国基础教育质量监测协同创新中心的体育与健康监测与"全国学校体育联盟（教学改革）"的工作。

以毛振明教授、李佑发副教授为首的科研团队，从2011年开始，在"教育部基础教育质量监测中心"平台上进行了"体育学力与体质健康"的监测指标、工具和操作流程的研发工作。这一系列研究成果，从2015年开始在全国进行义务教育质量监测，每三年一次。在此基础上，本团队承担了2015年全国首次体育与健康的教育质量监测工作（同时进行的还有数学），圆满完成监测指标与工具研发、监测实施、数据分析和报告撰写等各项任务，得到教育部刘利民、陈舜等领导的多次表扬。其中，团队撰写的全国监测报告，为我国义务教育质量监测结果向全社会发布做出了贡献。同时，该团队于2013年开始，在"全国学校体育联盟（教学改革）"平台上，开始了全国范围内的体育教育教学质量提升的实验和成果推广工作。联盟推进了新兴体育运动项目进校园、体育趣味课课练1260例实验、校园快乐体育园地建设、全员运动会等工程，现已经建立了15个试验区和400多所实验学校，举行了10余次展示会和研讨会，团队下校指导百余次，在全国引起强烈反响，新华社、中国教育报等媒体均有多次报道。

案例二　"国家教育和体育政策智库"工作。

本学科以体育人文社会学的研究学者为中心的团队在"国家教育和体育政策智库"方面发挥了很好的作用，其主要工作有：

参与"两会"提案工作：继2009年撰写《构建新的举国体制，促进中国体育事业的和谐与可持续发展》和2011年协助撰写提案《增设"全民长跑日"》后，又于2013年，撰写《制止体育安全"校闹"，优化"阳光体育"环境--论学校体育安全问题对增强青少年体质的负面影响》的两会提案，正式上交中国教育政策研究院。2015年，为全国政协委员刘川生同志撰写《建立"中国健康日"，制订国民健康生活行为标准，普及健康生活方式，提高国民健康意识》；同年，撰写《关于"新校园足球"顶层设计的政策建议》，正式上交中国教育政策研究院。

参与重要讲话起草工作：作为教育部体育卫生与艺术教育司的专家，两次参与刘延东同志关于学校体育和校园足球工作的讲话稿的起草工作。

参加各种国家级的学校体育法规、标准以及重要文件起草工作：近期参与制定和修订的国家学校体育法规、标准及文件有《九年义务教育体育与健康课程标准》《普通高中体育与健康课程标准》《中职学校体育与健康课程标准》《国培项目体育课程标准》《国家学生体质健康标准》《学校体育工作条例》《学校卫生工作条例》《中国校园足球发展规划》和《中国学校体育基本条件标准》等。

协助完成《内参》的文稿：协助新华社完成了一些有关中国竞技体育、校园足球及学校体育的报道，为国家高层提供了咨询。

案例三　利用学科优势，助力校园足球。

北京师范大学长期以来重视校园足球运动发展，从2012年开始大力推广校园足球。2012年组织了第一届合作办学学校足球夏令营，至今已成功举办四届，参加夏令营的学生近千人次；2015年初，北京师范大学成立了校园足球发展研究中心，该中心是全国高校首个校园足球研究、推广的专业机构，充分利用学科和资源优势，积极推动政府、社会、企业和学校之间的合作，以校园足球为抓手，通过科学研究、课程教材研发、人才培养、比赛组织等形式推动足球运动在青少年群体中的普及和发展。

研究中心于2015年6月举办了"2015国际青少年校园足球教育与发展论坛"，论坛邀请教育部体卫艺司王登峰司长做了关于加强我国校园足球发展的相关政策的主旨报告，中国大学生体育协会专职副主席王钢做了中国大学生校园足球竞赛现状的主题报告，西班牙、德国等国家的青训专家做了有关青少年足球训练的主题报告和实践训练体验课程，邀请我国著名的前中国女子足球队主教练马元安、商瑞华及著名足球评论员张路进行了相关专题的圆桌论坛。同时在论坛期间进行了中法大学生体育文艺周活动，并邀请四支中外大学生足球队进行了四场比赛。整个论坛收到了非常好的社会影响，来自全国大中小学的两百多名从事足球运动的校长和教师参加了论坛。

开展了大手拉小手的校园足球系列活动，北京师范大学女子足球队是一支世界大学生运动会的冠军球队。近年来，女子足球队先后去过湖南、贵州、海南、河北、北京等省市多所中小学，开展校园足球运动推广活动；参加了四次北京师范大学合作办学平台下60多所学校参与的足球夏令营活动，取得了良好的社会影响和效果；近年来在全国举办多期足球教练员和足球教师培训班，为培养校园足球的师资做出了努力和贡献；校园足球系列教材和五人制足球教材正在研制和编写过程中，即将出版。

案例四 关注边疆贫困地区体育基础教育与体质健康促进，为推进体育科学普及、制定政策法规、发展规划提供咨询建议。

充分发挥体育学科优势，以体育教育人才培养为依托，组织师生160余人次，分别于2012—2015连续4年完成了教育部对云南、天津、江苏和黑龙江各省市城乡学校的《国家学生体质健康标准》测试工作和学校体育开展现状的调研工作。四年共调研了四个省、40多个地区与县市共计400余所大中小学关于实施《国家学生体质健康标准》的测评情况。同时对200余所乡村中小学校的体育师资、运动场地以及体育器材等状况进行实地考察和调研，特别是对云南省、黑龙江省具有边疆、少数民族、相对贫穷落后等地域特征的地区进行了调研。该系列调研工作收集到了大量反映地方和乡村中小学体质测试以及体育教育现状的第一手资料，真实、客观地了解到了我国乡村各级各类学校实施《国家学生体质健康标准》的基本情况和体育教学的师资、场地器材等条件的综合状况。该项工作的调研结果最终形成调研报告，针对"经费不到位，体育教师严重缺编，体育场地、器材和设备缺乏，等诸多现实问题，对教育部相关职能部门提出了关于加强乡村中小学体育基础教育的相关意见和建议。

七、学院运动代表队屡创佳绩

自从1995年我校被教育部确定为高水平运动队试点学校以来，学校、学院领导都十分重视高水平运动队的成长和发展。建院以来，高水平女子足球队在世界和全国的大赛中取得了优异的成绩，以我校女子足球队为主的中国大学生女子足球队在2011年的世界大学生运动会上取得了第一名（2003年第三名、2009年第八名、2015第五名）的优异成绩，另外，我校女子篮球队、女子橄榄球队、健美操队和田径队也多次获得全国比赛的冠军，为中国和北师大争得了荣誉，扩大了北师大在国际国内的影响力。

五支高水平运动队每年均参加教育部体协、北京市体协组织的重要比赛，成绩斐然，特别是女足和女篮，2017年均以师大运动员为班底，组队代表北京市大学生参加第十三届全国学生运动会。近年来女足每年都参加中法、中美大学生文化战略交流的友谊赛；女篮连续三年到台湾参加邀请赛，女篮还创造出"校体企联盟、教科医结合"的人才培养模式。我校运动队在国际国内和北京市高校体育比赛中取得了优异成绩，为我国和北京市运动的发展做出了贡献，争得了荣誉。高水平运动队在获得优异成绩的同时也备受国内外关注，各运动队多次受邀出国访问比赛，或在国内参加国际邀请赛、友谊赛。竞技队伍不仅是竞赛强手，在国际交流上也颇为活跃（部分比赛成绩及交流场景参见后文）。

近年来北京师范大学体育与运动学院足球高水平运动队获取的部分成绩：

1. 2011年世界大学生运动会（女子足球）冠军

2. 2012年全国大学生运动会亚军

3. 2012年全国大学生女子足球锦标赛冠军

4. 2013年全国大学生女子足球锦标赛冠军

5. 2014年北京市大学生女子足球锦标赛冠军

6. 2014年全国大学生女子足球锦标赛冠军

7. 2015年北京市大学生女子足球锦标赛冠军

8. 2015年全国大学生女子足球锦标赛冠军

9. 2015年世界大学生运动会第五名

10. 2016年全国大学生女子足球锦标赛冠军

图6-24　2014年西班牙大学生女子室内五人制赛后合影

图6-25　2017年中美大学生女子足球友谊赛合影

近年来北京师范大学体育与运动学院篮球高水平运动队历史成绩：

1. 2009年第十一届CUBA中国大学生篮球联赛全国冠军

2. 2010年第五届中国大学生女子篮球超级联赛全国冠军

3. 2010年第十二届CUBA中国大学生篮球联赛全国冠军

4. 2011年第六届中国大学生女子篮球超级联赛全国冠军

5. 2011年第十三届CUBA中国大学生篮球联赛全国冠军

6. 2012年6月第十四届CUBA中国大学生篮球联赛全国冠军

7. 2012年8月第九届全国大学生运动会女子篮球赛冠军

8. 2013年6月第十五届CUBA中国大学生篮球联赛全国冠军

9. 2013年6月第八届中国大学生女子篮球超级联赛全国冠军

10. 2014年4月第十六届CUBA中国大学生篮球联赛全国亚军

11. 2015年8月第十届中国大学生女子篮球超级联赛全国亚军

12. 2016年6月第十八届CUBA中国大学生篮球联赛全国冠军

图6-26　北京师范大学女子篮球队赴美国、俄罗斯等国家进行赛事交流

近年来北京师范大学体育与运动学院田径高水平运动队部分竞赛成绩：

1．2010年第五届全国高师大学生田径运动会男子甲组团体总分第三名，男女甲组团体总分第六名，体育道德风尚奖

2．2012年首都高等院校第50届田径运动会男女团体甲B组、男子甲B组总分第一名，体育道德风尚奖

3．2013年首都高等院校第51届大学生田径运动会甲B组团体总分第一名，体育道德风尚奖

4．2014年首都高等院校第52届大学生田径运动会甲B组团体总分第三名，体育道德风尚奖

5．2014年首都高等院校第52届大学生田径运动会甲B组团体总分第三名，体育道德风尚奖

6．2014年第六届全国高师大学生田径运动会男子乙组团体总分第四名，男女乙组团体总分第五名，体育道德风尚奖

7．2016年北京市高等院校第54届田径运动会男子甲B组第三名，体育道德风尚奖

近年来北京师范大学体育与运动学院橄榄球高水平运动队部分竞赛成绩：

1．2005年第一届世界大学生女子橄榄球锦标赛第五名

2. 2006年-2009年全国高校橄榄球冠军赛第二名

3. 2007年第二届世界大学生橄榄球锦标赛第三名

4. 2010年全国大学生橄榄球锦标赛冠军

5. 2012年全国大学生英式七人制橄榄球锦标赛亚军

6. 2013年全国大学生英式七人制橄榄球锦标赛冠军

7. 2013年第二十七届世界大学生夏季运动会（俄罗斯喀山）获得盘级冠军（第五名）

8. 2014年全国大学生英式七人制橄榄球锦标赛冠军

9. 2014年第六届世界大学生女子七人制橄榄球锦标赛（巴西）盘级冠军（第五名）

10. 2015年世界大学生英式七人制橄榄球锦标赛第五名（盘级冠军）

11. 2016年第七届世界大学生橄榄球锦标赛（英国）第七名

近年来北京师范大学体育与运动学院健美操高水平运动队历史成绩：

1. 2012年　北京市高校健美操锦标赛大学高水平甲A组

竞技健美操混合双人操冠军

竞技健美操女子单人操冠军

徒手六人操冠军

器械六人操冠军

2. 2012年　全国健美操冠军赛（成年精英组）

竞技健美操男子单人操亚军

竞技健美操混合双人操季军

3. 2013年　全国健美操冠军赛

竞技健美操男子单人操第二名

竞技健美操混合双人操第二名

竞技健美操五人操第三名

4. 2013年　中国大学生健美操艺术体操锦标赛（大学高水平甲A组）

竞技健美操大学高水平甲A组团体季军

竞技健美操女子单人操第三名

竞技健美操混合双人操第二名

竞技健美操混合三人操第一名

竞技健美操混合五人操第二名

有氧踏板（八人）第一名

有氧舞蹈（八人）第三名

啦啦队/自由舞蹈大学高水平组第一名（12人）

5. 2014年 2014年中国大学生健美操艺术体操锦标赛（大学高水平甲A组）

混合五人操冠军

混合三人操亚军

女子单人操季军

女子有氧舞蹈（八人）亚军

女子有氧踏板（八人）亚军

6. 2015年 全国健美操锦标赛（精英组）

混合五人操亚军

7. 2016年 中国大学生健美操艺术体操锦标赛（大学高水平A组）

混合五人操冠军

女子三人操季军

女子五人操季军

八、党团建设的突出成就

学院成立以后，学院分党委在校党委的领导下，以"三个代表"重要思想和科学发展观等重要思想为指导，以学习贯彻十六大、十七大、十八大的精神为中心，以重点系列活动为主线，以落实校党委工作为动力，不断加强党团的建设。党团的工作则以抓教学管理和提高教学质量为重点，以培养学生创新能力和提高学生综合素质为目的，在学风建设、教学管理、行为规范和社会服务精神培养等多个领域全面开展起来。五年来，在全院党团员的共同努力下，学院的党风、教风和学风焕然一新，并圆满地完成了各个时期党团建设的各项工作任务。

九、群体工作的局面

建院后，为了加强学校群体工作，学院专门成立了群体活动管理中心，积极开展多种形式的群体活动。目前已经形成了四种特色的校园内群体竞赛模式：以学校的传统竞赛及学校体育行政管理要求进行的全校性大型运动会；由学生团体（团委、学生会、研究生会、体育俱乐部、体育协会）组织的单项竞赛；以综合性运动会与校体育文化节组成的多项体育竞赛与体育活动；由学生自发组织小型竞赛。

从2002年开始还设计了多个面向学生的群体活动方案，尽量满足学生个性发挥的需要，形成以学生为主体，体育学院为辅的自我管理格局。同时创建了多个学生自主性健身俱乐部（棒垒球、毽球、轮滑、跆拳道、梅花桩、国际象棋、双节棍、京师keep街舞、拉丁风情、绿营户外运动等），其内容涵括所有三自选课的教学内容，不仅最大程度地展示了学生自我管理的能力，而且还可以锻炼学生的意志，提高学生的综合素质。另外还针对学生特点制定了宿舍体育健身计划。

2004年，在举办全员性运动会的同时，组织了"北京师范大学体育节"，不但有竞技类的单项比赛、群体类的娱乐比赛、开拓类的"北师大吉尼斯"，还有形式多样的体育文化活动——体育论坛。体育节不但丰富了学生的校园文化生活，而且，通过体育人文知识竞赛、体育主题演讲比赛及名人专家的讲座等系列活动，学生们了解了体育运动的历史和现状，掌握了科学的体育锻炼方法和原理，激发了学生对体育运动的兴趣和积极性，使学生们更自觉主动地参加到体育运动中来。

我院的学科优势与师生人才优势，为我校群体工作的开展起到了重要的推动作用。2014年、2016年荣获北京市大体协"阳光杯优胜奖"；2013年、2017年荣获全国大体协"校长杯"；2016年，学校成立群体工作促进的专门机构、设立了"体育中心"挂靠在体育与运动学院，通过"京师体育"信息化管理平台、"送技能送健康""健康北师大锻炼你我他"等活动，以"无体育不教育"为宗旨，开展了一系列群众体育活动，为我校师生健康谋得福利。在《健康中国2030》的大背景下，体育与运动学院在学校的体育课教学、课外体育活动、学生体质健康、运动队建设、体育竞赛、教学改革和科研等方面做了富有成效的工作，紧紧抓住建设"双一流"大学的战略机遇，正不断加大工作力度，努力开创在全国高校中有特色、成品牌的群体工作新局面。

十、国内外学术交流的活跃

为了促进学术交流，学院于2003年成功地承办了第二届全国学校体育科学大会，受到了国内同行的好评。

图6-27　2010年12月我院师生与来我院讲学的西登托普（Siedentop）教授合影

图6-28 2017年9月体育学院师生在美国斯普林菲尔德学院学习

图6-29 2017年5月体育学院院长殷恒婵教授与法国阿尔多瓦大学体育与运动学系主任伊莎贝尔·卡比（Isabelle Caby）女士签订合作协议

在加强国内学术交流的同时，还加强与国际同行专家的交流。近五年来分别派教师和学生到英国、日本等国家进行交流和学习，并分别邀请了美国、英国、德国、日本等国的专家学者到我院进行了学术交流与访问。建立学院以来，学院加强了与海内外高校的交流学习，先后有黄恕、张泽凯、龚圆、蔺铎、赵晓丹、宋陆陆、费辰光等学生到美国交流学习；李华帅、张红丹、廖辉帆等赴我国台湾学习；有普晋成（韩国）、李柱泰（韩国）、李欢（巴基斯坦）等博士留学生在我院学习。2017年9月，"体院一期"赴美国春天学院交流学习项目正式启动，学院组织20名硕士、博士研究生由宋湘勤副教授带队前往春田学院开展为期一个月的学习交流

图6-30　2017年6月亚历桑那大学的专家到访

目前我院已与国外十余所高等学府和科研机构建立了校际交流。2003年10月，邀请英国贝德福德大学劳克伍德及纽顿教授介绍了"英国课程改革的发展情况及体育教学评估"；2004年10月，邀请了美国俄亥俄州大学"运动教育之父"——西登托普博士为我校师生进行"运动教育理论"系列讲座；2006年9月，邀请了芝加哥公园

图6-31　2017年6月国际奥委会副主席萨马兰奇二世到访我院

社区俱乐部体操项目经理为我校就"美国体操的发展及现状""美国啦啦操历史发展及技巧"举行了主题讲座。

随着学院在教学、科研、竞赛以及社会服务等方面取得各种重要成果，学院在国内外的影响力也快速提升，2017年以来，已有法国阿尔多瓦大学、美国亚利桑那大学、春田学院等国际知名学校与我院展开了多项交流（下图为其中部分场景）。

图6-32　2017年6月北京师范大学与萨马兰奇体育发展基金会举行校园足球合作备忘录签字仪式

本章小结

北京师范大学自1917年建立体育学科以来，风雨兼程，走过百年。21世纪初，为了加强北京师范大学体育系的学科建设，重振师大体育学科昔日的雄风，以体育系改建学院为契机，体育学科的建设踏上了新的征程。十五年来，经过几代人的努力，体育与运动学院在教育教学、学术科研、社会服务、高水平运动队等多方面取得了长足的进步。在学科体系的建设上，逐渐完善了教师队伍，并形成了以体育人文社会学为特色，各学科全面发展的良好态势，突出了学校体育的特色发展。在学术科研上，学院师生在国内外核心期刊上发表了众多成果，并屡获各类课题和奖项。在社会服务方面，学院努力服务于国民健康和社会体育建设，并在奥运周期中为奥运代表队和奥运教育做出了积极贡献。在高水平运动队的建设上，学院的足球、篮球、健美操等队伍也在各类比赛中屡获佳绩，不断为学校的整体发展增光添彩。进入21世纪以来，北师大体育学科在新的时代背景下，不忘初心，砥砺前行，取得了全方位的显著发展。在学科成立100周年之际，北师大体育学科必将承接先辈的重托，开拓进取，锐意前行、为培养中国体育界的青年人才，建设世界一流的体育学科而努力奋斗，矢志不渝！

教　师

袁敦礼（1895—1968）

袁敦礼，字志仁，河北徐水人。我国现代体育教育事业的主要奠基人。

1917年毕业于北京高等师范外语部，后留校任体育科秘书兼翻译。1919年任体育专修科主任。1923年，赴美国芝加哥、哥伦比亚和霍普金斯大学攻读生理学、体育理论及公共卫生，获得生理学硕士学位，被聘为美国体育学会特别通讯员。1927年学成回国，先后被聘为北平师范大学教务长、体育系主任、浙江大学体育系教授、主任。1936年，以中国体育考察团正指导身份赴欧洲各国考察。1937年七七事变后，随师大西迁陕甘。在此期间，袁敦礼先生除了任体育系主任外，还兼任西北联大教务长等职。1945年，被美国国务院聘任为客座教授并赴美讲学，1946年后，任北平师范学院、北平师范大学校长直到解放。新中国成立后，历任兰州体院院长、甘肃师范大学副校长，以及全国政协委员、中华全国体育总会副主席、甘肃人大代表、九三学社常务委员等职。民国期间他还参与起草了《国民体育实施方案》和对《国民体育法》的修改。曾多次主办华北运动会，参与筹办全国运动会以及中国参加远东运动会、奥运会的组织工作。

袁敦礼先生是我国现代体育教育的主要创始人，对我国近代体育事业的创建和发展，尤其对师范教育、体育教育、体育理论、公共卫生教育和电化教育都做出了卓越的贡献。

曾仲鲁（1899—1976）

曾仲鲁，字绍舆，江西金溪人，著名的体育教育家，我国体操运动传播的先行者。

1915年考入日本东京文理科大学师范学院体育系，专攻体操与田径。1919年以优异成绩学成毕业，回国后任北京高等师范学校体育专修科教员和学监，后任教授、体育系主任。曾兼任北京女子师范大学体育科主任，也在三十年代担任过全国、华北和北京历届运动会的总裁判。抗日战争爆发后，返回江西老家创立金溪县民众馆，从事抗日宣传和民众教育工作。后出资创办金溪县私立中学，任校长。1940年，被聘为中正大学体育系主任。1950年，前往武汉出任华中师范学院体育系教授。1952年，担任全国田径运动会总裁判长。1955年，任武汉体育学院教授。

曾仲鲁在师大任教18年，极力倡导"救国必先强身"，培养的人才也遍及全国。除了体育教学与管理，他还先后发表《中国学校体育实施之我见》《今后我们体育实施之管见》等媒体文章，著有《体操专论》等书。

吴蕴瑞（1892—1976）

吴蕴瑞，字麟若，江苏江阴人。中国运动生物力学的奠基人，中国现代体育事业的重要开拓者。

1918年毕业于南京高等师范学校体育专修科，毕业后曾留校任教并任暨南大学体育教员，1924年毕业于国立东南大学体育系，获学士学位。1924年考取江苏省教育厅留美资助赴美国留学。先在美国芝加哥大学医学院攻读人体解剖学、生理学，后转入哥伦

比亚大学师范学院研究体育，获教育硕士学位。此后赴英、法、德三国考察。1927年春回国担任中央大学体育教授兼系主任。1930年夏，任东北大学体育科教授，从事《人体机动学》《体育建筑与设备》以及体操等课程的教学工作。1931年任北京师范大学教授。1933年夏，复任国立中央大学体育系主任。解放后曾任中华全国体育总会筹委会副主任、中华全国体育总会副主席、首届中国体操协会主席、中华全国体育总会上海体育分会主席、上海市体委副主任等职。1952年，任新中国第一所体育高等学校——华东（上海）体育学院创始院长。

吴蕴瑞是中国运动生物力学研究的先驱，也是中国现代体育教育事业的开拓者，培养了众多体育界的栋梁之材。1932年担任第一次全国体育工作会议筹备委员，参与起草国民政府的体育法规等工作，并担任教育部体育指导委员会常务委员。1935年，主编《中小学体育教授细目》共24册，使中国中小学体育教学有了统一教材。吴蕴瑞先生著作甚丰，1930年3月编著了中国第一部运动生物力学著作《运动学》。主要著作有：《运动学》《人体机动学》《体育教学法》《体育原理》（与袁敦礼合著）《田径运动》《体育建筑与设备》《青少年体育锻炼》。

董守义（1895—1978）

董守义，河北蠡县人。我国著名体育家、体育教育家、社会体育活动家、中国现代体育事业的奠基人之一。

早年毕业于北京通州协和书院。1923年担任天津青年会体育干事，同时兼任南开中学体育教练员，在他的指导下，出现了当时闻名全国的"南开五虎"篮球队。后赴美国斯普林菲尔德学院（旧译春田学院）体育系学习。1925年回国后任天津青年会体育部主任。1930年起先后在北平师范大学、北平民国大学、北平女子文理学院、西北联合大学、浙江大学等学校任教授，并任华北体育联合会理事、中华全国体育协进会总干事、教育部体育委员会常委等职。师大西迁时与体育同仁艰苦奋斗维持体育系发展，并在师大返京复校过程中贡献颇多。1947年，被国际奥委会吸纳为委员。是为近代中国在国际奥委会中唯一一位体育专业人士和专职委员。1948年，董守义任第14届伦敦奥运会中国代表团总干事。新中国成立后，董守义继续在西北师院任教，并当选为中华全国体育总会副主席、中国篮球协会主席，先后又担任国家体委运动技术委员会主任，运动司副司长。

董守义毕生从事体育事业，为我国培养了大批体育家、体育教师、体育工作者和优秀运动员。他在实践过程中认真总结经验，钻研运动技术，曾撰写了《篮球术》《田径赛术》《最新篮球术》《篮球训练法》《足球术》《国际奥林匹克》等著作。

方万邦（1893—1969）

方万邦，福建闽侯县人。我国近代著名的体育教育家。

1919年毕业于国立北京师范大学体育科毕业后曾任山西太原第一师范学校体育教员兼童子军教练，沈阳高等师范学校、长沙兑泽中学及楚信中学、福建协和大学、厦门集美学校体育教员。1926年赴美、哥伦比亚大学教育学院，获得体育学士、体育硕士学位。回国后，先后任北京师范大学体育教授、安徽大学体育主任兼体育教授、中央大学教授。1936年任上海市立体育专科学校校长。新中国成立后任华南师范学院（现为华南师范大学）体育教授。

方万邦努力于教学科研，治学严谨、勤奋著书立说，他在引进西方体育科学，创建中国体育理论、编写学校体育教材和培养人才等方面，都做出了重大的贡献。著有《体育原理》《新体育教学法》《青年体育》《健康教育》《欧洲体育史》《师范学校体育教科书》《简易师范学校教科书》《课外运动——田径》《课外运动——球类》等专著。还发表了《巴甫洛夫学说在体育教育上的应用》等论文。

徐英超（1900—1986）

徐英超，字文斌，河北通县人。我国著名体育教育家。

1917年在北京萃文中学毕业后，考入北京高等师范学校体育专修科，1919年毕业后先后在太原农业学校、北京河南中学任教。1933年受聘回北平师范大学任教。1936年，作为中国体育考察团成员赴柏林考察第11届奥运会，后即赴美国考取春田学院，1938年获得体育与健康教育硕士学位。回国后在四川江津筹建园立体专，而后赴西北师范学院任体育系教授。1946年9月，任北平师范大学体育系主任、教授。1948年12月，因同情和支持进步学生正义运动而被捕入狱。新中国建立后，任北京师范大学体育系主任，中华全国体育总会副主席，高教处处长。1950年率领第一个中国访苏体育代表团到苏联访问。1952年任中央体育学院筹委会主任。1953年历任北京体育学院副院长。是北京体育学院的主要创建人。曾当选第五、六届全国政协委员。

徐英超是我国著名的老一辈教育家。他从事体育教育事业60多年，为了祖国的强盛，人民的健康，呕心沥血、艰苦奋斗，为国家培养了大批体育专业人才。早在30年代，即重视体育统计学的研究和教学，在我国创设《体育统计》《体育测验》的新学科。晚年致力于体质研究，参加历次体育锻炼标准的制定。著有《体育统计方法》《体育考察制度的设计和验证》等。

郝更生（1899—1976）

郝更生，江苏淮安人，我国著名体育学者。

1925年毕业于美国斯普林菲尔德学院（旧译春田大学），获体育学士学位。回国后先后在东吴大学和清华大学任体育教授。1929年后，曾任东北大学体育专修科主任、山东大学体育主任、北京女子师范大学体育系教师等职。1933年，被教育部聘为首任专门负责体育的督学，还曾任教育部国民体育委员会常委，中华全国体育协进会总干事，中华体育学会主席等职。主持和参与制订许多重要体育法规，对促进近代体育特别是学校体育的规范化、体育的发展起过积极作用。著有英文版的《中国体育概论》一书。

郝更生曾任中国参加第10届洛杉矶奥运会的领队，第11届柏林奥运会的中国政府代表兼体育考察团总领队，第14届伦敦奥运会中国代表团的顾问兼总教练。在学术方面，郝更生在北平曾主编过《体育》杂志（1927年5月创刊）。并著有《体育与人生》（1925年上海青年会出版）、《中国体育概论》英文版（1926年商务印书馆出版）等专著。

高梓（1902—1997）

高梓，字仰乔，我国近代著名体育教育家。

1902年出生于江苏南通书香世家。南通县立女子师范学校就读时品学兼优，酷爱体育运动；其百米短跑成绩在南通女中名列前茅。1917年升入南通师范学校预科，同年转考入上海基督教女青年会体育师范专科。期间学习刻苦勤奋，为该校的运动明星。毕业后在北京女子高等师范学校任体育教员。

1920年赴美国威斯康星大学深造，1925年应聘担任北京女子师范大学体育系主任，1932年，任山东大学教授兼私立文德女子中学校长。1934年起，为中央大学教授。1949年春至台湾，担任新竹师范学校附属小学校长。1956年主持管理台湾教育主管部门所属第一所师资在职进修机构——教师研习会，先后主持教师进修123期、校长储训班9期，培训师资2万余人，因其绩效卓著，被美国I.C.A教育机构指定为亚洲国家国民教育人员。1968年高梓退休后应聘担任台湾中国文化大学教授兼副校长、家政研究所所长。1970年，曾应聘为美国加州教师联合会特约讲座教授，1972年获韩国檀国大学荣誉教育博士学位。

高梓先生是中国体育史上卓越的体育教育家，她一直活跃在女子体育事业的前沿，她关心基础体育教育，注重体育师资培养，重视发展女子体育运动，培养高水平运动人才；作为体育社会活动家，她与郝更生先生积极参与各种体育组织，一起支持社会体育发展，推动奥林匹克运动在中国发展，为推动早期体育发展做出不可磨灭的贡献。

谢似颜（1895—1960）

谢似颜，浙江上虞人，我国现代体育教育家、作家。

谢似颜中学时代运动成绩突出，曾参加浙江省第一届运动会，夺得100码、200码、400码三项冠军的成绩。1918年公费赴日本东京高等师范学校（现在筑波大学）体育系留学。1925年回国，先后任春晖中学（上虞）、浙江省立第四中学（宁波）、浙江体育专门学校体育教师。1927年1月至1929年，为浙江省立体育场场长。1929年8月，任北平师范大学体育系理论课教授，1931年12月，任北平私立民国大学体育系主任，兼授体育理论课。

1933年1月全面主持北平大学的体育行政工作。抗日战争开始后，他分管西北联合大学部分体育行政工作。1946年末，任台湾师院体育科主任兼理论教授。后因极力保护学生而被学校当局开除，转任台湾开明书店董事。1960年9月病逝于台北。

谢似颜是中国现代体育史上的知名学者，是许寿裳与鲁迅的好友。著有《鲁迅旧诗录》《奥林匹克沧桑录》《田径赛的理论与实际》《西洋体育史》等。

许民辉（1890—1961）

许民辉，广东开平人，中国近代著名体育家，足球与排球运动的开拓者。

早年毕业于南武学堂，作为一名出色的"全能"运动健将，1913年参加第一届远东运动会的田径、足球排球项目；后作为中国男排主力夺得第二、三届远东运动会排球冠军。参加上海基督教青年会体育干事训练班毕业，在广东发展排球和基督教青年会体育活动。1923年公费美国留学，获得了体育硕士学位。1925回国后任东吴大学体育部主任，后转任北平师范大学体育系教授。1933年任广东体育督学，1935年创办广东省体专并任校长。在担任教授及政府公职的同时，许民辉还同时多次担任国家队教练。1936年作为中国体育考察团成员参加第十一届柏林奥运会并，考察欧洲体育。1948年，作为游泳队教练带队参赛。

作为体育教育家，一生致力体育教育和推广事业，培育大批体育人才，后来多成为新中国体育骨干。1954年后，他曾连续当选为第一、二、三届全国人民代表大会代表，后返回香港从事基督教宣传工作。

杨步伟（1889-1981）

杨步伟，名韵卿。江苏南京人，我国现代著名医生、文化学者。

1905年考入南京旅宁女子学堂。1907年转学上海中西女熟。1912年任崇实女子中学校长。1913年留学日本，次年入学东京帝国大学医科，1919年获医科博士学位。同年回国，参与创办森仁医院，任院长兼妇科主任。1925年后，随丈夫赵元任到清华学校，在校内从事节制生育、改善伙食、兴办公共汽车等公益活动。1929年至1934年，任北京女子师范大学体育系教授。1938年定居美国。著有《一个女人的自传》《杂记赵家》《中国妇女历代变化史》等。

黄济国

黄济国，曾于日本留学。

曾在北京女子师范大学教授体育史、体育原理等课程，后来也担任合并后师大体育系生理课的教学。他讲解清楚、平易近人，能和同学们打成一片。

涂文（1896—1975）

涂文，字传宪，湖南浏阳人，体育教育家，我国体操和韵律体操开拓者。

早年就读于南京高等师范体育专修科。1918年毕业后任江苏常州五中体育主任。1919年赴上海青年会体专学习。1920年8月在南京国立东南大学担任体育助教。1921年，任河南师范担任体育主任。1924年在北京大学担任三年体育教员，后担任清华大学体育教员，并兼职在北京女子师范大学与北平师范大学任教。1933年赴美国爱沃华州立大学攻读硕士一年，后回国在清华大学负责体育教学工作。抗日战争爆发后，相继在西南联大、云南大学、湖南兰田国立师范学院任教授。解放后，涂文先在湖南大学任教授兼体育主任。于1953任教于山西大学体育系教授，直至1975年10月21日病故。

涂文毕生从事体育教育五十余载，尤其擅长体操和韵律体操，桃李满天下。不少中国体育界知名人士、学者都出自他的门下。1956年涂文当选为中华人民共和国体育运动委员会委员，一直是山西省政协委员。

陈映璜

陈映璜，留学日本。

曾任北京女子高等师范教授，中国大学哲学院教育系主任，北京大学、北平女子师范大学讲师。著有《人类学》。

宋君复（1897—1977）

宋君复，浙江绍兴人，我国现代著名体育教育家。

1916年赴美国可培中学留学，后进入司培大学物理系，1921年毕业获理学学士学位。后转赴春田学院学习一年体育。1926年任上海沪江大学体育主任。1929年到东北大学体育科任教授。1932年，作为刘长春教练带领他参加第10届奥林匹克运动会。回国后到山东大学任教，先后被选为青岛体育协会主席、中华全国体育协会理事。1936年，他作为中国田径队干事，女子游泳队指导，参加第11届奥林匹克运动会，会后又以考察团成员名义对欧洲各国的体育进行考察。1938年到四川大学任教。1948年又作为中国篮球队指导，率队参加在英国举行的第14届奥林匹克运动会。1949年全国解放后，任北京师范大学、中央体育学院教授，北京体育学院教务处主任、副院长，中华全国体育总会委员；中国民主促进会北京市委员会委员；第四届全国政协委员；全国篮球裁判委员会主任等职。1950年作为中国篮球队教练。

宋君复教授新中国成立前曾三次作为中国体育代表团成员参加世界奥林匹克运动会，也是新中国成立前我国仅有的两位国际篮球裁判员之一。他一生治学严谨，精心钻研业务，对运动训练和竞赛裁判等方面有较深的造诣。著有：《体育原理》《女子篮球训练法》等。几十年来，在体育教育方面，为国家培养了大批人才，为发展我国体育事业献出毕生精力。

教 师 | 197

王耀东（1900—2006）

王耀东，字荣春，黑龙江省嫩江县人，现代著名体育教育家。

1922年毕业后留校任教。先后在北京师大、西北联大、西北师院、西北大学任教授、系主任。历任西北大学体育系主任，中华全国体育总会西安分会主席，中华全国体育总会副主席、荣誉委员，中华全国体育总会陕西分会名誉主席等职。

1953年他被任命为西安市体委副主任；他先后被选为陕西省第一、二、三届人民代表大会代表、陕西省第四届、第五届政协委员会委员；中国民主同盟陕西省第二、三届委员会委员。并在第五、六两届全运会上担任大会主席团成员。

王耀东著有《网球》一书，合作编写了《体育锻炼与指导》。期颐之年，作为北师大体育系发展过程的权威见证人，亲自执笔撰写了35万多字的回忆录和5万字的体育史料，为编写中国体育史和陕西体育志提供了宝贵的资料。

金岩（1902—1986）

字晓峰，河北安国人，著名运动员、体育教育家。

自幼随本村少林会习武。后随父赴日本求学，回国后考入保定高等师范附属中学，曾以1.79米成绩获省男子跳高冠军。1925年，考入北京师范大学体育专修科系，成为学校篮球校队为主力队员，金岩与一起入学的李洲、佟复然、赵逢珠、金德耀四位同学，作为球队主力被社会媒体称为"师大五虎"。1927年代表中国参加在上海举办的第八届远东运动会，取得卓越成绩，1928年冬与球队获北京的大学组篮球冠军。是年在第十三届华北运动会上，金岩打破十项全能全国纪录，翌年在第十四届华北运动会上获标枪冠军，打破

4×100米接力全国记录，百米短跑成绩达10.9秒。被誉为田径界"金大王"。

1925年考入北京师范大学体育专修科、毕业后先后在河北北京中学、北京师范大学、北京中法大学、北京大学等学校任教。解放后，他专注于体育教育事业，带领大学的田径校队获得诸多名誉。入选第一批国家级田径裁判，曾担任过国内外许多重大赛事的裁判。一生从事体育事业六十年，培养体育和各行业建设人材达数千名，堪称桃李满天下。

刘月林（1905—1993）

刘月林，河北赞皇人，现代体育教育家。

刘月林教授，1932年毕业于北平师范大学体育系，历任天津南开大学体育部教员，浙江大学体育系助教，北平师范大学体育系助教、讲师，西安临时大学和西北联合大学体育讲师，西北师范学院体育系副教授，西北大学教授兼体育部主任，西安师范学院教授兼体育部主任，西北体育训练班（西北体育学院前身）副主任，西安体育学院副教务长。曾担任西安市政协委员。1953年刘月林教授调入西北大学师范学院，1955年他奉令又调入西安体育学院，为西安体院的建立、状大和发展做出了重大的贡献。刘月林教授曾任第一届全国运动会足球竞赛委员会副主任，中国足球协会委员，中国网球协会委员，中国棒垒球协会副主席，中华全国体育总会体育文史资料编审委员会委员，中华全国体育总会陕西分会常务委员，体总西安分会副主席。1985年荣获国家体委授予的"新中国体育开拓者"荣誉奖章，1988年荣获国家体委授予的"中华人民共和国体育运动荣誉奖章"。曾为我国国家级田径、网球、棒垒球裁判。

刘月林教授教学经验丰富，教学方法灵活多样，融思想性、知识性、趣味性为一体，受到广大师生的尊敬和喜爱。体育教学中特别擅长足球、网球、棒垒球课的教学。1951年任西北区足球教练，1958年任陕西省棒球队教练，曾于1959年率领陕西省女子垒球荣获第一届全国运动会第二名。1960年他参加了"全国体育教科书"网球、棒垒球部分的编写工作。他把毕生精力献给了党的体育教育事业，对陕西，西北体育事业的发展做出了重大贡献。荣获新中国体育开拓者荣誉奖章。

林朝权（1906—1990）

1921年留学日本。1934年进日本体育大学，毕业后回国，任北京师范大学体育系主任兼教授。1945年抗战胜利后，林朝权返回家乡台湾，于1946年出任台湾省体育协进会常务理事兼总干事，先后任台湾拳击协会理事长、棒球协会名誉理事长等职。1948年出任台湾省体育团副领队，参加旧中国第七届全国运动会，同时被选为中华全国体育协进会理事。

1950年，林朝权回到上海定居。1978年任上海体育科研所研究员，1979年后被选为中华全国体育总会委员、上海棒垒球协会副主席。1979年任台湾体育代表团顾问，参加第四届全运会。1984年作为中国体育参观团成员，远赴美国洛杉矶参观第二十三届奥运会。1990年，林朝权不幸病逝，与世长辞。

刘长春（1909—1983）

刘长春，辽宁金县人，近代体育明星，著名体育教授。

1927年，就读于东北大学体育系，1932年，作为唯一一名选手赴美参加洛杉矶第10届奥运会短跑项目。1933年参加旧中国第五届全国运动会，创造男子100米跑成绩10秒7的全国最高纪录，一直保持到1958年。1936年，再次代表中国参加在柏林举行的第11届奥运会。从三十年代在东北大学体育助教与讲师。1938年刘长春在长沙失业，并离开体坛。1942年2月至1945年5月，任北京师范大学讲师。期间，他被日本殖民当局以"反满抗日"罪关进监狱，囚禁月余。1946年5月至1948年1月，任沈阳中正大学讲师，辽宁省训团视导。解放后，执教大连工学院(现大连理工学院)三十余载，历任第五届全国政协委员、中华全国体育总会常委、中国奥委会副主席、辽宁省体育协会副理事长、第四届辽宁省政协常委等职。有《田径指导法》《田径裁判法》《短跑运动》等学术著作传世。

吕挺立（1910—？ ）

吕挺立，字右青，生于1910年，河南阳信人。

1937年毕业于北京师范大学体育系。解放前，曾在北京四存中学、华北大学、中国大学任体育教师、大学讲师，并在北京市教育局任体育股长等职务。解放后，任教于北京辅仁大学、北京师范大学等。1957年调入哈尔滨师范学院（后改称师范大学）任体育教研室副主任。1976年春退休。1985年荣获黑龙江省人民政府颁发的"教师荣誉证书"。

1948年，他组建我国第一支田径队——北京市田径队，任领队兼教练，后参加"第七届全国运动会"取得优异成绩。1956年1月任北京市花样滑冰队教练，参加了在长春市举办的"全国冰上运动会"，荣获男女青年组团体亚军和男女少年组团体亚军。在哈尔滨任职期间，曾担任省市高校运动会副总裁判长、径赛裁判长、田赛裁判长、省市花样滑冰裁判长等职。1957年，获田径一级裁判员称号。1959年1月获花样滑冰国家级裁判员称号。吕挺立先生在教学和实践的同时，长期致力于理论研究工作，著有《新小学体育》（1951）等书，编译出版了《滑冰运动》《花样滑冰裁判员学习参考资料》等外文著作。发表了《国立北平师范大学体育系》《略谈滑冰运动》等文章。吕先生还是一位著名的书法家，擅长魏碑，曾任"中国书法家协会"会员、"黑龙江书协"理事、"哈尔滨市书协"顾问，在我国书画界享有较高声誉。

李凤楼（1911—1988）

李凤楼，河北通县人。中国体育活动家、足球界元勋。

1928年步入足坛在中学即以足球出名。1934年在辅仁大学教育系毕业后，任辅仁大学附属中学体育教员。1941年起任辅仁大学体育教师，讲师，副教授，体育部主任。长于足球和其他球类运动。1933年曾参加旧中国第五届全国运动会足球比赛。1936年曾作为辅友足球队成员访问日本。1941年在北京组建紫星足球队并任队长兼教练，足球技能卓越，与李惠堂并称"南北两李"，享誉华夏。

解放后，李凤楼于1950年任"八一"足球队教练，1951年任国家足球队教练。五十年代初曾任足球国际裁判，1956年至1982年任国家体委球类司副司长、中华全国体育总会委员、中国足球协会副主席等职。1979年起任中华全国体育总会常务委员、中国足球协会主席。1978年当选为第五届全国人民代表大会代表，1983年任第六届全国政协委员。他长期从事体育教学、训练和行政领导工作，培养了大批优秀运动员，其中大部分是我国足球界领导人，著名教练和骨干力量、为我国的体育事业和足球运动的发展，作出了重要贡献。

牟作云（1913—2007）

牟作云，直隶武清（今属天津）人，现代著名体育教育家。

1936年毕业于北平师范大学体育系。1947年毕业于美国春田大学体育系。曾任清华大学副教授、北平师范大学教授。新中国成立后历任全国体育总局中央体育训练班副主任、国家篮球队教练、国家体委球类司副司长、中国篮球协会主席、中国网球协会副主席、国际篮球联合会技术委员会委员，并加入中国共产党。1933年创造了标枪全国纪录。作为中国篮球运动员，参加了第十届远东运动会和第十一届奥运会。作为教练员，参加了第十五届奥运会。著有《篮球裁判法》。

作为中国男子篮球运动员、国家级篮球教练员和裁判员，1934年代表中国参加第10届远东运动会篮球比赛。1936年参加第11届奥运会篮球赛。1946年到美国斯普林菲尔德学院体育系学习，回国后在昆明西南联大、清华大学担任讲师、副教授。1951年出任国家篮球队教练。1952年任国际业余篮球联合会技术委员会委员。1956年任国家体委球类司副司长。1964年当选为中华全国体育总会第4届委员会常委，中国篮球协会副主席、主席，1979年当选为亚洲篮球联合会副主席。1978、1983年任第五、第六届全国政协委员。几十年来，对新中国篮球运动的发展、对教练员、运动员、裁判员的培养等方面做出了很大贡献。

李鹤鼎（1913—）

李鹤鼎，现代著名体育学者。

1938年毕业于北平师范大学体育系，曾先后在西北大学、西北师范学院、重庆大学、江津体育专科学校任讲师和副教授。1946年赴美国留学，获硕士学位。新中国成立后，他报国心切，冲破阻力，于1951年毅然返归祖国，积极投身于新中国的体育建设。在北京师范大学体育系以及北京体育学院工作，1952年加入中国民主同盟会，1987年加入中国共产党。曾任中央教育部体育处指导员；北京师范大学教授、北京体育学院教授、球类教研室主任、研究生部主任等职。

李鹤鼎教授曾被选为中国体育科学学会理事会常务理事兼全国体育科理论学会主任委员；国务院学位委员会第一届学科评议组成员；全国足球协会副主席兼科研委员会主任；全国体育文史资料编委会委员；北京市高校职称评审委员会体育组副组长等职。曾担任《体育大百科、体育卷》五大球组主编。他著有《球类运动理论》《国际足球规则及注释》《曲棍球规则》《足球技术》等书。

白春育（1914—2005）

白春育，吉林永吉人（蒙古族），现代体育教育家。

1938年毕业于日本体操学校（日本体育大学）。学生时期就是篮、排球和田径优秀运动员。曾参加 1934年18届华北运动会，创造了12磅铅球14.292米的民国时代的纪录，此纪录一直保持到解放以后。解放前，曾任北京师范大学体育系副教授、重庆国立国术体育专科学校教授、武汉军官学校教授。解放后，曾参加全国体总筹备会，任中国田协第一届委员、东北地区辽宁省田径和篮球教练、中国体育史学会副理事长、全国体总文史资料编审委员会副主任。1950年起，任大连医学院教授和体育教研室主任和学术委员会委员。

他从事体育教育工作五十余年，曾任《中国大百科全书·体育卷》特约编辑。美国《简明大不列颠百科全书》中文版编审。1985年又参加编写《中国近代体育史》。1987年获大连市"老科学家荣誉证书和奖杯"。曾发表过《体育对青少年个性培养和形成中的作用》《再论自然体育》《体育的科学体系》等论文。

苏竞存（1915—1994）

苏竞存，云南剑川县人，白族，现代体育教育家、教授。

1931年在云南省立一中时，足球与网球极为卓越。1934年，考入北平师范大学体育系。1940年毕业后任西北师院体育系助教、讲师，同时在该院教育研究所攻读教育和体育研究生学位。1942—1949年，先后在西北师院体育系、云南体育专科学校、国立国

术体育专科学校任讲师、副教授、教授，并在河北女子师范学院教育系、北平师大体育系兼课。1951年调任中央教育部体育指导员，兼任教学工作。历任国家教育部、高教部体育处副处长、处长，负责管理和指导全国学校体育工作。1971年，调任安徽省体委副主任。1977年起，留任安徽体育科学研究所顾问。1980—1988年，被推选为中国体育科学学会理事、中国体育科学学会体理学会副主任、《体育科学》副主编、中国体育史学会理事、体育文史资料编审委员会副主任、国家教委教材审定委员会顾问、高等师范院校编审委员会顾问、九年制义务教育体育教材编写顾问和北京师范大学体育客座教授，把全部精力献给国家体育事业。

在负责行政管理事务时候，先后参与主持制定学校体育规章制度，主编第一部全国通用学校体育教学大纲、教材和教学参考书。还在体育学科建设、师资培养、教学改革、介绍和推广国外学校体育经验方面，发表过很多文章，做出了较大贡献。曾被推选为中华全国体育总会常务委员，全国网球协会副主席，参与制定国家《准备劳动与卫国》体育制度，并对学校体育、体育史进行了大量研究工作。先后参与撰写《中国大百科全书体育卷》、《教育大辞典》有关学校条目，参与和指导《国家体育锻炼标准》出版，参与少年体质调查研究工作，并写出《学校体育》、《学校体育 思想史》等专著。1994年7月8日，在北京逝世，享年79岁。

柏芝蔚

柏枝蔚，北京人，体育学教授。

柏芝蔚教授，1934年至1937年在北平师范大学三年肄业后，于1938年到北平辅仁大学任教。1940年后，曾先后在北平师范大学、北平女子师范学院、重庆中央大学（补习一年本科课程）、上海市市立体育专科学校、上海圣约翰大学任教。1952年10月7日加入九三学社。

1952年在北京师范大学任教，1953年中央体育学院成立时，他随北京师范大学体育系到中央体育学院任教，先后任体操教研室主任、体操系主任，在筹建北京体育学院以及体操教研室建设中都做出了很大贡献。译著有《鞍马》及前苏联中等体育学校教科书《体操》等书，并在1961年负责编写了中国第一部体育学院本科《体操》教材。曾担任中国体操协会副主席。

王士林（1912—2004）

王士林，新中国体育开拓者。

1929年代表吉林市参加过东北四省联合会，1933年流亡北平，参加华北运动会，获四个跳跃项目的第一名和田径总分第一名。1936年前后，多次创跳高、跳远、三级跳全国最高记录，有"跳王"之称。1937年毕业于北平体育专科学校。早年曾在北平女平师范学院、北平师范大学、北平市体育专科学校任教。曾于1934年代表中国参加第10届远东运动会；1936年代表中国参加第11届奥运会，他是旧中国男子三级跳远全国纪录创造者和保持者。解放后，在北京体院工作，1963年为副教授，1978年晋升为教授，曾任研究生、留学生、教师进修班导师，1985年获国家体委"新中国体育开拓者荣誉奖章"，1988年国家体委授予他"体育运动荣誉奖章"；1992年被国家教委评为"全国普通高校优秀体育教师"。1992年起获国务院颁发政府特殊津贴。曾担任留学生导师，中华全国体育总会委员。

王士林教授执教50多年。积累了丰富的教学经验，为祖国培养了大批体育人才。他著有《跳高》《跳远》《三级跳远》《掷标枪》等书，撰写《田径词典》部分章节、并任该书顾问。

薛济英（1914—? ）

薛济英，江苏省苏州市人，知名体育学教授。

薛济英教授1939年毕业于北平师范大学体育系后留校执教。1948年赴美国留学，获教育硕士。1951年回北京师范大学任教，1953年调至北京体育学院，并在同年加入中国民主促进会。曾任北京体育学院田径教研室主任，竞赛办公室主任，研究生导师组长，学术委员会委员，学位委员会委员兼体育教学理论与方法分委会主席，职称评审委员会委员兼田径，球类学科职称评审组长，中国田径协会裁判委员会副主任等职。多次担任全国、国际性田径运动会的仲裁委员及主任职务。

他于北体执教60多年，治学严谨，勤奋耕耘，为国家培养了大批高质量的本科生和研究生。1975年至1992年，承担历年国际田联手册及竞赛规则的翻译，并参加我国田径竞赛规则的修订工作，《中国大百科全书·体育卷》田径运动主编。国家体委于1988年授予他"体育运动荣誉奖章"。1992年获国务院颁发的政府特殊津贴。

陈毓瓒（1916—1971）

陈毓瓒，男，河北省元氏县人，知名体育学者。

陈毓瓒先生1942年毕业于国立西北师范学院（西迁时期的北京师范大学），并留校任教。1950年晋升为副教授。1954年由兰州调西安，先后任西安师范学院、陕西师范大学副教授、体育教研室主任、体育系（科）主任。1962年院系调整，陈毓瓒先生在西安体育学院任教，并曾担任西安体育学院副教务长、体操教研室主任等职。1957年，西安师范学院成立体育科（后改为系），陈先生首任体育科（系）主任。陈毓瓒先生非常重视学生的课外体育锻炼，为促进学生开展课外体育锻炼，1958年，他亲自起草制定了《关于开展我院同学经常性体育活动制度》《西安师院学生参加体育劳动方案》等规章制度。使学生课外体育锻炼经常化、制度化，对增强学生体质起到了很好的作用。

陈毓瓒先生治学严谨，工作认真，待人坦诚，乐于助人。在体育专业课教学方面，先生主要讲授体育理论、体操、技巧运动、球类编排、体育测验与统计等课程。撰写有《体育课结合党的教育方针，师范特点实施的教育体制》等论文。

贾玉瑞（1916—？）

贾玉瑞，满族，北京市人，新中国体育开拓者，中国现代击剑的先行者。

贾玉瑞教授1945年毕业于日本东京教育大学（现日本筑波大学）体育科。曾在北京大学、北京师范大学任教。1954年到北京体育学院任教后，主要从事游泳系统理论科学研究及培养研究生的工作，是建设我国游泳系统理论的带头人之一。1962年加入中国民主促进会。他现任中国游泳协会、北京市游泳协会顾问，北京市门球协会副主席；中国体科人员高级职称评审委员会委员。曾任北京体育学院研究生导师组长，游泳教研室主任，水冰系（游泳、冰雪运动）主任、体育系、基础部、教务处副主任、中国游泳协会裁判委员会主席，中国体育科学学会委员等职。建国初期，他参加创编我国第一、二套广播体操，制订竞技体操规则，创编中国劳卫制。

在教学方面他多才多艺，技术理论全面，教法得当，曾先后培养出32名研究生，其中周明、张雄为国家队游泳教练，杨文意、庄泳、林莉、王晓红等优秀运动员。主编《中国大百科全书·体育卷》游泳运动。多次主编全国体育学院《游泳》教材。引进西洋击剑运动项目，并培养出第一批教练员。由于他成绩突出，曾获"新中国体育开拓者"，"全国优秀国家裁判员""全国优秀游泳工作者"的奖章和称号。被评为"做出突出贡献的研究生导师"。1992年获国务院颁发的政府特殊津贴。

王义润

王义润，江苏吴县人，现代体育教育家、教授。

1939年毕业于北京师范大学生物系。1948年起赴美留学，后获美国旧金山大学教育学硕士学位。1951年回国后致力于体育教育工作，先后任教北京师范大学体育系解剖学、生理学讲师。北京体育学院成立后，任运动生理学讲师、副教授、教授、教研室主任等职务。先后培养出多名运动生理研究生，我国建立学位制后，已有多名获硕士学位。

王义润教授博学多才。先后担任中华全国体育总会委员、中国体育文史资料编审委员会委员、中国生理学会委员、中国体育科学学会理事等职。担任1967、1978年全国体育院系通用教材《人体生理学》《运动生理学》主编、《中国大百科全书·体育卷》基础科学部分的主编，并发表过数十篇论文，代表性论著有《田径运动员心血管系统机能的研究》。1988年获体育运动荣誉奖章。王义润是当年我国体育科学学科第一批仅有的两位博士研究生导师之一。

张志贤

张志贤，男，北京人，著名体育学教授。

张志贤教授毕业于西北师范学院（北京师范大学西迁）。曾任北京师范大学体育系生理学教研室主任，中国体育科学学会第一届理事，第二届名誉理事，中国运动医学学会委员，两届硕士生导师。主要业绩：被聘担任北京师范大学理科学术委员会委员及常务委员。1981年担任中国体育科学学会筹委会委员，会议期间任主席团成员，并被选任中国运动医学委员会委员。1979至1993年被聘任北京市高教局高级职称评审组体育学科组组员及组长。1983年被聘任高教部学位授予权评审组成员，同年被聘任国务院学位授予权评审组特约临时代表，参加评议工作。1983年迄今被聘任北京体育师范学院顾问及客座教授。

张志贤先生一生清正廉洁，对待工作兢兢业业，事事以身作则，为体育教育事业做出了巨大贡献。教学期间曾编写《体育卫生学》《运动生理学》（研究生用），参加编写高师体育系科《运动生理学》（教育部委托）统编教材，参加编写了生理卫生学参考资料及师范大学新知识手册等。

白子平

白子平，男，1923年生，河北人，教授。

1949年毕业于北京辅仁大学教育系，后参加华北大学学习团，毕业后分到华东区和山东教育局工作。1953年调回北京辅仁大学，1958年任北京手球队教练员，参加第一届全国运动会获女子手球第1名；男子获第4名。1964年再次出任北京队手球教练工作，在任教期间为国家队输送了部分优秀运动员，培养了一大批手球运动的骨干，并培养了一批如俞志忠、任军、王志光等优秀的国际裁判和国家级裁判员。

1960年编写出版了全国体育系《手球教材》，1984年为全国师范院校编写了《球类运动教材》，另外还参加了《大百科》体育卷的编写工作，并获国家体委颁发的体育贡献奖。曾任全国手球协会竞赛委员会副主任、北京市手球协会副主席。

田继宗

田继宗，男，1934年生，河北深州人，教授。

1959年毕业于苏联中央体育学院，同年起任教于北京师范大学，长期从事体育教育教学与研究工作。以运动能力突增期中实施运动处方的研究、运动能力与智力因素的关系、肥胖儿防治的研究以及"无沙免量跳坑"的研究较突出。1980至1982年在美国麻省州立大学体育学院期间参与了"利用不定型参照物对大体积内人体运动的三维力学分析"的研究。1985年至今，任国务院学位委员会第二、三、四届学科评议组成员；第三，四届体育学科组召集人；1987至2000年任全国教育科学规划领导小组学科评议组成员。受聘于全国十余所高校的客座教授及兼职教授。

多年来从事体育教学与训练以及体育人文社会学的研究。主编，编写，翻译，编译有关田径，体育理论，运动训练等方面用书20余册。主要代表作有：《田径》《体育理论》《运动训练》《体质研究》《运动场地与器材》等著作，发表了"设置环保型跳坑的必要与可行"，"运动处方教学研究"等论文100余篇。提倡体育场地器材的革新，发明了"环保型跳坑"，获国家专利。主持"七五""八五""九五"国家级课题三项。

滕子敬

滕子敬，1934年生，湖北仙桃人，教授。

滕子敬教授，1956年毕业于武汉体育学院体育系本科，同年8月到北京师范大学工作至今。曾先后担任北京师大体育系体育理论教研室主任、体育系副主任，教授、硕士研究生导师。曾兼任国家教委中小学教材审定委员会审查委员，全国中小学体育教学改革指导小组成员，中国高等教育学会体育研究会副理事长、常务理事，全国《体育与健康课程标准》研制组核心组成员，中国体育发展战略委员会委员，中国体育科学学会学校体育专业委员会委员，中国学校体育研究会副理事长兼秘书长等职。现任全国中小学体育教学指导委员会顾问、中国学校体育研究会副理事长。

曾先后主编过《中学教师专业合格证书·体育理论》教材、《全日制五四制初中体育课本》《中学百科全书·体育·卫生保健卷》《园丁工程·学校体育的改革与发展》《学校体育史》等多部著作。并参与了《学校体育学》《深化学校体育教学改革的研究》《初中体育与健康教科书》等多部著作的撰写工作及副主编，还参与了《中国学校体育改革的理论与实践》和《九年义务教育小学体育教学教师用书》的撰写工作。先后发表过学术论文、文章等数十篇。

李瑶章

李瑶章，1939年生，北京人，教授。

1957年考入北京体育学院，1961年毕业后到北京师范大学体育系任教。1976年至今任北京市冰上运动协会副主席，1995年至1998年任北京市体育科学学会常务理事。1993年为表彰他对我国高等学校教育事业做出的突出贡献，为其发中华人民共和国国务院特殊津贴。

多年来致力于运动生物力学、体育教学论领域的研究。主要代表作与论文有：《浅析膝关节最佳发力角》《男子中长跑途中跑技术的运动生物力学分析》，全国体育院系通用《体操》教科书，高等学校成人教育《体操》教科书，《中学体育教材教法》《轮滑运动》《中国大百科辞典》体育部分，《中学百科全书》（国家八五重点图书）。近5年来出版著作与教材4册（套），在核心刊物发表论文6篇，主持并作最后评估报告的课题"北京顺义区国民体质20年监测"1项。

孟浩德（1937—2005）

孟浩德，河北定兴人，教授。

1954年考入中央体育学院，1957年毕业于北京体育学院中专科。1957年至1961年在北京体育学院本科专业继续学习，1961年9月毕业后任教于北京师范大学体育系。1987年至1991任体育系主任。

孟浩德长期从事篮球教学与训练。所执教的篮球队，打法快速灵活，作风硬朗，叱咤于北京篮坛，为北京高校篮坛的"无冕之王"。著有《篮球》《球类》等。2005年病逝于美国。

徐永昌

徐永昌，生于1934，北京人，体育史学家。

1950年参加革命工作，先后在中央粮食总局部、粮食部办公厅工作。1956年考入北京师范大学历史系。1960年毕业后留校，在北京师范大学团委工作，相继担任团委常委、军体部部长等职务，并兼任体育系团总支书记。"文革"后，转至体育系理论教研室任教，主要从事体育理论、体育史、体育思想史等课程的教学，曾担任师大体育系体育理论教研室主任职务。

徐教授一直致力本科生、研究生以及函授与进修生的体育理论教学与研究工作，率先在国内面向研究生开设体育思想史课程。并完成高师《体育史教学大纲》以及担任高等教育出版社《体育史》教材的主编，在《体育文史》等学术刊物上发表数十篇论文，先后参加《北京体育志》《中国大百科全书、体育卷》等书籍的编著。个人著作有《中国古代体育史》《中国古代文化中的一颗璀璨明珠——中国古代体育史》《文物与体育》，其中，《中国古代体育》荣获1983年全国优秀科技图书奖。此外，许教授曾任中国体育史协会常务理事、第一届中国体育科学学会委员。

邢志和

邢志和，1937年生，山西太原人，教授。

1956年考入北京体育学院，1960年毕业留校。1961年调入北京师范大学体育系。其后长期北京师范大学工作，先后在体育系、公体教研室任教。1985年任北京师范大学公共体育教研室主任，1989年担任体育系党总支书记。还曾担任全国高等师范院校体育协作委员会副主席、秘书长，北京市大学体育协会教学科研组副主任、《北京高教体育》杂志编委等要职。曾参加《北京市高等学校体育理论课教程》《学校体育卫生工作指导》《大学教授谈太极拳》等教材、书籍的编著。

范学良

范学良，1937年出生，河南省开封人，体育学教授。

1963年北京体育学院研究生毕业，同年于北京师范大学体育系任教。自20世纪80年代始，先后担任北京市"长征长跑队"教练，第二届工人运动会北京代表团田径总教练，第十一届亚运会组委会负责人事部培训处技术官员，国家教委体育研究所田径研究室副主任、副研究员，国家教育科学八五规划课题"深化学校体育教学改革的研究"课题研究组副组长，全国第四届大学生运动会北京代表团田径乙组主教练并代理领队，"第六届远南运动会"组委会人事部培训处副处长等要职。2001年后创办中国第一个中老年体育大学，并担任院长，后又创建中国第一所民办体育高等学校——培黎大学体育学院并担任院长。1990年被国家体委授予"国家体育荣誉裁判"。曾参加《田径》《深化学校体育教学改革的研究》《第十一届亚运会工作人员守则》《远南运动会工作人员守则》等著作的编写，发表论文、文章40余篇。

杨国庆

杨国庆，1954年出生，体育学教授。

1982年毕业于北京师范大学体育系，并留校任教。原北京师范大学体育与运动学院分党委书记、教授，体育教育训练博士生导师。曾任教育部全国高等学校体育教学指导委员会委员，中国教育学会体育专业委员会常务理事，山西大学客座教授，其主要研究方向为学校体育教学与训练方法。曾著有《球的魅力》一书、担任《大学体育》《大学体育文化教程》、北师大体育专业特色系列教材总主编、课程标准《体育与健康教科书和教师用书》第二分册主编、《体育教学方法论》主编。相继承担全国教育科学"十五"规划重点课题等科研项目5项；出版高等教育"十一五"国家级规划教材等学术著作4部；在国内外体育类期刊公开发表学术论文30余篇；获国家级教学成果奖等奖项4项。曾于2001年被评为北京师范大学第一届成人高等教育教学优秀奖；2004年获北京师范大学高等教育教学成果一等奖、2005年获教育部国家级教学成果奖二等奖、2008年获教育部国家级教学成果奖一等奖。

周之华

周之华，1955年出生于北京，体育学教授。

1982年毕业于北京师范大学体育系，获得教育学士学位。1990—2002先后曾任北京师范大学体育系系党总支书记、系主任、体育教育科研所所长、教授、硕士研究生导师等。2003年作为北京市人才引进调入首都体育学院，现任首都体育学院武术与表演学院院长、教授，国家教育部全国高校体育教学指导委员会委员、中国武术协会委员、中国体育科学学会武术分会常委、北京市武协副主席、六合拳及李式太极拳研究会秘书长，等等。

周之华从7岁就开始学习形意拳，后又学习少林拳，查拳，六合拳，李式太极拳，岳氏散手等传统武术，在各种太极拳规定套路方面周教授也已从事教学多年。

王建华

王建华，1956年出生，中国武术八段；体育学教授。

1978年考入北京师范大学体育系武术专业（77级），毕业后留校任教至今，一直从事武术的教学、科研、训练工作，担任民族传统体育学硕士生导师，曾获1996年度宝钢教育优秀教师奖。

1997-2010年曾担任北京师范大学体育与运动学院武术教研室主任，在国内领先开设体育专业"武术与国外对抗项目"，面向全校本科生和研究生的太极拳、防身术、散打、防身与避险等课程。多次担任国内外大型武术教学和推广工作。担任"中央国家机关干部太极拳培训班"的主讲教师。

著有《太极拳、太极剑学练500问》《简易太极拳健身功》《学校武术》《武术对练和对抗健身》《太极拳内涵指要》《中国武术养生十三篇》《图说形意拳械基础学练》《站向健康》《实用的学校武术》等独著和主编教材16部。

贾 齐

1982年毕业于北京师范大学体育系，获学士学位；1985年获得硕士学位；1996年于日本广岛大学教育学研究科获得硕士学位（学科教育学）。

贾齐教授的主要研究方向为学科教学论，曾先后承担了体育课程教材论、运动学、体育概论、体育哲学等多门体育理论课程的教学任务。曾发表《教学内容的双重性特征及实践意义》《是规律还是错位》《论体育学科教学内容的双重性特征及实践性意义》《运动规则及运动技术（技能）概念的学科教学论考察》《如何制订面向全体学生的课堂教学目标》《体育与健康关系之我见》《体育课程中运动指导价值取向的考察》《运动学习：认识世界的一种方式》《作为"关系"的体育课程内容》等多篇学术论文。

张德福

张德福，1952年生，北京人。体育学教授。

1976年毕业于北京师范大学体育系，留校任教。
30余年来，先后承担体育专业和公共体育课程中，
田径、球类、游泳等多门术科课程的教学和科研工
作，担任硕士研究生导师。作为一名术科教师注重
理论研究与学习，坚持理论与实践结合。其研究内
容涉及体育史学、体育美学、运动技术教学、体育
课程改革等诸方面，著有《中国古代体育史话》《外
国体育简史》《青年健美锻炼ABC》。青年之友丛书《体育》等书籍。主编了
《大学体育理论教程》教材一部。在国内体育核心期刊和重要学术会议上发表
论文30余篇。2002至2003年度曾受聘于中文核心期刊要目总览编委会，担任
体育类核心期刊评审专家。

毕业生

石评梅（1902—1928）

石评梅，山西平定县人，著名女作家。

从少年时代就热爱文学，也喜爱歌舞、体育。
1920年，考入北京女子高等师范学校体育专修科。
1923年毕业后历任北师大附中、春明女校、女一中、
若瑟女校、北师大等校教员或讲师。

石评梅是五四运动影响下活跃在21世纪20年代
北京的文学多面手，在新文学的星空里，她的文学
才华绽放过令人瞩目的光彩。她的小说、散文、诗歌、剧本等，受到鲁迅先
生的好评与重视。《这是谁之罪》《血尸》《断头台畔》《红鬃马》等数百篇作
品均收入由杨扬编辑整理、邓颖超题签的《石评梅选集》中。她还是领导
五四运动反帝、反封建精神影响的教育家。她提倡女子教育，主张情育教
育，提倡教育应是全人格的陶冶，被学生誉为"母亲式的教员"，"我们的星"。
1928年，患脑炎病故于北京协和医院，时年26岁。在她短暂的26岁生平中，
只有七年的业余创作时间，却留下了四五百万字的文学作品。

翟凤止（1899—1967）

翟凤止，名荫梧，河北省八方村人，体育教育家。

1919年被选入中国田径队代表，参加远东运动会(菲律宾马尼拉)。同年九月考入北平高等师范学校体育专修科，曾代表北平队参加华北运动会获排球冠军。1920年代表中国参加第五届远东运动会获得篮球冠军。1923年毕业后任大、中学校体育教员、体育系主任及青岛工厂的体育指导等工作。1935年回保定师范学校任教。1938年参加革命工作，先后任八路军120师三支队体育指导、抗大分校抗属中学等校体育教员及正定、辛集中学的总务主任、体育主任。1951年任河北师范学院体育系副主任、党总支书记等职。翟凤止在解放后几十年的体育教育事业中，兢兢业业，为祖国培养出很多优秀人才，堪称体育教育家。

朱恩德（1894—1942）

朱恩德，河北任丘人，我国著名运动员。

中学时代品学兼优，运动竞技能力突出。1916年毕业后，考入北京高等到师范体育专修科，后被选入田径队参加全能项目的训练。1917年5月，朱恩德参加了国家体育队，出席在日本东京举行的第三届远东运动会。在五项全能的比赛中获得第三名。

1919年5月他又代表国家队，出席在菲律宾首都马尼拉举行的第四届远东运动会。他在比赛中力挫群雄，以753分的优异成绩，获得十项全能冠军，并参加五项全能比赛，以359分的成绩获得五项全能冠军，就在这次运动会上，他荣获了天坛宝塔的总锦标。

体育专修科毕业后，他先后在北京第二中学、求实中学、长沙金泽大学，岳云全专，湖南省立第一师范学校等任体育教师。1942年8月被日本宪兵队杀害，时年四十八岁。

沙瑞辰（1904—1991）

沙瑞辰字金斗，河南许昌人（回族），体育教育家。

1925年考入北平师范大学体育系，1932年毕业（休学2年）。1930年，被推选为河南体育协进会9位执行委员之一。1932年被华北体育联合会聘任为第16届华北运动会竞赛部主任。

1933年，在河南省教育厅主管体育工作，造就了20世纪30年代河南体育的高峰。相继作为河南省体育总领队参加第17届、第18届华北运动会，取得卓越成就。

1936—1949年，沙瑞辰先后担任省立信阳师范学校、省立洛阳师范学校、北洋工学院西安分院、河南大学等校体育部（组）负责人，还先后两次任河南省教育厅体育督学，兼任河南体育协进会理事长、华中体育联合会常委、中华全国体育协进会委员。

新中国成立后，沙瑞辰相继在郑州师范、河南师专、郑州师专、郑州体育学院、河南大学等校任教，为河南省培养了大批高水平体育人才。曾任中华全国体育总会第三、第四届委员会委员，河南省政协第四届委员会委员、全国体育文史编审委员会委员。

1976年，年过70的沙瑞辰先生创办了《体育教学参考资料》（后更名为《体育教学》）。1980年中国体育科学学会成立，他被选为理事。

李淑清

李淑清，北京人，现代艺术体操开拓者。

1923年考入北京女子高等师范学校音乐体育专修科，4年后毕业被北京师大附中聘为教员。后来赴法国勤工俭学，学习舞蹈艺术。学成归国，在北平民国大学、女子文理学院等高校教授体育和舞蹈课。后来与革命家杜任之相恋结婚。婚后跟丈夫赴山西工作。先去延安陕北公学学习革命思想，后到临汾民族大学任体育教师。她自编教材授课，对教学工作认真负责。他在北京山西任教期间，开设各国民族舞和韵律体操课（即现代艺术体操），是我国艺术体操事业的开拓者。

彭静波

彭静波，现代著名女子运动员，体育教育家。

北京女子师范大学体育科学生，擅长田径，旧中国女子三级跳全国纪录保持者。在第十三届华北运动会上，彭静波分别获得50米、100米、跳远、三级跳远四项第一名和田径总分第一名的傲人成绩，并和队友吴宗武、朱文芳、陈若馨取得4×50米接力赛冠军。1925年，在沈阳举行的第十四届华北运动会上，设有女子三级跳远这个项目，这在国内外田径史上还是首创，在比赛中，彭静波跳出了9.14米的好成绩，就是在这届运动会上彭静波成了民国时代中国女子三级跳远全国纪录的创造者。1929年1月，张学良促成中、德、日三国田径赛在沈阳东北大学体育场进行，彭静波代表北平女师与短跑名将刘长春、中跑名将姜云龙、长跑名将陈伯林等一起参赛。1930年杭州举行的第四届全国运动会上和权玉润、张英、腾爽等组成北平女子篮球甲队，并获得该组冠军。三十年代中期，在天津任教，培养大批优秀学生。

凌洪龄

凌洪龄，1908年生，江苏省泰州人。体育学教授。

曾教《卫生及体育保健》《学校卫生》等课。前者写有约8万字讲义，后者与袁敦礼教授合写，约有6.7万字讲义。1945年3月，与著名考古学家夏鼐一起调查山西青岗岔遗址等考古工作。1963年，创制"与体重计结合的杠杆测力计"，曾由兰州市科协鉴定，通报全国，1984年以《拔河古今谈》出席全国体育史论文报告会。1986年，以《高尔夫与捶丸的对比与她们的关系》出席全国体育史论文报告会。1988年，该文在全国体育史论文评议会上获优秀论文奖。1990年在以《高尔夫球戏起源于中国古代捶丸的考证》一文又获得英国李约瑟博士的赞许。

赵逢珠（1903—1974）

赵逢珠，字梅川，山东齐河人，体育界知名人士。

1925年赵逢珠于山东省立第一师范艺术体育专修科肄业，专长篮球、田径。1929年于北平师范大学体育系毕业。赵蓬珠是中国体育界的知名人士，在近代中国篮坛颇有名气，是北师大"篮球五虎将"之一，曾入选中国篮球队，参加远东运动会。

1930年赵逢珠先后任北京大学、清华大学体育教员兼篮球指导。1937年返回原籍家中。1945年抗日战争胜利后到青岛，任青岛市教育局体育督学。翌年，任青岛市立体育场场长。1949年后历任青岛人民体育场（今第一体育场）场长、青岛市体委副主任。

赵蓬珠还曾任全国体育总会第四届委员会委员，中华体育总会筹备委员会委员，山东省体委委员，山东省第一至三届人大代表，青岛市人民委员会委员，政协青岛市第一、二届委员会常委等职。

陈希愈（1911—2000）

陈希愈，山西霍州人。

陈希愈于1935年参加中国社会科学家联盟，次年加入中国共产党，1937年毕业于北平师范大学体育系（抗战西迁时期留在北京的北京师大）。1939年10月，冀南银行成立时，他从八路军129师供给部调任银行政治处主任，首任太行区行总经理，1943年任冀南银行副行长。新中国成立后，历任中国人民银行中南区行行长，中共中央中南局财贸委员会副主任，财政部副部长兼中国人民银行行长，中国人民银行副行长、顾问。是中共八大、十大代表，第五届全国人大代表，第六届全国政协委员。

陈希愈同志是一名受党和人民群众非常尊敬的抗战银行领导，他的开朗、热情、豁达的革命乐观主义精神经常感染着抗战银行的同志们。

陈荣泽

陈荣泽，生卒年不详，体育家。

陈荣泽于1936年考入北师大体育系，抗战后到陕西省城固西北师院体育系学习。1940年毕业，先后在江西泰和中正大学、重庆大学任讲师。

1944年到兰州西北学院体育系任副教授，后调入石家庄师范学院体育系任副主任，河北大学体育系任副教授，河北师大体育系副教授兼副主任。

陈泽荣在职期间努力改革体育教学，提高教学质量，为国家培养了大批优秀体育人才。出版《篮球基本技术与教育》等专著。

刘竞存（1919—2000）

刘竞存，体育学教授。

1940年考入北平师范大学体育系学习。曾在旧中国的中央陆军军官学校驻鲁干训班任少校体育教官。1944年至1946年，在四川省立体育专科学校任讲师。后又到四川国立国术体育师范专科学校任讲师。新中国成立后，刘竞存一直在河北师范学院（后易名河北师范大学），任教。

刘竞存是我国早期体操、田径运动的倡导者，是田径、体操两个项目的国家级裁判，多次担任河北省、全国田径运动会副总裁判、总裁判职务。1980年，任河北师大体育系主任；1981年任河北省体委副主任。同时，还担任中华全国体育总会委员、河北省体育总会副主席、全国体操协会委员、河北省田径协会主席、国家教委中、小学教材审查组成员、高等师范院校体育专业教材编审委员会副主任、国家教委、国务院学位委员会体育学科评议组组长、河北省政协第四届委员会委员。

主要论文及著作有：《关于高师体育系、科体现师范特点问题的探讨》《向体育师范生谈技术课的学习》《谈谈学校体育的四个为主的问题》《发展体育素质基本动作选》《怎样练习跳高、跳远、三级跳、撑竿跳高》《田径教学课中的准备活动》等。

张连奎（1912—1978）

张连奎，山西定襄人，一二·九运动领导者之一。

30年代北京师范大学篮球队主力队员。1937年毕业于北平师范大学体育系，在校期间参加了

一二·九爱国运动，1950年参加抗美援朝，任中国人民志愿军军副政委，1952年转业任一机部副部长，第三机械工业部部长，第五机械工业部副部长。

张连奎从参加革命和工作，先后曾任中华民族解放先锋队北平师范大学干事、中共定襄县委书记、晋东北地委书记、北平军事调处执行部太原执行小组中共代表、冀晋军区政治部主任、晋察冀军区纵队副政委，是第三届全国人大代表、第五届全国政协常委。他算资格最老的运动员出身的干部。

宋子玉（1926—1989）

宋子玉，山东济南人，著名体操教练员。

宋子玉自幼喜爱体育运动，1948年曾获北平市撑竿跳高冠军。1952年师范大学体育系毕业后，任中央体育学院（现北京体育大学）体操教员。1953年任国家体操集训队男队教练。曾多次带领中国体操队出国比赛。在第14届、第15届、第20届世界体操锦标赛中任中国男队教练。

1978年任北京体育学院体操副教授。1979年当选为中国体操协会副主席，同年获国家级教练称号。1980年当选为中国体育科学学会理事。1981年任国家队总教练率队参加第21届世界体操锦标赛，并于当年获国家体委颁发的体育运动荣誉奖。宋子玉曾与他人合作编著《男子和女子竞技体操图片选》。

孙婉容

孙婉容，1928年生，河北省望都县人，孙式太极拳第三代传人。

孙婉容1951年在北京师范大学体育系毕业。曾任原北京体育学院训练竞赛科科长、射箭国际裁判，河南省开封市孙氏拳研究会理事等职。孙婉容系孙氏太极拳第三代传人。

在继承发扬的基础上与其姐孙叔容、其弟孙保亨等合编《孙禄堂武学大全》《孙氏太极拳竞赛套路教与学》《孙氏太极剑及孙氏太极剑对练》等书。拍摄了《孙氏太极拳传统套路、简化套路以及竞赛套路》的教学录像带，已在中央广播电视台播出。

王　衡

王衡，男，1916年生，河北保定人，体育教育界名人、教授。

1941年毕业于北京师范大学体育系。毕业后历任国立体育师范专科学校、松花江中学校长、讲师、副教授。王衡早期是一名运动员，曾参加过保定市篮球、河北省田径、北京五大学田径运动会，均名列前茅。还参加过华中、全国运动会，在旧中国第七届全运会上获全能冠军。

建国后，王衡致力于体育教育工作，曾任东北区男篮教练、东北工学院体育系副教授、教授兼体育部主任。1953年带领沈阳男篮巡回东北八大城市获全胜。曾被选为中国篮协委员，辽宁体育科学学会理事兼学校体育组长，辽宁篮协副主席。1985年在全国八科体育理论论文报告会上，宣读《中国竞技体育发展公式："提高、普及，再提高、再普及"》论文。

1993年结业于天津业余书画学院国画函授专科，中国美术家协会会员、辽宁美术家协会理事、沈阳市老干部书画会理事、中国老干部书画协会理事。曾参加市、省、全国及国际书画展赛，多次获奖。1993年文化部授予国家一级国画鉴赏家称号。

范宗先（1913—1979）

河北定兴人，体育学教授。

1933年考入北京师范大学体育系，1940年在近陕西城固的西北师院体育系始从3年后在因父亡家贫而辍学。抗日战争时北京师范大学复学1年后毕业。1944年受聘国民政府教育部、从事体育理论编辑工作，参与制订中小学体育教学规章制度。1946年任教于武昌体育师范专科学校。新中国建立后，任湖北省教育学院体育卫生科主任，兼任湖北省体育场场长，延聘大批体育教师来湖北从事体育工作。1952年任华中高等师范学校体育系主任。1953年任中南体育学院筹备委员。1956年任武汉体育学院教务长兼体育系主任，1961年任田径系主任，次年调任球类教研室主任。

武汉解放初期，他成功组织了武阳区首届人民体育运动大会，并在湖北省首届运动会上获男子铁饼冠军。曾多次被评为武汉市教育部门劳动模范，1956年出席全国先进生产（工作）者代表大会并出席五一国际劳动节天安门观礼。晚年虽身患重病，仍为武汉体育学院首批研究生讲授体育统计学。著有《体育理论》《篮球》等，均为体育院校、师范院校体育专业教材。

王维屏

王维屏，1916年生，天津宝坻人，体育学教授。

1942年毕业于西北师范学院体育系（抗战西迁的北师大），1943年初受聘于西南联大，任马约翰先生的助教。抗战胜利后，随马约翰先生回到清华大学任教至1987年离休。他在44年里一直活跃在高校体育教学和科研事业中。曾任清华大学体育教研室五人领导小组成员、清华大学教工工会副主席兼体育部部长，在任期间北京市总工会授予"优秀工会积极分子"称号。他还先后担任清华大学足球代表队、男子排球队、女子排球队和女子垒球队教练。北京高校足球队、女子排球队、女子垒球队教练工作。他曾任北京体育总会委员、北京足球协会副主席、北京体育史学会副理事长、全国专业教材编审委员会副主任。

《北京市地方志·体育志》审编委员、《中华人民共和国教育史，学校体育史》编委。全国体育科学学会理事、全国体育总会委员、中国足球协会副主席、中国足球裁判委员会主任、国家足球裁判和国际足球裁判（我国第一批五名国际裁判之一），亚洲足联足球裁判委员会执委。

翟家钧

教授，清华大学原体育部副主任。

曾任北京足球协会副主席，足球国家级裁判，清华大学男子足球队主教练，体育部副主任。中国首批国家级足球裁判之一，1951年担任全国足球比赛大会的裁判工作。1954年担任全国足球联赛的裁判工作。1959年以副裁判长身份担任一运会足球比赛的裁判工作。1965年以裁判长身份担任二运会足球比赛的裁判工作。1979年以裁判长身份担任四运会

翟家钧教授与友人

足球比赛的裁判工作。1953年担任主教练，带领北京青年队参加全国青年足球锦标赛。

龚明信

龚明信，1910年生，北京通县人，教授。

龚明信幼年就读潞河中学，从师于美籍教师学习棒球技术。1948年毕业于国立北平师范大学体育系（今北师大），曾任北京钢铁学院体育教研室副主任。龚明信长期从事高等院校体育教学及教研室行政管理工作，编写教材，

积极倡导'普及为主，提高为辅'的体育办学方针。担任棒垒球协会评委多年并在1957年被国家体委授予足球、网球、棒球、垒球国家级裁判称号，多次担任棒垒球队教练工作，为我国培养了大量的体育人才。

赵振绵

赵振绵，生于1925年，北京市人（满族），体育学教授。

1949年毕业于北京师范大学，后工作于北京大学，他多次代表北京队参加比赛，并长期担任篮球教练，1987年北京市篮球运动委员会协会授予他"优秀教练员"称号，著有论文《如何使用篮球技术》等。

曹印彭

曹印彭，天津市人，体育学教授。

1952年毕业于北京师大体育系，毕业后参军，任"八一"冰球队教练和东北军区男子篮球队教员。1954年转业到沈阳体院，任教授，体育系和研究生部主任，享受政府特殊津贴，留任中国垒球协会竞委会副主任。

曹印彭于1981年被国际垒联批准为我国首批国际级垒球裁判员，多次与日、美、加、澳、新等国专家共同讲学，为我国培养了大批优秀裁判员。他屡任全国、国际垒球比赛裁判长、仲裁委员或技术代表，自1980年起连续8年获"全国优秀裁判员"称号；1984年以科研教练身份随中国女子垒球队参加洛杉矶国际女子垒球锦标赛，获亚军；1985年被国家体委授予"新中国体育开拓者"荣誉奖章；1990年获国家体委"体育工作贡献章"。

曹印彭长期从事球类运动教学与训练工作，改革了篮球竞赛"蛇形"编排法，在借任辽宁省棒垒球队总教练期间创造了垒球"8"字投球法，并教授李念敏掌握此项技术，为其成为世界级名投手奠定了基础。其主要论文有

《1984年洛杉矶国际女子垒球锦标赛技术调研报告》《现代篮球教学法的新趋势》等，主要专著有《篮球》《垒球竞赛裁判法》等。

王寿生

王寿生，生年不详，陕西大荔人，特级教师。

1949年毕业于北平师范大学体育系。新中国成立后，历任北京市第101中学体育教师，曾任全国体育总会第四届委员会委员、北京市体育总会副主席。1960年评为全国先进工作者。他献身体育教育事业四十年，一直在北京101中学工作。他关心学生的身体健康，重视学生体质和运动技能的全面发展，而且培养出许多优秀运动员。

王寿生肯钻研，善总结，积累了丰富的体育教学经验，在全国性的体育刊物上发表过有关教学与训练的文章多篇，其中代表著作为《中学体育教学》。他曾两次参加全国中小学体育教材的编写工作，1979年被评为特级教师；1981年被评为全国千名优秀体育教师。

于大申（1914—1984）

于大申，山东蓬莱人，编辑。

于大申1937年毕业于北京师范大学体育系，1938年参加革命，曾任中共胶东区委机关报《大众报》编委、编辑科长、代总编辑。1945年8月烟台新中国成立后，创办《烟台日报》，任社长兼总编辑，同时兼任新华社烟台支社社长、市委宣传部副部长；1948年被指定为中原支队新闻大队负责人之一，带领一批新闻工作者南下支援新解放区，任《豫西日报》副社长兼副总编辑；

1949年6月1日《河南日报》创刊，任报社社长；1949年10月兼任新华社河南分社社长；1954年秋调任中共河南省委宣传部副部长；1953年至1966年，被选为第一届省委候补委员，第二届省委委员；1982年被河南省记协、河南省新闻学会聘为两会顾问。

杨道崇

杨道崇，1912年生，河北省满城县人，体育学教授。

1937年毕业于北平师范大学体育系，后任北平市立高工体育主任，1946年调入清华大学任教。1932年取得保定市运动会个人总分第一。1934年代表北平市参加第18届华北运动会，获篮球第2名、高栏第4名、百米第4名、4×100米接力第1名，并破华北纪录。第四代北师大篮球五虎之一。

杨道崇教授不仅有高超的体育技能，而且拥有培养高水平的运动队的能力。负责管理清华大学体育教研组学生体育代表队，是清华大学体育教研组五人核心小组成员。他还曾担任北京市篮球协会常委、北京市高校体委竞委会副主任委员、北京市高校女篮教练、中国教育学会体育研究会顾问委员。1957年获田径国家级裁判称号、篮球一级裁判、并经常担任排球、游泳、乒乓球、中国象棋和围棋等裁判工作。后任北京高校篮球裁判领导小组顾问、田径裁判领导小组成员，国家特殊津贴获得者。

徐宝臣

徐宝臣，1921年生，北京人，体育学教授。

1953年于北京师范大学体育系毕业后任教于北京体育大学。徐宝臣教授从事田径专选课教学60多年，为国家培养出一大批的体育人才。其中在田径项目中，一些学生曾获得过全国冠、亚军，成为全国纪录的创造者，在1948年获第七届全国运动会110米高栏亚军。徐宝臣教授获得国家体育运动委员会颁发的"新中国体育开拓者"荣誉奖章，另获有"体育工作贡献奖""体育科学技术进步三等奖"。

郑　恒

郑恒，1925年生，山东省龙口市人，体育学教授，新中国体育开拓者。

1952年毕业于北京师范大学体育系，关于北京体育学院工作。他是国家级田径裁判员，1985年被评为全国体育优秀裁判员，获得国家体委颁发的证书及奖金。他曾先后获得国家体委、北京市体委及北京市教育局及教育工会颁发的"体育工作辛勤工作三十年""新中国体育开拓者"的荣誉章及证书。

郑恒教授曾六次参加国家体委组织领导的全国体育院校的田径教材及二次编纂，1963年及1981年的教材被国家体委评为全国体院优秀教材。他曾编写了《中国大百科全书·体育卷》铅球部分、《田径辞典》铁饼部分、《田径基础知识及训练技巧》上册及《掷铅球、掷手榴弹》小丛书。

公有才

公有才，1925年生，山西省高平市人，体育学教授。

1952年毕业于北京师范大学体育系，毕业后支援中央体育学院（现北京体育大学）建设，从事高等体育教育工作42年。公有才在工作期间，曾先后担任体操教研室秘书，及体操系的教学训练及班主任工作。他曾担任过苏联体操专家的助教，承担培养体操研究生的工作，还组织和培训了全国第一届体操教练员训练班，参加了全国中学生体育教师教学等工作。1961年调入北京体育师范学院，曾担任体育教研室主任、硕士研究生导师、院学术委员会副主任、院职称评审委员会委员、北京体操协会委员、体操一级裁判员，受聘于国家教委，担任全国高等师范体育院校体育教材编审委员，主讲体操科学。

公有才多年来从事体操教学理论与方法的研究，出版专著有：《垫上运动》（人民体育出版社，1955年版）、《体操术语》（合编，人民教育出版社，1958年版）、《双杠》（人民体育出版社，1959年版）、《双杠的技术与教学》（人民体育出版社，1984年版）、《体操教学理论与方法》（合编，高等教育出版社，1995年版）。发表论文主要有：《体育系学生上岗前具备中学体育教师岗位基本功研究》（体师学报，1991年第2期）、《我国徒手体操的演化及其作用》（体操季刊，总第46期）。自1952年以来一直从事高等体育教育工作，为发展我国的高等教育事业做出贡献，并获高等教育局颁发的证书，享有国务院专家津贴。

石善根

石善根，1925年生，浙江省宁波人，体育学教授。

1950年毕业于北平师范大学体育系，毕业后到北京体育大学工作。历任球类教研室篮球教学小组组长，校篮代表队教练；负责北京体育大学校篮球教学文件建设，编制院专科教学计划、教学大纲、教学进度和标准教案等等，曾任中国篮协委员、竞赛裁判委员会委员及北京市篮协委员职务，并获得国家级篮球裁判员称号。曾接受国家体委委托承办全国教练员培训班与全部教学管理工作。60年代初担任研究班和硕士研究生导师工作。著有《篮球教学文件的研究》和《篮球竞赛组织编排的研究》等论文。

王幼良

王幼良，1926年生，北京人，体育学者，编审。

1952年毕业于北京师范大学体育系，毕业后任教于北京体育大学，曾任苏联专家助教。1954年兼任北京体育大学团委总书记。在北京体育大学工作期间，担任53级体育理论课的教学和负责教育实习的业务工作。一贯坚持和重视加强基础理论学习，不过早细分专业，曾两次受命筹建体育理论系和基础理论系。

王幼良参加了国家体委为贯彻1962年教育部颁布《高教60条》调研组。1961年参加全国首次编写系统教材的工作，1977年在承担第二次重编12门学科的复审与报批的工作中，尽力支持各编写组有创见的建议。1979年以后，用了近四年时间参与并完成了《中国大百科全书·体育卷》的组稿和编审工作。1984年又参加了为时一年的《2000年的中国》课题所属《2000年的中国体育》的调研与撰稿任务。1985年秋，年近六旬时调任北京体育大学出版社社长兼总编辑。

王汝英

王汝英，1927年生，河北省丰润县人，体育学者。

1952年毕业于北京师范大学体育系，之后到北京体育大学筹备处任助教。1956年任北京市高校体育教法委员会副主任，多次主持公开课的评议。1957年与苏竞存、王英杰二位教授合作撰写1958年召开的"全国劳卫制科学评论会"的主报告。1958年根据国家体委党组织决定调出中央体育学院，参与建立国家体委科研所，后任科研处长、副所长（1982—1991）。1987年担任国家体委体育信息研究所任所长至1992年。1995年退休。1980年参与筹建中国体育科学学会，连任常务理事，并任训练学会副主席及体育仪器器材分会主任、体育信息专业委员会主任。1985年中国体育发展战略研究会担任常委。还曾任全国体总委员、中国田协副主席、国际体育信息联合会副主席、中国老年学学会理事等职。

王汝英研究员的多项科研成果获国家体委科技进步一等奖，其中一项获国家科技进步三等奖。1991年获首批国务院颁发的政府特殊津贴。1999年获国家体育总局颁发的"体育科技荣誉奖"。2002年获"中华人民共和国体育工作者"荣誉奖章。

华 忻

华忻，男，1928年生，北京人，北京市优秀教育工作者。

1952年北京师范大学毕业后，随即参加筹建中央体育学院的工作。自1954年以来，历任中专科副主任、球类系副主任、预科主任、运动三系及体育系主任等职。1955年5月21日加入中国共产党。1984年调至北京体育师范学院任党委副书记、书记职务。他主要从事教育管理和思想政治工作。1991年被授予北京市优秀教育工作者称号。

何继韩

何继韩，1928年生，山西大同人，体育学教授。

1952年毕业于北京师范大学体育系，一直在北京体育大学体操教研室任教，1988年退休。何继韩教授曾担任全国体操教师班教师及班主任，是中国最早的体操函授教材编著者之一，是中国第一本体操规则编订人之一，是新中国最早的国际裁判。

何继韩教授的主要著作有1954年出版的通俗读物《技巧运动》（人体出版社）、1958年出版《国际操编》（人体出版社）。1980年，从事运动心理训练及运动技术学习的研究，先后发表了多篇论文，同年开始在北京体院举行运动技术学习新学科讲座。

杨守博

杨守博，1929年生，河北武清县人，教授。

1952年毕业于北京师范大学体育系，1952年至1994任教于北京体育大学、曾于1980年担任中国青年田径队教练，兼任北京田径队教练。在任职期间，主要的研究方向是田径训练和田径运动场地。在国内体育刊物出版的书籍、文章和录像等共计60多件，其中有代表作《短跑发展的基本途径》《健全和完善我国田径运动员等级制度》《田径运动员多年训练初探》《世界优秀田径运动员安排发展趋势》《田径运动场地》《体育运动场地和设备》。

杨守博教授从60年代开始研究田径运动场地，从1975年开始参与塑胶田径场地工程，至2005年参与的工程共80多个，涉及20省市自治区。在塑胶体育场工程中担任多家建筑公司、塑胶公司和甲方的技术顾问，并在第十一届亚运会田径场地工程建筑中，受到田径联合会的好评。

于 钢

于钢，1929年生，天津市人，体育学教授。

1952年于北京师范大学体育系毕业后到北京体育大学筹备处担任助教，为中央体育学院的建校和教学做了大量工作。于钢教授曾任中国篮球协会副主席、中国运动训练学会副主任、中国体育科学学会荣誉理事、北京市体育科学学会副理事长，现任中国篮球协会技术顾问、北京市篮球协会顾问。

曾任国家篮球队第二队教练，并被派出任中国篮球首届授外专家到蒙古人民共和国任其国家队教练。20世纪80年代中期调到首都体育学院任副院长，继续为北京市培养体育人才，直到1997年退休。

毛学信

毛学信，1930年生，江苏省昊县人，体育学教授。

1952年于北京师范大学体育系毕业后，到北京体育学院体操教研室从事教学、训练和科研工作。曾任北京体育学院体操教研室副主任、院务委员会委员，学术委员会委员、中国体操协会教育委员。创编全国、省、市大中小型团体操表演25次，担任"五一"、国庆游行队伍体育大队队容的设计、组织和训练20余次，多次担任《广播体操》的主编。他著有《中国团体操》，《徒手操的创编、教法与实例》。并参加《中国大百科全书·体育卷》《中国体育大词典》体操卷、《中国奥林匹克运动丛书》部分条目的主编，以及《中国体操运动史》部分章节的主编工作。

毛学信教授一直坚持科研及培养研究生工作，多次被评为北京体育学院优秀共产党员。1965年获国家体委颁发的"体育运动荣誉奖章"，1985年被授予"北京市劳动模范"称号。1992年获国务院颁发的政府特殊津贴。

吴中量

吴中量，1930年生，河北省沧州人（回族），体育学教授，新中国体育开拓者。

1952年在北京师范大学体育系毕业后，到北京体育学院工作。1957年至1959年，从上海体育学院研究生毕业后，又回到北京体育学院任教至今。40多年来，他一直从事教学、训练和科研工作，具有丰富的教学经验和系统理论知识。他曾出国讲学并承担援外工作，并于20世纪70年代担任青训队女排教练，为国家队培养输送了曹慧英、杨希、陈招娣等运动员，为中国女排的发展做出了贡献。他曾任北京体育学院学术委员会委员，球类教研室及排球教研室主任，北京市排球协会主席、中国排球协会科研委员会主任，中国体育科学学会会员，北京市第七、八届人民代表大会代表。

吴中量教授曾发表过数篇有价值的科研论文，如《排球教材教法的研究》《键球规则的研究》《体育院系术科教法改革与实践探讨》等。还参加全国体育学院《排球》通用教材和《中国大百科全书·体育卷》及《中国体育大词典》部分条目的撰写工作。1980年获国家体委授予"新中国体育开拓者荣誉奖章"。1992年获国务院颁发的政府特殊津贴。

张天祥

张天祥，1930年生，湖北省汉阳人，体育学教授。

1952年从北京师范大学体育系毕业后，留京工作，一直工作在教学训练和科研工作的第一线。1960年开始进行培养研究生的工作。1962年开始进行高水平运动员的训练，他对跳高项目的训练有较深入的研究，并在实际工作中有显著成绩，他训练的运动员曾获得世界性、州际性比赛的冠军，为国家队输送了4名运动员。他曾任北京体育学院田径教研室教学组长，技术研究组组长，教师进修班班主任，院学位评定委员会委员，职称评定委员会委员，田径高级教练员指导小组成员，研究生导师，北京职工运动技术学院院务委员等职。

张天祥教授著有《跳高与跳远》《竞走与赛跑》等书，多次参加全国体育院校《田径》教材的编写工作和体委重点课题的研究工作，如《中国优势竞技项目制胜规律》已出版，其中他参加编写的部分曾于亚科会上参展，发表过10余篇科研论文。1993年获国务院颁发的政府特殊津贴。

安铁山

安铁山，1931年生，北京人。

1954年从北京师范大学体育系毕业，1955年考入北京体育学院足球研究生班，此间代表北京足球队参加了1956年、1957年全国足球比赛。1957年毕业留校任教，是苏联专家培养的我国第一批足球研究生。他曾作为中国足球考察组成员赴西班牙考察第12届世界杯足球赛。曾担任全国体育院系《足球》通用教材编写组副组长，《北京市少年儿童足球训练大纲》课题组组长，编写了《中国体育大辞典》足球部分条目，编导了我国第一部足球教学训练系列片。其代表作有：《现代足球中锋战术》《射门脚法选择》《第十二届世界杯足球赛技战术分析》《国际足球16岁以下柯达杯世界锦标赛北京赛区调研统计分析》等。他曾参加国家体委组织的《全国少年、儿童训练竞赛体制改革》课题的研究。

在30多年的教学中，为国家培养了大批足球运动员、科研人员及体育干部，获得"新中国体育运动开拓者"证书。曾任北京市体育科学学会理事、运动训练委员会副主任。

田学易

田学易，1932生，河北省乐亭人，体育学教授。

1952年毕业于北京师范大学体育系。1956年毕业于北京体育大学研究生部，1960年毕业于苏联莫斯科中央体育学院研究生部。他曾多次在田径项目上取得优异成绩。1953年起任教于北京体育学院，从教第一线，历任本科、大专班、培训班、研究生的田径教学理论、训练和论文指导、科学研究工作，几十年来深受学生的尊敬和喜爱。

他多次代表北京体育学院参加全国体育院校统编教材《田径运动》的编写工作，并多次在全国性的体育科学研讨会上作专业性的学术报告。曾在国内的一级体育刊物上发表文章30多篇。

马中华（1929—2007）

马中华，河北次安人，体育学教授。

1950年毕业于北京师范大学体育系毕业后，就职于中国矿业学院，曾被选拔入"华北男子篮球队"。他曾带领北京矿业学院学生男子篮球队夺得两次北京高校篮球赛冠军，开创我国高校办高水平运动队的先河。在马中华教授等前辈的带领下，中国矿大体育人取得了体育课程教学、课外体育活动、代表队、高水平运动队等全方位的丰硕成就。他

"十年炼狱，厚积薄发；把握机遇，开拓创新；敬业乐群，展现人生；严于律己，宽以待人"的体育人生，为后人留下了极其宝贵的精神财富。

谷世权（1934—2015）

谷世权，北京昌平人，著名体育史专家。

1952年入学北京师范大学体育卫生系，二年级时与52级全体同学将学籍转到中央体育学院。1955年毕业于中央体育学院并留校任教。1957年，在苏联体育理论专家格拉明尼茨基的指导下攻读研究生。1959年毕业于上海体育学院体育理论研究班。曾任北京体育大学体育史教授，硕士生导师。曾任校党委委员、校图书馆馆长。

谷世权一直从事体育史、竞技运动史、奥林匹克运动、体育理论等学科的教学和研究工作。撰写过专著15本，论文50余篇，代表性著作有论文《试论体育与竞技运动》及专著《中国体育史》，分别获北京市哲学社会科学优秀成果一、二等奖，《试论民初和北洋军阀统治时期体育》《试论周恩来与中国体育》《我国古代近代学校体育发展史考略》等也分别获奖。1985年获国家体委颁发的"新中国体育开拓者"荣誉证章。1996年2月获国家体委颁发的"中华人民共和国体育工作贡献"奖章。

鲍忠孝

鲍忠孝，体育学教授。

1969年毕业于北京师范大学体育系，1972年至今在中国医科大学体育教研室任教，先后担任中国医科大学体育教研室副主任、运动医学系副主任。自1999年起担任全国高等医学教育学会常务理事秘书长，他曾担任全国教育学会体育分会副理事长及辽宁省体育科学学会体育科研管理委员常委。

多年来他从事体育教学、管理及体质健康方面的研究，主编了有关普通高等学校体育教学、体育课程改革方面的教材、著作，发表体育学术论文50

余篇。主要代表作有：《体育教学理论与体育理论与实践课教程》《面向21世纪辽宁省高校体育实验与研究》核心刊物10余篇。曾多次被评为全国优秀裁判员称号及省、市体育先进工作者、优秀党务工作者。

沈贤

沈贤，1944年生，河北省滦县人，体育学教授。

1968年毕业于北京师范大学体育系，在山东高等院校从事体育教育工作30年，教授《篮球》《体育测量》《乒乓球》及《体育统计》等课程，为国家培养了大批体育人才。曾任山东省教学指导委员会委员、山东省高校体协常委、教学工作部主任、山东省高等教育体育研究会常务理事、山东省高校职称评审体育科学组成员等多种职务。

在科学研究方面，研究成果突出，主编了《大学教育》《大学体育教程》，参编著作4部，发表学术论文26篇。他在运动竞赛、群体活动、教学科研各方面取得了卓有成效的成绩。

附 录

一、历任领导

▲ 1917年至1919年体育专修科主任

吴清林　焦　莹

▲ 1919年至1944年体育系主任

袁敦礼

注：体育专修科于1931年更名为体育系

▲ 1923年至1927年体育专修科主任

曾绍舆（仲鲁）

注：1923年至1927年袁敦礼赴美留学，在此期间曾仲鲁代理体育专修科主任一职。

▲ 1944年至1953年体育系主任

徐英超

注：1937年至1946年为抗战西迁时期，这时期体育系的工作前期主要由袁敦礼负责，后期及新中国成立后主要由徐英超负责主持。

▲ 1953年至1959年体育系因援建中央体育学院停办

1953年秋以北师大体育系为班底组建了中央体育学院（现北京体育大

学），1959年秋北师大体育系重新组建。

▲ 1959年至1974年体育系领导班子

由于这一时期因体育系的重建、"文革"等原因，流动性非常大。在此期间先后担任体育系领导职务的有：胡惠贤、任奇智、贾希效、李汉忠等。

▲ 1974年至1984年体育系领导班子

主　　任：张延祜

副主任：刘伯奇　贾希效　金铭院

书　　记：徐建辉

副书记：张印所

▲ 1984年至1987年体育系领导班子

主　　任：田继宗

副主任：滕子敬　崔大国　金铭院

书　　记：徐建辉

副书记：金铭院

▲ 1987年至1991年体育系领导班子

主　　任：孟浩德

副主任：滕子敬

主任助理：回　寅

书　　记：李双利

副书记：谷文英

▲ 1992年至1995年体育系领导班子

主　　任：李瑶章

副主任：崔大国　王世伟

主任助理：王建华

书　记：周之华

副书记：杨国庆

▲ 1995年至1998年体育系领导班子

主　任：周之华

副主任：杨国庆（兼）　王建华　贾　齐

书　记：郑　莩

副书记：杨国庆

▲ 1999年至2002年体育系领导班子

主　任：周之华

副主任：杨国庆（兼）　贾　齐

书　记：杨国庆

副书记：张吾龙

系主任助理：张　繁

▲ 2002年至2005年体育运动学院领导班子

院　长：毛振明

书　记：杨国庆

副书记：孙　璞

副院长：殷恒婵

院长助理：唐东辉

▲ 2005年至2009年体育运动学院领导班子

院　长：毛振明

书　记：杨国庆

副书记：孙　璞

副院长：殷恒婵 乔德才 高 嵘

院长助理：姚明焰

▲ 2009年至2013年体育与运动学院领导班子

院　　长：毛振明

书　　记：杨国庆

副书记：孙　璞

副院长：殷恒婵　乔德才　朗　健

院长助理：姚明焰

▲ 2013年至2016年体育与运动学院领导班子

院　　长：毛振明

书　　记：殷恒婵

副书记：林小群

副院长：乔德才　朗　健　姚明焰

院长助理：屈国锋

▲ 2016年至今体育与运动学院领导班子

院　　长：殷恒婵

书　　记：殷恒婵（2016.6.29–2016.9.15）

　　　　　刘　林（2016年9月15日至今）

副书记：林小群

副院长：高　嵘　王兆红　屈国锋

工会主席：李卫东

院长助理兼办公室主任：吴晓路

院长助理：李笋南

二、各年代任职教师

▲ 1917年至1920年体育专修科教师名单

陈念祖　军事，体操

袁敦礼　英文翻译，北京师范大学英文专业毕业，1917年8月开始任职到校充专任职员

舒美柯　美国医学博士

石学万

俞飞鹏　体操

孔繁俊　体操　中国体操专门学校第一期本科毕业

杨兆清　步兵队长，充任体育

纪　德　课外活动　武术

刘馥馨

马　春　课外活动

吴清林　柔术

焦　莹　山西班教务主任　日本高等师范学校毕业　1918年4月到校充体育专修课学级主任

曾绍舆　体育理论，日本东京高等师范学校体育科毕业，1919年8月到校任教员和学监。

陈世奎　抵球教员

杨澄甫　拳术教员

陈国梁　体育教员

▲ 二十至三十年代体育系教工名单

袁敦礼	曾绍舆	王石卿	郝更生	徐文彬	刘云祥	谢尊颐	孙振奎
石汝璧	顾毅若	贾观蓉	郑祐培	彭　修	钟士杰	罗一车	臧英志
蔡平庄	黄傅霖	谢天乐	孙云藻	柯政和	郝更生	孙振奎	刘玉五

涂奇峦　甘浚昌　金　浩　谢程山　甘轶卿　周振庭　张银海　王裔恒
程国璋　谢似颜　方万邦　董守义　涂　文　马约翰　余永祚　张银海
甘之泉　徐民辉　王继根　刘殿升　桂欣良　吴蕴瑞　赵丽莲　李惠年
张监堂　李淑清　贾　魁　曹安和　谌亚新　王姞名　弓　浚　权玉润
腾　肃　赵月林　沙博格　钟汉孙　郭俊卿　李仲三　圣　特　李剑华
崔恃如　魏文贞　蓝涤清　凌洪龄　郑祐培　陵安东

▲ 1937年至1946年抗战西迁时期体育系教师名单

袁敦礼　董守义　沙博格　徐英超　郭俊卿　马永春　刘月林
罗爱华（女）　　凌洪龄　魏振武　孙淑铨　谢似颜　王耀东　朱淳实
刘振华　陈静庵　苗时雨　信安中（女）　　张光涛　吴图南　王　琪
张旭斋　白肇杰　黄金鳌　李鹤鼎　薛济英　陈荣泽　赵振尧　张鸿玺
张开运　陈毓瓒　董蕴玉　朱焕章　张志贤　何以龙　信逢仁　刘士俊
马郁文　马凤图　戴一飞　费哲人　余策骅　方德长　萧光元　邱寿昌
张　健

▲ 1946年回归北平至1953年建立中央体育学院时期体育系教师名单

徐英超　王耀东　黄金鳌　王如珍（女）　魏振武　薛济英　张鸿玺（女）
齐有义　马约翰　夏　翔　张文广　苏竞存　赵文海　张志贤　王家震
张淑娴　黄　椒　程登科　傅蕴珧　朱婴训　章瑞麟　张焕龙　彭　瑢
万焕新　李容美　舒崇勋　戴爱莲　佟复然　傅蕴尧　曹焕新　叶百令
李长庚　乔　谷　宏怀麟　刘睿湘　柏芝蔚　王士林　陈兆蘅　薛鸿志
汪堃仁　李淑清　包贵睿　黄傅霖　贾玉瑞　郑　恒　崔　泽　穆静贞
王仪润　刘世亮　金永延　王锦云　吕廷立　胡子俊　刘拟珍　白子平
刘伯奇　徐菊贞　姜敬三　娄金山　王金铎　胡子俊　安笑兰　梁　濂
李鹤鼎

▲ 1959年恢复建系至1966年"文化大革命"开始时期体育系教师名单

刘伯奇	田继宗	刘世亮	王金铎	刘钟琪	金永延	徐菊贞	娄金山
王超然	金海荣	王培顺	白子平	王 满	张连余	李华庆	朱婴训
王锦云	张志贤	张鸿玺	腾子敬	丘诗腾	何之敏	梁焕志	吴金山
徐德花	王倩华	韩焕志	张国富	张云涛	金铭院	刘继学	吴妙芬
张云超	尚元莹	徐素卿	闫德海	卓国能	乐仁义	刘俊骧	廖一萍
王起然	黄质民	王 章	张曼萍	张庆华	蔡寅宝	孙李江	孟浩德
谭世和	源镇辉	张宗斌	颜菊才	杨森林	李金山	高树荣	李瑶章
吴金梅	田起然	王金铎	刘锋琪	张公超	邢志和	郑宝兴	王浩顺
尚文莹	刘继荣	王金铎	姜孔方	杨启孟	范学良	韩德才	谢三祥
孟昭祥	康光森	杨宏松	周之焕	朱谷林	赵振荣	崔大国	

▲ 1976年至1989年教师名单

张鸿滨	张延祜	张云所	张瑞林	张宝俊	张鸿玺	张志贤	张廷余
张茅顺	张宗斌	张庆华	张德福	王 勋	王金铎	王锦玉	王 章
王倩华	王超然	王振军	王晓娟	王桂莲	王天成	李云厚	李华庆
李瑶章	李金路	杨宝礼	杨金生	杨森林	杨宝庆	杨学成	杨俊如
杨宏松	许建辉	贾稀孝	安东普	邓井力	刘福永	刘圭亮	刘伯奇
刘润生	金永延	朱婴训	白子平	徐菊员	娄金山	闫就海	云 满
吴妙芬	姜敬兰	丘诗腾	炜纪才	田徒宗	梁焕志	乐仁义	孟照祥
范学良	周志焕	杨启孟	韩继武	蔡寅宝	金铭院	吴金梅	邢志和
马鸿元	孟浩德	朱谷林	赵振英	吴金山	崔大国	高树荣	谢三祥
卓国能	姜孔方	徐永昌	孟庆生	宋绪礼	滕子敬	杨 冰	冯宝华
赵洪星	汪俊明	韩德才	赵金丽	刘伯奇	陈必谦	邓 勤	杜淑贤
刘新威	吴增乐	蔡长友	梁 宁	魏嘉生	侯日文	丛连凡	侯金云
郑桂海	回 寅	李 哲	赵继生				

▲ 1990年至2001年教工名单

朱谷林	徐爱娥	周之华	张　繁	张艳芬	孟昭祥	姜桂萍	赵　雷
朴哲松	高　嵘	张建华	唐东辉	马鸿元	关　杰	崔大国	张广德
郑贵海	王建华	袁丽丽	侯　曼	张玉新	梁焕国	谷文英	王世伟
汪俊明	朱俊全	蔡寅宝	王定坤	李卫东	回　寅	纪仲秋	张吾龙
赵金丽	孟浩德	王力男	范学良	杨国庆	刘润生	高树荣	严　琳
马一枫	李瑶章	高增霞	徐永昌	杜晓红	滕子敬	贾　齐	殷恒婵
吴丽丽	潘若松	吴晓璐	刘淑芳	郑美荣	宗爱胜等		

▲ 2002年至2007年教工名单

贾　齐	毛振明	纪仲秋	张建华	殷恒婵	高　嵘	唐东辉	赵　雷
甄志平	任园春	乔德才	刘晓莉	张　靓	朗　健	杨国庆	王力男
刘润生	朴哲松	张德福	杨俊茹	赵鸿星	王长权	王力晨	朱俊全
李国红	李笋南	杨兆春	胡春雷	郭建富	张广德	孙　璞	孟繁斌
郑景泉	赵纪生	侯金云	徐爱娥	王振军	严　琳	邵作刚	郑桂海
姚明焰	回　寅	姜桂萍	张　繁	张艳芬	苑文燕	孟庆生	高增霞
李卫东	查　萍	张　卓	王建华	杨学成	马一枫	杜晓红	屈国锋
吴晓路	潘若松	刘淑芳	袁雪梅	田晓龙	赵　黎	林小群	郑美荣
王　录	王瑞祥	宗爱胜	侯莉娟	丁天翠			

▲ 2017年教工名单

毛振明	纪仲秋	殷恒婵	张建华	刘晓莉	乔德才	高　嵘	唐东辉
甄志平	王兆红	任园春	朗　健	郎　平	李笋南	王长权	姜桂萍
姚明焰	张吾龙	孙　璞	王建华	吕韶军	屈国锋	张　靓	宋湘勤
侯莉娟	胡春雷	王力晨	朱俊全	李国红	杨兆春	张　繁	高增霞
李卫东	查　萍	陈一冰	孟繁斌	郑景泉	徐爱娥	邵作刚	赵　歌
杜晓红	胡　惕	马运超	何　莉	李　根	郭建富	宋陆陆	裴嘉文
刘天彪	毕　妍	韩　青	张　卓	苏荣海	陶　焘	李爱华	张　娜

张长思　陈新萌　孙思远　刘　林　林小群　白金凤　吴晓路　袁雪梅
王江梅　田晓龙　许晨晨　孙晓东　胡沈秋　张乐嘉　王　录

三、历届学生

（一）历届本专科学生

● 第一届（1917—1919，两年制）第一届体育专修科毕业生32人

方　中（万邦）　徐文彬（英超）　朱恩德（宣三）　王本荣（梓固）
臧英志（凌云）　李生辉（景耀）　王昌富（润堂）　王春生（萱阶）
朱宝秀（稚舒）　江纯璋（献峨）　杜荫清（静斋）　吴肇岐（振西）
李兴华（香古）　李先华（显英）　李善诠（元度）　吴锦州（瀛仙）
沙毓书（瑞图）　林荫南（醒如）　金启琛（蕴府）　唐英国（新民）
马上奇（子奇）　秦　恣（讷君）　桂宝铭（箴益）　黄贤铭（英钊）
陈喜厚（禄宜）　张贻先（醒寰）　傅秉鉴（镜如）　杨春荣（向之）
翟清杰（任之）　刘　滋（雨三）　郑清廉（洁泉）　庞禄廷（膺之）

● 第二届（1919—1922，三年制）体育专修科毕业生21人

王春荣（耀东）　王仁寿（松乔）　宏瑞智（镜波）　吴志敏（亮荪）
邢壮观（云汉）　李秉鉴（镜天）　沃玉麟（字书）　治永清（化南）
耿顺卿　　　　　徐　涛（韵秋）　周　宪（佩卿）　宫文丽（道琴）
高云书（史占）　张武成（济美）　冯光华（灿如）　杨致焕（炳文）
翟荫梧（凤歧）　赵之翰（墨卿）　刘　钰（润卿）　钟士杰（仪阳）
罗一东（肖华）

● 第三届（1923—1926，四年制）体育专修科毕业生8人

王惠德（爱民）　王铨衡（子选）　吴孝福（晓湖）　张家勋（叔良）
毕三江（象干）　张旭斋（在田）　张煜之（焕龙）　刘云祥（子贞）

● 第四届（1924—1928，四年制）体育专修科毕业生11人

王谦祥（逊民）　尚树林（逊三）　孙云藻（友龙）　张世显（子耀）

张宝山（尊三）　黄迪吉（惠卿）　刘世俊（文林）　常向和（致祥）

高维燕（齐轩）　张韦向　　　　高霁轩

● 第五届（1925—1929，四年制）体育专修科毕业生26人

艾子高（子高）　李　州（籹寰）　李树善（修武）　李道明（日升）

宋森林（锐庭）　宋建铭（箴甫）　宋秉琳（琅宣）　余永祚（亦仲）

吴中正（耿吴）　佟振家（稚宣）　佟复然（效初）　金　岩（晓　）

金德耀（丽震）　俞安斌（质夫）　马永春（久斋）　马晋恒（志道）

张嵩云（岳武）　张运文（炳南）　张启祚（独乐）　张鸿钧（衡甫）

程　绶（肃持）　赵逢珠（梅川）　熊兆龙（梦先）　简　凯（志纯）

庞益荣（吟豪）　关振禄（羽飞）

● 第六届（1928—1932，四年制）体育专修科毕业生18人

王树棠（召南）　李　云（雨三）　李任佩　　　　沙金斗（瑞辰）

吴广德　　　　谷坤英（任佩）　金复庆（紫泉）　胡鹤海（远航）

耿骐生（青黎）　黄金鳌（冠宇）　赵文选（雨泉）　赵文藻（亚夫）

康世修（绍陵）　邓嘉祥（北禾）　刘月林（靖川）　刘冠军（勇三）

肖树枫　　　　严　华（文德）

● 第七届（1929—1933，四年制）体育专修科毕业生13人

弓　浚（清泉）　文得郁（宗周）　王安乐（仁山）　刘光章（云僧）

陈盛魁（星垣）　董　铨（子平）　赵允迪（德齐）　张金鉴（堂府）

赵燮垚　赵伯荣　田永安　李之荣　周书云

● 第八届（1930—1934，四年制）体育专修科毕业生21人

王玉增（汗书）　任棣棣（应堂）　吴耀成（懋功）　刘汉治（古甲）

金鸿儒（淑之）　苗时雨（润田）　郭全成（运卿）　陈文煌（都如）

陈家藏（大海）　黄景星（庆甫）　崔玉玢（子文）　董以详（善懦）

张成德（明卿）　张希良（企之）　赵允楷（子和）　韩蓬六（译民）

郭师典（俊卿）　吴云龙　靳国才　姚定位　马绍周

● **第九届**（1931—1935，四年制）体育专修科毕业生20人

宋淑章（白圭）　周维琢（德潜）　凌洪龄（会伍）　傅蕴光（玉珊）

焦嘉诰（佩亲）　王希亨（嘉民）　朱尽美（善成）　董　信（义齐）

刘振华（伯森）　钱万元（肇一）　卢起祥（裴霖）　肖　晏（子齐）

闫华堂　苏　璞　李清峰　李恩寿　朱淳实　张春惠　雷天增　赵　铗

● **第十届**（1933—1937，四年制）体育专修科毕业生26人

于大绅　吕延立　柴森林　冯炳麟　谢金台　刘世明　杨道崇　万焕新

庞孝谐　刘卓群　李本廉　张　润

西迁期间：

● **第十一届**（1934—1938，四年制）体育专修科毕业生9人

城固：

史麟生　朱婴训（女）李鹤鼎　李国堂　袁　琮　张汶汉　马振銮

詹易元　魏振武

● **第十二届**（1935—1939，四年制）体育专修科毕业生13人

城固：

于爱琴（女）于增鑫　王克珍　贾智林　薛济英　章瑞麟　廖宝珠（女）

庆　昌　赵殿臣　高嘉棵　漆荫堂　赵淑哲（女）　　陶　鹏（女）

● **第十三届**（1936—1940，四年制）体育专修科毕业生10人

城固：

陈荣泽　李克仁　黄俊六　范德明　张鸿玺（女）　梁钟睿　窦振民
苏竞存　张家珍　张慕霞（女）

● **第十三届** 北平体育专修科毕业生7人（女生）

王玉芬　李秀瑜　郭　雍　黄泽民　陈秀华　靳开兰　刘玉梅

● **第十四届**（1937—1941，四年制）体育专修科毕业生9人

城固：

王　衡　王汉超　孙步新（女）　彭　瑢（女）　牟作云　李继美
范宗先　傅春池　蔺克昌

北平：

王树楷　秦延榕　罗孝温等共8人

● **第十四届** 北平体育专修科毕业生16人（女生）

王锦云　王淑敏　王醒华　石书华　李春旭　杜怡荣　杜　琼　沈正德
英渐良　金好仪　陈玉新　景一芳　孙淑贞　董安贞　刘淑昭　魏　璬

● **第十五届** 1942年体育专修科毕业生29人

城固：

王维屏　王　艺　年仲衡　王树楷　周志鸿　秦延榕　尹厚熙　尹鸿翔
刘鉴堂　罗孝温　房仲孝　严华英　许镇宝　李志强　蒋锡雨　于和地
张开运　李承沂　吴和玉　将蔼震　锁运宏　马玉探　陈海涛　陈启志
仲　尧　黄　健　张荫铭　刘步洲　齐有义

● **第十五届** 1942年北平体育专修科毕业生16人（女生）

王佩伟　王　猗　周彬如　姚世英　陆惠瑾　屠述环　张　敏　陈文霞

贺素贞　冯　琳　董励冰　赵玉琛　赵志洁　刘芳惠　刘桂卿　魏荣贞

● **第十六届**（1939—1943，四年制）体育专修科毕业生38人
城固北平：

白忠斌　赵国庆　吕　暝　徐敬达　庚锁戎　何以龙　苗时英　杨维疆
孙　逊　李正唐　孙治泉　赵文海　高世民　王玉珏　齐沛林　罗邦瑜
杨点如　刘梅英（女）　郑福怀　潘伯琼（女）　刘世英　董蕴玉（女）
谢凤池　张文治（女）　朱煌章　史云岫　杜援远　王昆玉（女）
许泽清　吴祥麟　赵瑞贞　孙国藩　赵双庆　刘恕忠　陈毓瓒　郭治洪
马凤阁　吴志刚

● **第十六届** 1943年北平体育专修科毕业生11人（女生）

王素喜　李素兰　徐惠茹　陈赞弟　隋树梅　张雪娟　潘君文　刘彩英
刘淑贞　蔡良班　肖醒华

● **第十七届**（1940—1944，四年制）体育专修科毕业生18人
城固北平：

于绍和　方仲英　王道五　王维经　白振宇　张志贤　李占元　韦玉芝
李连陛　银崇范　李裕生　集文浩　徐　琪　邢启基　张义春　张应辰
郑志国　刘竞存

● **第十八届**（1941—1945，四年制）体育专修科毕业生25人
兰州北平：

王立增　　　王家震　牛绍贞（女）　方德长　邢树亚（女）　余策辛
何　洁（女）　秦国樟　孙国瑞（女）　袁受环　齐宗耀　杨湛然（女）
赵振绮　刘以珍（女）　刘世亮　刘殿元　韩洁生　窦焕明　肖广元
宋纯礼　费哲人　吴庆余　张　健　俞永廉　孙玉恩

● 第十九届（1942—1946，四年制）体育专修科毕业生16人

兰州北平：

王之佐　王益民　王胜治　刘先祚　吴　棠（女）　　刘景曦　范连印
孙　逊　樊振中　马锡凤　孙朝元　崔　荫　郑光远　张金銮　严华伯
邱寿昌

专修科

杨生盛　魏相贤　樊　津　刘齐贤　郑志诚　张俊兴　僧　彬　张鸿亮
贾六本　梁绍先　牛友兰　漆树藩

1946年底，西迁结束返回北平复校

● 第二十届（1943—1947，四年制）体育专修科毕业生22人

翟家钧　孙英杰　衣秀廷　左锦明　夏维勤（女）　　夏　堃　陈树声
宋宝琪　高福基　毛鹏举　周冠瀛　杨海欧　赵惠卿　李锡天　毛寿义
陈振善　陈锦文　李荣美（女）　　时广海　卜士敏　李桂钧　汪宝田

● 第二十一届（1944—1948，四年制）体育专修科毕业生41人

王存华　董则濂　郑　恒　王秀敏　高　弼　郅德声　张天麟　姚云灵
张志澄　张国屏　朱英志　陈子新　韩勉之　张宝愚　王增裕　何栋材
朱文纮　耿锡英　贾世仪　徐寿洪　常启明　杨位中　龚明信　李长庚
张庆林　吴淑懿　王丽达　鲁　阳　刘伯奇　朱文经　王增裕　姜玉庭
杨维宗　张树铭　张宝森　赵　琳　王锡琛（女）　赵显椿（女）
齐洪敏（女）　刘淑云（女）　刘素华（女）

● 第二十二届（1945—1949，四年制）体育专修科毕业生43人

崔　泽　王毓信　赵寿年　穆静贞　刘　堃　李　增　赵振绵　蒋鸿选
祁玉生　李　穆　王寿生　梁绍光　李润昌　樊如兰　王系兰　穆嘉珍

秦 茂　赵德新　魏 钧　刘世芳　刘雪雯　姜亦强　李开昌　李发瑞
赵青军　柯 明　季照明　石宝瑛　石润玉　贾六本　安天相　樊如兰
李 穆　王公宇　张树铭　赵寿年　赵树德　赵振绵　贾希孝　李开吕
徐世诜　张宝森　刘 坤

● 第二十二届（1947—1949）1949年2月由北京市体专并入师大的专科毕业生

王凤遴　王龙生　王 道　王智华　亢 怡　安 成　石善根　刘凤誉
曲立言　许玉祥　孙玉峰　孙秀艳　张 琪　吴玉勤　吴维政　冼少梅
季明熏　郝宝琳　高树芸　侯鸿书　曹桂明　聂梦麟

● 第二十三届（1946—1950，四年制）体育专修科毕业生8人
孙诒莹（女）　孙诒琳（女）　张素敏（女）郭鸿书　顾荆石（女）
张嘉义（女）　佟静洋　　　王系兰

● 第二十三届（1948—1950）1949年2月由北京市体专并入师大的专科毕业生

张德山　石善根　张栋材　王永波　王天义　王乐义　王世忠　王汝霁
徐宝臣　车克英　王鼎正　申世华　冉纪才　齐宗和　朱宝庭　刘宝树
刘春元　刘俊祥　刘苳臣　刘汗蕴　张润芝　季若麟　姜诗泳（咏）
赵学鸿　赵显庭　崔文季　曹锡璜　程恩汗　阚桐轩　赵 斌　于振羽
安士英　刘臣元　曲德泉　孙绪熙　李文祥　吴振明　李熙荣　侯荫棣
贾增永　朱 琪　黄有为　安世英　程恩汉　康叔颖　李煦荣　沈锡妤
张宗义

● 第二十四届（1947—1951，四年制）体育专修科毕业生9人
温绍伟　曹毓侠　王幼良　迟文德　孙婉容（女）　赵芝江　阎斯民
安凤鸣　闫散民

● **第二十四届**（1948—1951）由北京市体专并入师大的专科毕业生

李俊生	周领群	许敏利	李雅荣	曹致麟	尹　坦	程庚午	郭文卿
尚鹤田	于书厂	周士成	徐若云	王淑杰	徐彤云	孙建晋	梁　贵
张宝璐	唐琦峥	田瑞林	申华铭	尹秀英	黄经纶	张仁诜	李　斗
张润芝	李翰蕴	陈肇岚	高　虎	冯树声	李洁英	刘命哲	中华铭
孙战普	徐敏利	尹　荔	赵宝琨				

● **第二十五届**（1948—1952，四年制）体育专修科毕业生32人

宋子玉	王永超	郑迎诚	沈新棠	何继韩	俊 志	学 礼	泽 民
松 基	张大文	郭 堃	谷延桢	赵尔濂	鞠元恺	顾 京	王汝英
郭庆奎	张耀来	于佰杰	张天祥	周光炜	齐祖谭	王克芬	蔡 湛
公有才	皇甫尚诚	毕秀珍（女）	尹世珍（女）	于志岚（女）			
王培玉（女）	黄津焕（女）	王淑彤（女）					

● **第二十五届**（1949—1952）三年制本科毕业生因成立中央体育学院而
提前毕业

于　钢	马中华	吴中量	李耀祖	姜敬三	华　忻	杨守博	田学易
毛学信	刘治贤	马永泰	钱玉铮	刘玛丽	站艳茹	徐菊贞	姜敬三
谢铭轩	陈得痒	董显耀	金志学	刘国华	曹印彭	王　瑛	沈国樑
吴锡岭	白绍颐	陈得庠	华秀珍	蒋瑞轩	刘正产	饶玉铮	杨德惠
张立德	张文郁	张艳茹					

● **第二十六届**（1950—1953）三年制本科毕业生

姜　昕	段宝珠	张书民	王金铎	张正之	刘殿芳	沈久珩	沈林楠
王孝先	董淑兰	王守杰	蒋泽风	王丽芳	龚培山	陈燕姣	王树正
王玉刚	岳大川	季世忠	张　剑	贾长和	娄金山	程宝山	杨振钦
金显珊	王闻涛	董泽蒲	刘明哲	陈一民	穆秀兰	宋志良	娄金洲

● 第二十七届（1951—1954）三年制体育卫生系本科毕业生：

陈先通	孙祥贻	鞠汾康	王卉安	张宝山	陈宝仁	龙知忠	曹　志
白连波	兴连立	王岐山	屈瑞林	牛钟歧	王守纲	温玉华	王元刚
丁宗正	毕星洋	徐永平	华星泽	王永安	王耀宗	王建泰	李保祥
王闻涛	王世安	安铁山	李文华				

● 第二十八届（1952—1955）在师大学习一年后转入中央体育学院

谷世权	张秉孝	简荣章	廖　仁	温仲华	张春木	孙翼平	王梦奎
黄保真	何洁华	丁爱华	倪珍珠	黄国琪	安庆海	陈培凤	梁达明
罗先俊	洪其典	陈元凯	何　力	刘玉林	于绍槐	李清泉	邹益尧
朱金陵	李继民	苏宝兴	白崇林	王一文	娄树增	王泰同	吴友莹
沈守和	曲炳瑜	孙树勋	赵敬让				

● 第二十九届（1959—1963）

郝汉珍	林丽水	张龙大	康光森	俞德福	迟美林	陈仙芳	张德带
贺国胜	龚福林	朱伟国	苑得时	陆汉谋	张浩杰	王绍庆	刘春龙
石宝良	梁才禄	王　怀	洪金龙	金洪茂	顾宗惠	王易罗	李长祚
宋振丛	胡茂元	杨宏拙	薛平逆	石天林	戴家余	陈立师	陈仙芳
陈远香	冯勤华	黄华山	黄锦明	金弘茂	李永宁	林坚福	刘荣国
马绍文	彭其俊	阮文彬	汤聘三	田文芳	王槐高	王木炎	王易罗
王银明	魏孝先	翁玉山	吴祝云	徐维芬	于国玺	张齐富	

● 第三十届（1960—1964）

关顺昌	尚景生	褚维繁	陈文成	曹式森	罗沪龙	刘　龙	夏本顺
徐爱福	钱人彪	赵日煜	窦俊德	孙柏初	夏尚林	赵振荣	杨文斌
李秀真	朱秀兰	赵鹏南	石　磊	曹世才	夏光若	郗连森	杜济昌
林玉福	姜佩金	李国志	张　强	李积常	张熙弼	张琼菊	耿锡之
倪世琪	张木森	朱谷林	莫继贤	胡嘉樵	倪锦桥	司新法	林凤昌

朱玉成　凌立才　李玉有　张恩旺　金长存　杜吉人　张善起　张良瑞
吴可成　韩建德　刘文成　于国富　杨宝田　戴启荣　王玉明　李金山
徐殿银　钱乃康　李洪发　李春生　高玉林　郝德臣　崇　伟　王世金
秦泽昌　郑云瑞　陈启相　陈灵新　刘崇喜　潘静德　张义民　赵琼珍
王秀菊　张兴仁　庄德根　赵冬兴　杜良智　李继德　李清远　徐　玲
陈　发　丁天祥　张学金　程将义　姜景楸　戴启荣　韩建德　郝成恩
刘文成　沈宝康　王吉群　王万全　王毓明　吴克成　杨宝田　于国富
张良端　张善起

● 第三十一届（1961—1965）

高树荣　崔大国　翟照祥　陆锡荣　梁春彦　智振国　孙茂堂　赵思远
沙庆泰　刘心云　范国武　金国华　孙国华　韩景阳　孙　刚　黄震州
于和之　于鸿弟　于遵礼　程德启　徐崐川　郭树森　卫文森　刘震廉
吴金盛　刘荣发　李维新　陈裕芳　欧焕章　吴勋洪　李邦福　曹　华
罗平汉　丁　立　鹿崇云　董淑华　胡绍兰　裴秀兰　邵春生　郑月华
魏爱莲　贾清才　孙　钢

1962年因三年严重困难停招

● 第三十二届（1963—1967）

张慕贞　刘忠莲　张莉莉　杨　仪　董苏斐　王学荣　赵瑞凤　王美仪
陈瑞森　李世印　张纪兰　朱曼秋　张梅馨　张晓丽　董汉萍　陈一峰
阮国璧　杨海程　丁伯洲　高铭武　张　静　王振忠　高怀信　张　琪
吴世华　高学英　李惠玲　崔玉兰　王建军　车天斌　张天德　赖展发
曹亚光　张兆才　袁永恭　钟玉敏　金日华　王礼贤　景相和　王殿德
温继生　姜玉祥　王林江　张书印　姜成宏　贾忠仁　徐文奎　万文成
程守田　王世雄　潘淑侠　赵　新　孙立学　杨育海　徐　康　徐淑君
段展发　黄汉萍　金凤华　秦宝安

● 第三十三届（1964—1968）

陈 玖	唐银萍	吴天宝	朱贵荣	岳 文	贾淑良	王桂珍	魏兆丽
张惠娥	宋作本	于雁宾	孙才袁	丛文滋	袁秩松	赵惠先	张本强
唐福宝	李乐文	武全道	沈 贤	张玉柱	秦风宝	顾清芹	孟继英
李洪宾	赵有年	李宗本	李素心	王婉中	于国安	张舵夫	陶世明
林志崑	姜庆祥	颜景来	王富廉	丁昌渝	朱启德	唐秀琦	郑延凯
徐瑞旺	崔广廉	屠炳森	盛宗盘	陈继南	曹善亭	曹旺义	蒋立谋
郁志高	武纯林	徐钖金	秦金安	武 键	于吕瑜		

● 第三十五届（1965—1969）

马淑萍	杨小云	马静平	付德祥	鲍忠孝	金德福	张继云	刘福瑞
王乃光	郑月荣	华春佑	马守良	毛瑞全	张长侠	白秀云	马凤永
韩庆德	王林铎	王宝民	雷春晓	庞文鼎	张瑞生	李耀东	鲁家泉
郭运芝	李学良	胡全禄	许来运	王 瑞	姚庆中	张葆利	金德明
郝惠玲	夏剑俐	宋绪礼	王吉智	李世新	薛家富	王素艳	张庆珍
李太成	高志明	初源浦	王维福	王人英	马连君	刘希林	王德锋
刘清泽	马俊明	刘小莲	孟庆生	刘焕森	杨继林	崔吉省	余景芝
韩永清	李国元	毕春佑	焦金英	李太城	马荣利	陶士明	许素云
薛 佛	张焕尧	王宝民					

"文革"期间停招（1966年至1972年停招）
1973年开始招收工农兵学员共四届，三年制

● 第三十六届（1973—1976）

曹 政	戴来顺	冯宝华	回 寅	刘润生	王振军	张德福	蔡畅有
高 旺	兰少军	户季元	赵宇谦	邢广才	张振威	李 元	周 思
钱永伯	邵蕴刚	关文铎	杨松年	张亦平	杨永康	郭自祥	于文校
石献杰	王文和	李兰俊	陈文和	赵玉杰	谢 华	温国庆	邢振中

刘利祥	张文彪	王兆蕃	张振军	孙惠东	郑 昕	李国良	政允文
沈振华	冯瑞堂	杜文本	张广泉	马思勇	霍振行	裴光庭	卢长山
段红军	张永强	刘福明	苏长乐	孙永华	金枝莱	徐连文	张印福
曹少清	张广发	蔡春荣	常金福	井士森	曹秀琴	尚美洁	王晓娟
许 蕾	李春凤	朱进英	陈 鹏	刘 红	王玉珍	张 利	张淑琴
胡慧芳	李春英	刘淑敏	史秀荣	胡瑞明	雷大春	周春先	董秋玲

● 第三十七届（1974—1977）

芮耀慈	侯宝忠	卫富明	卫 强	杨学成	刘益春	张智新	崔宏金
亢亚西	李淑芬	于文俊	宋国晨	王国胜	孔万全	王 民	吕菊柴
郑桂德	娄玉柱	沈树林	卫文忠	解洪志	吴宗宝	吴增东	田 明
侯建华	于海顺	张长春	高连怀	张万勤	陈大友	张 陈	赵卫春
杨希林	刘晓毅	郭长友	侯书会	曹牧森	陈广强	李 忠	崔成文
岳文祥	刘力行	金 宁	朱崇国	俞二平	丛连凡	张会志	苑文燕
杨俊茹	侯金芸	张淑兰	张凤兰	肖慧琴	卫 翔	郭兆盈	刘淑引
吕宏珍	李丛林	叶光香	张淑惠	卫永珍	冯香峥	曹桂琴	李淑琴
卫淑祥	赵春萍	于小莹	李淑敏	王凤花			

● 第三十八届（1975—1978）

贾春山	李学成	赵纪生	赵鸿星	纪克异	张立平	王金城	王自生
孙友栋	李连盛	朱永宽	彭朋来	王凤峻	张宝泉	吴 旭	杨建国
刘淑明	赵松岭	赵玉芬	王亚利	耿玉凤	孙震亚	齐建国	王淑芬
曹秀英	瞿爱华	武焕文	刘凤珍	曹凤书	李秀芬	郝艳军	李保华
王淑芝	柏建国	陈立富	陈庆华	陈维科	范明复	高志明	葛宝华
郭春家	郭冬青	郭华章	侯永智	胡应促	黄树立	贾益心	贾玉川
蒋宝林	李洪元	李星莹	李振军	李子成	连宝英	梁 宁	刘建平
刘 平	刘清明	刘新成	刘秀兰	刘彦江	吕天强	彭月乐	齐爱华
任素霞	石玉华	宋子机	索秀英	汤建民	王保华	王世明	王文华

王冼生　王振华　王志亮　谢玉亮　熊金利　许文亮　杨振元　张伯成
张海生　张景林　张顺义　张永良　张之贵　赵教安　郑贵德　祝连春

● 第三十九届（1976—1979）

赵秋思　张云田　张利民　李文斌　关朝云　王守镇　王永光　金秋生
孙可林　吴立芝　段占福　闫福海　孙肖治　程中庆　许和林　喜长林
巩淑娴　刘来银　李长庆　史连元　蔡春富　王连军　黎桂芳　王淑利
相赤烽　范所英　李水田　王凤芳　陈玉芬　张文锦　牛学力　刘永平
王　海　刘炳申　马胜国　魏治花　张　良　王艳菊　白海亮　谢新民
郝海霆　曲淑芹　赵大明　付泽义　付广生　狄配全　魏连春　李书英
张俊军　蔡国玺　李国帮　张立凤　李宗海　杨永成　梁小俊　李沛然
王庆福　赵凤合　王　启　郭立群　张　田　赵景明　朱　健　王克才
崔玉华　曹大田　齐殿臣　王晓琴　陈淑云　赵桂琴　赵晓云　郝成武
田德利　马玉玲　郝　光　包学仁　诸国南　撒金元　贾永国

● 第四十届（1977—1981）

孙　扬　王　琰　王艳荣　周之华　管照斌　芷红专　葛向荣　孙继东
苗宇卓　吴　琼　耿培新　杨春虎　程首弟　张　进　柳　实　宋跃生
马铁军　史京伟　汤悟先　赵东升　王少英　陈　虹　申民智　廖文庭
王　强　张晓晔　郑景泉　邓润京　陈嘉辉　周　运　余　洋　刘　虹
林德森　王振利　冯端耀　王　刚　尚泰兴　白玉祥　孙　明　薛向东
罗　央　李　捷　胡小明　蒋文进　嵇　华　许　克　杨国庆　李秀明
乔东风　齐　毅　周　健　龚威健　李玉都　宋增平　杜立刚　张小丁
朱　凯　孙学才　王建华　赵　雪　高增霞　张宜东　杨宏鹏　陈　斌
贾　齐　王　月　杨　洁　刘玉环　杨惠欣　关　静　郭静茹　刘红英
贺　健　肖泽洪　李德芳　陈　枫　李百炼　杨向虹　张战虹　孙　竹
邓　莹　赵雅君　杜　虹　林玉梅　白雪清　万　虹　魏尚洁　张艳芬
周　晴　陈　军　李　华　穆和平　梅　峰　佘银平　刘向平　吴飞燕

李德荣　赵　良　曹　青　高　一　佘银平　赵东升

● 第四十一届（1978—1982）

尹飞飞	宁丽媚	李斌妹	艾丽杰	李　楠	李美英	吴爱萍	赵　越
陈秀云	陈　榕	陈　怡	石正伟	刘　兵	辛　夷	张玉秀	谢明淑
王玉英	刘晓燕	纪玉琴	乔培基	颜益治	梁　云	华逸平	曲丽君
万丽华	王洪兵	王志修	丁海勇	杜龙华	李永明	梁向真	王　刚
宫黎明	周冀伟	陈立新	王福昆	陈舜周	丁玉山	周志杰	周新业
陈美林	王素芬	郭　泉	匡晓燕	贺晓霞	林开华	姚忠武	杨振武
周传志	姜明安	苏志平	吴有凯	邓宁川	金仁杰	于其淼	于瑞环
孙伯昆	金志忠	尹志义	王庆山	黄晓波	李　新	张同曙	郎廷坚
张德春	杨新跃	王力男	刘正丹	张运江	赵　遗	朱宝利	缪伟舰
罗　健	潘　前	李　平	宋家平	王岸泊	郑　群	王　力	王　林
梁天宝	王洪飞	张承进	黄东晨	许冠忠	张京滨	艾立洁	潘恩莱
韩雪丽	石正伟	王建强					

● 第四十二届（1979—1983）

黄志森	王迈亚	耿　峰	宋丽慧	刘亚进	房玉娟	李忠民	李春日
曹　俭	隋　燕	刘　虹	于燕凝	黄　河	曹　平	李　伟	屈晓光
刘仁盛	齐敦禹	程世春	闫　虹	崔小鹏	杨立国	吴效芳	范西安
黄津虹	潘　义	赵安义	薛　炼	杨跃飞	张贵平	刘钢军	黄向东
郭　尚	李冬梅	李良刚	雷　汉	胡文平	刘　军	邵丽华	肖素华
刘　新	向　虹	蒋仲军	敖红安	许常芳	宋跃光	王新强	栾苏如
方小京	李　芳	罗维光	张银桥	蔡志勇	蔡峰杰	徐亚琳	陈显松
张丽琛	王丽华	蔡向阳	林　媚	于衍群	赵　瑞	李　明	范秋菊
宫　格	孙宝刚	刘　霶	付循俭	王业智	王　军	张鸿健	刘亚作
田　勇	鲁　湄	张革平	赵　荣	阎爱华	陈　强	吴沛京	韩小明

● 第四十三届（1980—1984）

陈珂琦	杜　青	王莫非	薛　虹	谭希颖	李　华	王美蓉	于丽莉
张广德	任大为	李　毅	郑宏伟	马　力	樊洪华	匡克秋	殷恒婵
潘　蕊	李传法	林家润	李翠玲	李　强	李　正	张元生	杨田田
门跃科	那绍钧	贺　平	邱　汝	任　杰	王　京	姜长柱	赵宗跃
孟武斌	秦　勇	王丙振	张　华	戴　勇	牛　杰	底爱芳	张顺英
张太行	孟繁斌	康　军	韩国刚	阙淑爱	蔡爱华	赖慧萍	李小惠
谢适汀	林金塔	黄立珍	倪金福	蒋　宏	郑舒健	沈阿平	戴　鸣

● 第四十四届（1981—1985）

田　靖	刘京燕	王洪琴	冯　晓	高振和	吴　东	夏金辉	梁柏峰
王志刚	杨　真	李建坤	王　萌	王增欢	许国玺	李　明	李　革
王爱友	孙　伟	伊春兰	霍　煜	王克平	安永志	梁濯清	马少坚
顾美蓉	孔凌鹤	丁　伟	张颖白	赵　俊	苏　彤	丁　素	柳天杨
陈正宇	王　莉	薛　青	曲和全	张远征	李春胜	张予弟	张全钧
孙晓华	徐爱娥	朗旭成	王美君	关　洁	尤超英	李北大	权　彬
富　兴	唐焕力	郎　键	王景东	彭友连	吴　兵	肖　涛	郑为民
任文雅	于丽艳	马国强	吴巧玲	杨　虹			

● 第四十五届（1982—1986）

郑　勇	李　强	吕红杨	唐俊德	杨志雄	杨　燕	殷小川	姚春玲
刘　洪	孙　璞	孙圣杰	赵易军	丁　瑜	李　丛	李明明	程洪涛
关吉臣	赵　宁	金喜添	肖同岭	金洪国	王　莉	刘壮生	戴晓明
张惠鹏	云　强	王　兵	魏　桦	刘同峦	李兰香	宋晓虹	骆秉全
姜继权	张社平	李　剑	赵宝林	高　嵘	何步文	穆　敏	王飘扬
阮　伟	陈　斌	李海英	姚小荒	张书才	韩　雅	徐培清	陈为民
劳　毅	任振钢	杨小坚	廖献辉	韦科杨	凌　玲	熊　健	钟文武
曾旭生	张友生	周志强	杨慈州	李首钧	周凯兰	谢菊兰	谭　欣

陈文山　钱立平　王　玉　桑连贵　姚建军　韩　旭　朱婉玲　郭建明
肖　清　张雪松　刘正荣　石　刚　孙晓坤　杨　军　刘继中　李云萍
姬　宁　姚明焰　张吾龙　朱水敏　刁海英　汪孝英　周建新　徐根玲
韩　雅　张　杰

● 第四十六届（1983—1987）

何志坚　邢登江　李　毅　张长健　王伟光　王洪权　屠金玉　孙　力
马红锋　孙晓春　卢　刚　都　娟　刘　均　杨　鹏　张　繁　郑溢春
张荣珍　吴　杰　李　健　王钟音　黄晓辉　张金国　李　川　罗志武
田　静　李子田　李　明　刘志勇　商卫红　王立忠　柴志斌　叶应海
王东亚　杜东照　徐　亮　孟张颖　马　平　陈　鹏　高　歌　宋　翔
朱奋飞　欧佑德　邓　辉　周　勇　谭惜春　谭智平　易新跃　肖亚玲
汤庆华　唐东辉　胡利军　廖柳华　李肖萌　韦豪刀　李　华　陈满平
施　丹　韦晓康　周楚林　申红进　杨远波　唐天钧　谢相和　严　琳
孙贵发　高　峰　周立新　袁新中　李仕克　梁志刚　聂百胜　王荣民
蒲占雄　宋　园　王　兵　王　鹏　冯华伶　吴美玉　侯补成　黄占宁
刘　红　吕红芳　吴国宏　宋　翔　史秀燕

● 第四十七届（1984—1988）

李向东　黎　勇　袁国英　陈　兵　汪群萍　朱长青　马一枫　崔永智
彭刚毅　阿力甫　张　远　丘　鹰　张文哲　崔永浩　董佼武　周　彤
海国顺　靳龙辉　肖海忠　宋中飞　周光云　郑　祁　刘卫平　陈红志
谭志刚　秦永祥　张显康　曾　理　王翻银　于大成　韩春涛　纪仁超
满庆寿　王玉明　王晓松　王　唭　常晓龙　彭晓勇　延向东　陈林祥
全志宇　杨文波　崔　京　韩　魁　王一波　张　勇　王兵兵　赵松武
王旭东　孙元林　尹　政　酒延召　李林凯　梁延天　吴建华　刘浩宇
莫小玲　刘惠英　万　敏　邹　宾　刘春元　刘玉梅　张新艺　武　杰
曲丽萍　逢晓娟　陈　远　金祥荣　龙艳霞　杨延秋　赵晓红　薛彩华

付春香　李立伟　李仕克

● 第四十八届（1985—1990）

苏安心　王　永　杨　雷　汤小山　史认平　许毅彬　胡小林　高秀峰
黄国华　杨晋文　刘五一　易红霞　徐红旗　张国青　胡森林　薛建秋
刘小红　邓文才　刘红新　刘桂宝　陈家和　陈伯顺　赵桂生　张鸿伟
冯景昌　王建国　高　峰　杨开宇　邵作刚　蓬　为　赵晓翠　王　军
宋笑英　田蕴红　于艳青　英淑君　孙继峻　付　岩　富贵倍　管　杰
刘晓明　贾锦锋　刘红涯　蒋才顺　李　海　胡颂平　杨文兵　李海忠
张江河　陈志勇　蒋月仙　杨峰文　吴益根　陈朝阳　仇亦斌　吴锦华
游荔清　焦　闽　方励红　胡延宗　何东阳　高美丽　陈静文　张　洁
李　娟　胡　锐　殷　俊　张云昆　张映昶　李　诚　刘春阳　柏全忠
穆方宏　温　全　边晓东　陈　斌　邢桂玲　李峰龙　刘红军　张富贵
张云证　贾　力　杨　健　姜权林　朱玉华　荀兴强　赵爱萍　李桂芳
陈秋莹　孙文海　柴士军　孙　琦　高雅俊　刘宗伟　王　海　黄延宗
丁宏斌　张延云　宋　军　高秀峰

● 第四十九届（1986—1990）

王敬东　马　煜　李　伟　丘丹佳　李长洪　乔　斌　张学军　高　钊
范靖军　王润宇　李　航　杨玉滨　罗　林　樊　翔　李　委　张颖超
王晓东　高华平　王　维　罗　兵　苏学军　王爱民　张　春　舒白明
张应军　杨　帆　吕武平　杨晓武　韦如东　李辅球　梁克宁　杜海民
李大勇　杨正成　王　伟　白　强　付　颉　李　兵　侯卫东　李　新
陈世东　张　勇　桑玉芹　谢弥清　山灵团　张　雁　谢国萍　唐正平
欧阳向群　　严　华　王效清　于　雷　朱　丽　窦　伟　陈少贞
王红花　赵　峰

● 第五十届（1987—1991）

谢永廷	陈俊刚	石晶波	邱业定	田卫良	康家明	谢长斌	郭晓旭
郑国宾	铁恩成	沈清敏	周 立	李奇志	张 强	王大东	任立新
丁 峰	吴忠东	修 篁	林 清	梁一平	赵 勇	刑云涛	苏继先
罗红华	李舟可	周 伟	韦宪立	吴晓峰	刘华鸿	胡新明	张 力
王松斌	胡永宽	向召斌	曾建川	谭顺云	杜承林	魏文波	胡跃新
杨子忠	刘京平	谢 昆	刘新剑	杨佳斌	余建仁	杨学志	常玉石
陈怀明	史秀燕	陈凯燕	俞志萍	荣德新	陈丽珊	赵春玉	骆 艳
阎保庆	马 芳	陈碧清	李 铂	李浩然	王 玫	林宏冬	

● 第五十一届（1988—1992）

蔡 军	陈浩文	陈宏军	陈雁南	迟 海	初晓烨	崔 颖	邓承芬
邓振潮	方朝晖	郭家绅	郭荣伟	郭 山	贺小鹰	贺许华	侯世玺
胡云林	黄海镝	康 栋	李 成	李 鹏	李树旺	李卫东	李映红
林惠琴	林志坚	刘渭民	刘 坚	罗勇民	马宏霞	马永涛	马 忠
孟祥涛	时永进	宋 宁	孙硕超	孙向东	田红国	田慕青	王栖妮
王向华	肖高万	谢庆华	邢化军	许春煌	杨向阳	管 娜	余炳强
曾恒辉	曾明亮	张 弢	张玉新	张 焯	赵天舒	郑朝晖	周建龙
周 丽	鄢行辉	闫献征	芦 勇	窦 鸿	高 松	肖 锋	刘 星

● 第五十二届（1989—1993）

胡进军	段 勇	李春风	李庆祥	胡建东	钟文博	陆 军	孙新平
郝江浩	阎宝江	杨 楠	何卫国	阎明海	李 征	刘春华	杨 露
仇云峰	李 锐	高德宏	邵 良	薛庆云	林建华	宋广东	王 军
钟 纬	高明伟	王 波	褚 健	马剑光			

● 第五十三届（1990—1994）

曲 红	刘福玲	纪宏宝	王 宇	安 虹	马 磊	孙智群	桑 莉

赵锡春　王　峰　范红松　王谷音　张振华　崔　磊　刘彪元　陈冬生
白永生　何文学　姜春凯　黄　巍　周广民　迟天舒　赵松麟　苏东光
赵风华　蔡　菲　崔　瑾　谢立军　李志双　武文奎　杨晓宇　王　雷
袁　博　陈建吉　陈功绩　邹东生　卢秀丽　章　颖　许玉叶　白晓军
张　军　宁艳波　李雪萍　张盛涛　李亚辉　赵晓东　李海龙　张　波
周　剑　张　军　王俊华

● 第五十四届（1991—1995）

侯　东　杨　薇　袁雪梅　韩　芳　刘东生　刘凯音　白海燕　张欣跃
李剑中　刘惠喆　张　凯　许　凤　郭海燕　唐　彬　田晓晨　窦晓东
周　斌　赵　兴　夏淑敏　莫　璆　马　骊　孔　军　孙景楠　吕瑞锦
赵　滨　王长权　杨宇涛　于庆丰　赵忠国　俞竹丽　章　雄　谭晓缨
薛红文　张卫东　高　林　王新玉　郝延鸿　马　东　姚学英　张　红
李　霞　王新玉　严　俊　李浩强　邓明友　曹会中　陈　海　杨新利
周　军　孙景儒　钟　勇　姚春宏　张　云　周伟峰　高　航

● 第五十五届（1992—1996）

陈　璞　张伟胜　郭　华　刘　民　康　凯　耿晓东　杨永胜　孙晓川
霍军校　李晓峰　李　进　侯　伟　吴国阳　毛松华　毕建涛　卢　彬
隋光晓　颜东升　屈国锋　姚书成　彭　宇　黎林飞　高　伟　林　栋
邱　晨　张　晟　杨　璐　王晓霞　孙　平　曹剑英　吴慧云　余　丽
杜　妤　侯小莉　申　弘　万　虹　郑新芝　余　凤　李若鹏　赵　征

● 第五十六届（1993—1997）

张　斌　刘　旸　姚碧辉　赵伟方　杨秋野　毛　旻　石　雷　丁霄宇
李笋南　郝忠卫　蒋志勇　卢兆民　尚　武　周庆杰　陈永发　杜德民
张　高　林觉新　朱　勇　何秀志　陈锦文　吴宗祥　闵文彬　李　刚
覃　伟　潘　明　李民社　周　超　李　亮　郭　琳　杜晓红　路媛媛

程冬艳　郝忠慧　董天义　王丽辉　陈 花　丁冬云　张水莲　田 琳
曹贵胤　陈红梅　刘志军　周 利

● 第五十七届（1994—1998）

包乌恩　蔡国培　蔡 将　戴成梁　代浩然　龚河华　郭剑平　韩德聪
黄华文　鞠年群　林志旭　刘宝仁　龙 腾　陆 辉　秦怀冰　邱冠寰
孙 剑　王 晶　王友山　温海辉　吴军民　肖艳军　许文鑫　杨康胜
杨宜彬　勇 刚　曾文仪　郑恒山　陈连珍　陈 琦　高 洁　何爱红
黄丽涵　刘丽萍　吕晓慧　王海燕　王炜铭　许东霞　周巧燕　邹爱华
闫慧娇

● 第五十八届（1995—1999）

胡海龙　钟 蕾　林耀龙　戴 翚　陈秀霞　陈阿娜　罗伟敏　林明忠
曾小丽　李全生　于 洋　李国敏　马瑞红　张彦青　李海霞　陈悦红
苏巧英　王道欣　孙士毅　王家见　刘梅叶　杨国华　闻明刚　张 剑
马 凯　苏润海　计 强　牛 哲　马春花　芦卢佳　阮 彬　陶晓军
张伟康　王润芳　董润歌　周静敏　王雪梅　何俏燕　宋飞飞

● 第五十九届（1996—2000）

车海成　成 峰　成 刚　邓中勇　丁光辉　丁 雷　胡晓俊　黄 宁
黄文浪　金定国　金海伟　李凤堂　李 刚　李 强　刘 波　刘全峰
刘 伟　柳世海　陆卫国　吕国栋　毛小熊　孟江华　申邢龙　王 斌
吴连明　向 杰　杨百强　叶晓航　张 诚　张 龙　赵 强　赵 勇
陈晓霞　郭莉娟　胡峰光　黄 霞　金永梅　郎雪梅　李志华　刘晓港
吕坤梅　莫玉昌　潘建芬　孙晓南　唐 玲　王艳春　姚海晨　张文羽
张智艳　闵莉艳　咸 峰

● 第六十届（1997—2001）

陈 彬	陈建明	陈学凯	陈 渝	范 勇	付雪林	高鸿全	广兴博
何 欣	侯 志	贾 震	姜大庆	鞠慧峰	李海涵	李 军	李林云
李艺作	刘剑欣	刘 鹏	刘 伟	刘 洋	刘志宏	卢石磊	吕庆宏
马 强	马双印	马西龙	闵东旭	南 欣	齐大力	秦 勇	任小飞
汪启兴	王文洪	王文新	吴 宏	吴树彬	武 明	杨冬冬	杨 军
赵前程	郑 鑫	周万里	周永强	戴苹萍	杜 媛	范英华	高 颖
郭 琳	胡妍妍	佳 悦	李 敏	林小群	刘蓬艳	毛红梅	魏 莹
文 艺	曾 琳	郑安微	周 妍	范英华	高 颖	贾 政	武星辰

● 第六十一届（1998—2002）

程 洁	单 鹏	彭海宁	陶 泳	汪昌盛	陈津梁	陈世雄	陈秀汾
邓巧芳	范顺辉	谢惠勇	许庆忠	薛艳艳	朱丽琼	何辉波	卢 超
聂玉菡	王 钢	王 涛	王晓鹏	武英满	夏雄伟	张锋周	周惠娟
陈培林	弓大鹏	侯晓艳	胡晓琛	袁利红	张 磊	陈永刚	胡德刚
李振涛	刘继华	王祝单	吴 宇	丁玉强	郭美娟	韩 洋	贺 洁
李东光	王海清	王瑞国	王 尧	王 馨	王 璇	辛大涛	徐 杰
张东利	张海峰	赵宝瑾	耿 洁	李 欣	刘海亮	刘文涛	时 光
史晓敏	张建慧	张 洋	周志勇				

● 第六十二届（1999—2003）

蔡志明	程新保	初晓非	方 毅	付 雯	盖清华	高 山	谷志明
胡高峰	蒋国权	蒋海洋	蒋建辉	康靖哲	李 强	毛智炳	盛金锋
石 磊	孙 剑	孙 侠	孙志鹏	唐 明	宛文科	王传宋	王 磊
王连炳	王雄锋	王远鹏	王占苗	武 巍	夏战强	邢 洋	熊欣荣
杨金鹏	衣 扬	游东仰	于化冰	袁 伟	张大为	张浩广	张克学
张铁峰	张 伟	张禹桥	张宗程	张 晖	朱岩松	陈超英	陈丽霞
郝志凤	李 娜	刘秀娟	卢 敏	谢春玉	徐宏霞	许 梅	杨多多

叶　玲　张庆新　张　雪　郑美萍　朱雅芹

● 第六十三届（2000—2004）

蔡贵榕　蔡宇辉　陈庆果　陈展飞　陈哲去　迟小鹏　戴　夏　杜立国
冯　瑞　高富贵　关　宇　郭树冠　郝胜利　何　健　黄　磊　姜　辉
孔　毅　邝照华　李　波　李金军　李　军　李军爽　廖旭光　林建萍
刘汗权　刘　军　刘　嵩　刘　涛　刘永强　吕小峰　马志奎　彭　军
蒲长庚　饶松源　尚海瑞　邵三迎　涂华真　汪文君　王然科　王　新
王用强　魏雪峰　邬政军　余致双　曾　炜　张　超　张　磊　张新茂
张鑫龙　张亚龙　赵德利　朱国阳　朱　棋　祝彬彬　左永健　陈海燕
迟　妍　代中善　丁天翠　李　丹　缪滢滢　戚欢欢　秦晓金　王舒雨
肖传菊　颜清慧　张红海　张建梅　周彩华

● 第六十四届（2001—2005）

安大鹏　陈　东　陈东炎　陈　鹏　陈森林　陈文峰　陈相举　陈小杰
陈燕艺　邓海东　董梦楠　段明辉　樊　洋　洪　楠　胡　波　黄　科
纪广军　贾礼君　贾有贵　姜　楠　焦艳兵　李广仓　李俊杰　文　彬
肖　伟　徐　平　徐学荣　尹　凡　于鸿涛　于景凯　于军海　梁士锁
刘桂海　刘　俊　刘　文　刘旭宾　刘智博　马　斌　马正君　毛　军
倪　聪　乔军辉　任成刚　石端乂　索爱新　王军华　王　科　王　爽
王向斌　王　鑫　王者兴　文　彬　肖　伟　徐　平　徐学荣　尹　凡
于鸿涛　于景凯　于军海　张金明　张　磊　赵俊凯　陈　莹　单淑娟
顾　宁　贺丽娜　纪超香　李　晨　李　茜　秦　钰　宋珊珊　苏美华
孙素娜　吴　宏　向静文　严　冬　周山山

● 第六十五届（2002—2006）

体育教育系

陈德峰　黄秦东　刘　巍　徐展超　周小龙　靳建刚　李　宁　许　凯

张　浩　张建鹏　赵贺文　钟可佳　陈益凤　黄童科　李成林　李江华
刘　维　单伟军　马　琳　宋志超　孙晓光　王鹏飞　肖　利　徐敬先
于宏玲　赵鸿伟　关银强　韩　龙　赫　林　刘宏伟　刘向东　芦宏亮
姚　强　于　丽　张鸿强　张煜林　郝永超　胡小敬　纪　娜　刘燕青
张存福　郑永俊　封　硕　龙　浩　蒲香鹏　唐佳鑫　吴　为
体育经济系
崔晓朔　冯　爽　郭之嘉　李　曼　刘伟畅　谢　飞　曾会生　刘　晨
章芸芸　梁　璐　袁愉年　王国栋　原玉杰　黄　杰　李　雪　帅凝凤
肖　祺　安凤娟　张帮剑

● 第六十六届（2003—2007）

体育教育系
任　佐　宋子康　余　峰　谭文龙　王逦丽　赵　刚　肖博耀　叶永吉
缪　倩　陈建青　林金香　邱仲宇　李素倩　张　彬　韩　舰　康晨亮
张　佳　李雪刚　王　涛　刘慧之　李　艳　何楚锋　吴锋波　邓　威
王克骏　孙德超　崔　建　钟建丰　任　宏　海　鹰　刘　鹏　王碧川
谢立营

体育经济系
葛泠悦　赵英魁　张　赛　于亚琼　蒙　伟　陈正智　周　祺　王　丰
王云涧　何秋颖　司延田　董伟慧　余梁平　张璐晶　刘　洋　汪丽菲
魏　宇　施春晓　丁　悦　王　劼　柴俊超　姜　骞

运动训练系
杨海林　孙　宇　孙　尘　孙　浩　李　妍　俞海涛　匡文静　杨晓明
黄屈超　刘　玮　王昂昆　艾纯铭　刘　莹　潘　悦　穆　巍　王　威
黄　鑫　王家臻　王鹏飞　尹晓莎　郭　营　李　墨　孟宏宇　林　雄
李　桐　陈威宇　高丹丹　贾　秦　赵　博　潘　月　李　佩　刘强牛
张子轩　王跃实　李　墨　孟宏宇　林　雄　李　桐　陈威宇　高丹丹

● 2004级

体育教育系

陈修敏	刁忠鹏	董　硕	高永景	郭志杰	韩石光	康道峰	蓝海涛
刘珺伟	卢长锋	毛　迪	彭永强	孙文静	王行均	武春蕾	肖　炼
许建华	杨宝家	喻文艺	裕晓东	郑志华	周初慧	周骏一	朱成才
傅琼瑜	何巧灵	李中萍	钱飞叶	朱　辉			

体育经济系

李成德	马　克	马书伟	南　洋	孙艺劼	田纪祥	翁文明	张　璐
左　超	陈筱睿	杜春燕	汤　颖	杨富娟			

运动训练系

白　昊	董子剑	付文旭	郭之浩	黄　波	李红磊	林志文	刘　远
娄　超	齐　松	任志伟	时　阳	汪　洋	王朝阳	王　皓	王笃春
魏世昌	吴泽轶	熊德良	杨　鑫	张超然	张　弓	张　宁	张玉磊
张泽凯	周长安	左锡海	李　丹	李莉莎	李　鑫	刘　佳	刘　静
刘亚男	刘　颖	马　冰	马佳乐	孙晓姣	汪　妍	王丹丹	王　娟
叶志竞	于　悦	张　苏	张　旭	张　倩			
张　鑫	赵惠茹	郑沛舒					

● 2005级

体育教育系

陈　磊	陈　重	崔江波	冯海波	冯　凯	韩　龙	黄文龙	邝忠文
李文强	陆　磊	马英超	彭　强	朴　雷	秦　腾	任欢迎	苏荣海
苏思明	孙　滔	唐海丰	王臻臻	肖　鹏	余　锋	赵丁卫	赵礼南
郑滢川	郭仁洁	华云娟	黄金鑫	李凌霞	慕艳妮	许明霞	张　晶

体育经济系

费辰光	符洪滔	彭　聪	闫　昊	董燕娅	谷　丹	霍　阳	蒋英雪
刘　曦	刘雪姣	马迎春	杨孟雅	赵晓逸			

运动训练系

陈 刚	崇 玮	房 乐	韩业年	姬新城	李 晨	李 鹏	刘宏杰
刘思赓	栾 翔	毛 勇	石峥浩	孙亚楠	王 飞	王钦翔	王再兴
魏寅伯	杨 帆	张 魁	张绍鑫	赵功炎	赵华元	赵 嵩	车 璐
高 飞	高倩一	韩 端	黄 晶	刘长在	刘 畅	刘 卅	刘 一
吕 婵	马佳稳	裴嘉文	王 茜	王 雪	吴 帅	杨 雪	张 靖
张 雯	赵晓芳						

● **2006级**

体育教育系

白 洋	程 鹤	冯许光	高 旭	侯金鹏	李 琛	李默轩	李伟才
林廷胜	刘正威	平 易	秦 伟	申连超	苏宗华	孙林林	孙卫滨
谭世杰	汤宇锟	唐 群	徐 岗	徐延鹏	杨 赞	叶清滩	余晓辉
翟乃俊	翟 曜	张 魁	郑明浩	董晓艳	高天昱	郭兰兰	黄丽美
霍 翠	李 梅	徐晨成					

体育经济系

高 森	李 超	王 宇	王 越	肖 亮	尧育飞	曾 洁	张 驰
杜 征	何 曦	马 蕊	钱竹青	唐小凤	王洋洋	王宇羽	张廷一
朱梦洁							

运动训练系

何 超	焦 威	金 鑫	李 顺	李 苏	李天翼	梁 帅	宋维伟
孙华嵩	王荆楠	王 野	许鹤腾	于彦君	张城玮	张 明	张 鹏
张晓光	赵天宇	赵 鑫	毕 妍	陈 妮	陈 茜	崔晶莹	董晓艳
樊婷婷	付萍萍	龚 园	郭 琳	侯丽佳	李鑫楠	徐 坤	许 杨
杨 钰	叶 茜	于 佳	张 婧	张 旭	张 洋	张 壨	赵晓丹
郑 瑾	蔺 铎	刘 娜	马自翔	沈静秋	孙黎曼	孙 爽	汪玲玲
王冬妮	王艺辰						

● 2007级

体育教育系

徐剑伟	池帮灿	苏鸿鹏	纪成宝	王伦发	钟华梅	李旭龙	于 勇
谢 兵	张 坤	王凯祥	刘从晓	许国锦	陈华燕	韩 阳	吉 玉
陈 亮	张津源	许燕飞	何路芳	刘景磊	任 鹏	马仕刚	贺明进
潘廷跃	杨再礼	胡玉莲	张庆龙	史春雨	袁干龙	努尔艾力·吐鲁洪	

运动训练

王羽辰	刘 欣	杨 柳	朱 虹	张 茜	魏佳怡	李佳融	孙玉玉
王小明	顾 璇	李白冰	冯小茗	李 萌	王 洋	康 威	李 洁
霍玉干	赵 阔	樊小溪	郭 鸿	韩馨仪	杨 洋	李 侃	吴抒朋
王思文	李夏溪	苏文阳	袁 野	徐晓晶	韩 捷	韩成禹	苍辰格格
杜雅楠	张译匀	石 雪	林 强	殷俊益	王 静	李熙正	崔婧宇
陈一冰	孙永霞	张 伟	成 龙	秦振珲	赵志阳	任 超	

● 2008级

体育教育系

徐 岗	邓海平	江震新	雷 波	张海龙	迟起岩	陈 健	刘维杰
刘 刚	吕慧敏	戴彬彬	李本宪	田欢欢	陈启浩	彭岗球	梁 昆
刘 鹏	王光益	李佳佳	吕 蒙	周 霄	高 森	祝 柳	孟 浩
王 干	郝清玲	田 英	唐妮娜	夏世伦	杜 鹏	张 宁	朱 峰
刘 杰	成 峰	李文俊	吴炳佐	张耶乾			

● 2009级

体育教育系

任冰洁	陈壮敏	张合明	崔 蕾	姜笑尘	谭业晓	高 凯	陈潮文
颜伟托	谢 欣	罗腾香	刘小园	李建行	史孟洁	宋雅树	杨士杰
张明贺	王彩云	黄开贵	徐香玲	邓轶轩	肖 慧	周涌亮	刘 聪
顾忠虎	唐国悦	张 迪	董盼盼	刘 洋			

运动训练系

马自翔	王宏伟	王雪燕	高雨泉	孙丽桃	郭文强	王 品	安禹龙
张宏宇	贺新琦	王 雪	张家栋	魏萌棣	孙文嘉	张倩南	宋冠男
庞 博	朱凌泽	王 瀚	张乐嘉	郝 朋	李 超	孙晴婉	吕 鹏
郑 蕊	左世豪	孙 晨	向 毅	周江波	曹玉仙	刘慧茹	王一丁
王 曼	郭晓晨	范一飞	王 丹	张华伟	骆 杨	赵 琛	邱 森

● 2010级

体育教育系

张文慧	张译潇	林湘明	吴晓泽	黄龙行	吴冠杰	徐 海	侯钦昭
邱 程	彭洪敏	冼睿轩	刘 虎	周兆宇	季永祺	杨 悦	马 超
孟致琼	童宇齐	潘布凯	顾 辉	赵金玉	赵 珏	周永国	杨明登
谢宏微	周 全	莫广龙	龙 湘	刘 毅	韦 伦	彭 超	陶能猛
张孟其	姜吉红	戴申林	张正明	曾雯雯	黄呈琳	何福州	徐 新
王 睿	王 勇	马瑞鹏	贾 平	武亚琨	田宝奇	王 凯	

运动训练系

毛爱红	屈珊珊	郭田怡	王 晨	刘 佳	李 玉	都斐斐	薄向东
吴 波	魏梦依	刘佳星	崔晓彤	陈 广	周 唯	廖辉帆	陈祎欣
徐浩琨	彭诗朦	纪 晶	王楚雯	郝井田	邓尔麒	翟良奇	梁 玥
陈 阁	赵宏远	侯富涛	邬璐阳	丁维阳	吴 戈	马志鹏	张腾文
张一川	金 晔	王兆冰	蔡杰铮	冯曜旭	刘 旭	毛誉樵	唐浩男

● 2011级

体育教育系

谢 翊	郑扬宗	白炳峰	廖炜榕	张晓霞	睢鑫钰	张春阳	关凯凯
张佳佳	高 雷	白守凯	张 尧	潘修森	贾玉欣	胡玲玲	于汪洋
艾立娟	赵 蕾	刘雅雯	杨 麟	刘 路	李 叶	吕宁宁	李伟梁
李云龙	任钏辉	崔耀宗	杨玉涛	王 磊	王子申	张小静	朱志健

蔡果豆　朱　超　何可欣　刘力铭　肖　俊　丁新华　胡天航　孔德臣
妥　亮　严　坚　颜　斌　陈桂冰　汤宗贵　宋孝跨　尹隆兵　唐　杰
梁　爽　刘伟男　王　昭　董强强　海依沙尔·努尔波拉提

运动训练系

古雅沙　邢　玮　程　然　甘钧宇　王　红　董泽源　马葆坤　齐　越
延　雪　陶　怡　张　强　张佳媛　李方晔　杨博森　韩奥栋　张浩林
孙晓晓　王新伟　郭劲宇　王磊磊　周　彤　张晨铭　徐海博　韩祚弘
岳子淇　王晟楷　赵　容　马晓旭　李丹阳　庞丰月　李　雯　王　飞
孙　圣　曲云鹏　任　倩　刘　颖　王柳丝　陈晓娅　赵雷克　黄梦怡
耿晟杰　胡玮琪　皇甫奕铭

● 2012级

体育教育系

齐宇飞　姚婉菲　张海强　张员豪　罗慧文　王义鹏　林海涌　陈　翔
李少杰　刘　通　刘家琪　毕　竞　赵雪同　徐　华　冯丹蕾　刘沂帆
高　阳　罗梦媛　鲁小龙　吴诗晨　孙　昊　魏　巍　孙　芮　潘子恒
张　敏　付　颖　李晓彤　朱　利　刘田田　任　磊　姚　梦　李　磊
刘　墨　李　煜　王　仟　闫　鑫　陈忠旋　李　卫　李敬洋　赵开龙
王维强　罗伟杰　马永清　张舒萌　唐光周　田红彬　蒋发发　李　梅
王明星　程冲冲　张立伟　郑翔宇　王怡琅　毛　凯　周训林　程　汉
贺　星　石　鑫　綦思豪　熊　超　曹　何　韦金成　王义鹏

运动训练系

张　越　王　超　石雨桐　戴　立　禹　涛　赵润泽　燕　妮　王　晶
唐寿权　魏　为　马　明　郑雅洁　殷君楚　万　涛　项智豪　苏乃馨
苏力博　刘起硕　赵晓瑞　董静琦　王若西　田　坤　何宜川　杨红宇
杨　猛　任帝运　范　硕　刘慧慧　袁鹏飞　刘宏森　朱莹莹　林昊融
刘欣婷　艾竞一　王　焱　高　晨　丛　琦　毕晓琳　季鑫昱　邱文秦

● 2013级

体育教育系

吴文博	何书仪	卓志超	章振坤	司志臣	孟克阳	关志平	陈雪飞
王自航	孙婧秋	刘 红	焦德宇	刘 科	杨 禹	张岱坚	张立霞
孙序鹏	沈 青	孙业强	赵歆翟	赖素素	谭韵彤	吕悦云	程浩洋
陈志博	郭 聪	齐佳敏	折江波	姚 鹏	王露雨	董明丽	马玉德
张亚东	王 磊	方文斌	袁 健	张博红	柴裕江	胡思清	皮永亮
赵 杰	吴化龙	宋晓明	王 禾	卢洪传	章果伏	吾秀尔·艾比布	

穆拉迪力·艾斯克尔

运动训练系

哈 林	杨 莹	赵婧娅	陈佳钰	李 阔	陈禹洲	赵翰琪	胡丹洋
李昀霏	王 祎	柯 芃	于 跃	陈 齐	李金诚	张 丹	康瑞鑫
王余群	苏 昕	关 琳	阎家骏	赵昌顺	高卓然	郭志圣	安 然
王百意	闫春华	柴 昕	靳仕亨	胡良一	申其淇	高世杰	侯闻迪

※以下为目前在读学生

● 2014级

体育教育系

王焱超	张艺帆	傅思霖	杨轶豪	谭 曦	陈 郑	刘 虎	李运壑
梁嘉怡	吕振宇	陈 灿	潘儒斌	彭佳云	姚翔予	董春恺	张春浩
张雁航	李家莉	徐 乔	李婉宁	王富至	张杉杉	秦 婉	单文勇
刘绍坤	代佳俊	王 霜	马小盼	石小烨	张亚楠	段本英	耿凯博
李佩文	孙亚楠	樊昊亮	陈鑫睿	郭中军	张 强	张 勉	赵 杰
蒋天亮	陈 单	罗家冰	罗 进	王睿洲	王极配	张艳青	姚 玮
张希虎	星 星	刘双飞	聂 凯	张冶楠	胡 东	艾克热木江·吐鲁洪	

运动训练系

胡成昶	刘 旸	王一桢	刘宝宝	许鹤琳	敖 雪	徐建凯	李家祺

赵　邦	赵晨琳	王鹤樵	肖　谦	张　芃	程新宇	吴右文	胡万里
康峻豪	宁　斌	张震东	丁宜达	韩轶雪	戴欣欣	宋家成	陈嘉敏
柴　琛	石　帅	赵维旌	田凯文	赵　鑫	赵轶伦	曲　珊	薛居仁
金姿彤	闫明惠	杨　旭	周　蓉	彭　鑫			

● 2015级
体育教育系

应佳琪	陈清远	曹佳林	李再韩	孙雨嘉	尹　琦	罗建国	樊　青
黄恒源	江金丽	张伟鑫	李建霞	李　杰	吴　昊	付颖瑶	薛宝财
张小燕	樊鹏举	刘陆帅	张　艺	滕梦旭	尚大任	刘歆怡	卓　帅
唐凯雪	赵琬玥	匡少鹏	季现飞	路丽萍	秦　范	陈俊安	何康楠
苗　雨	杨振南	卢佳琦	付欣颖	李　林	付振亚	孙天伟	兰雪丽
石　政	郎属勤	彭　帅	邓招勇	周　宇	刘宣驿	王　雕	杨小平
陈邦敏	徐　扬	李　宁					

运动训练系

陆媛媛	张苗苗	童雪琴	宋顶烨	张子豪	夏　凡	周　怡	唱钊赫
张东升	李　诺	许文星	吴汉一	陈名越	林淮铭	靳钦凯	马铭言
王艺霖	刘　毅	余鑫钰	冯　笑	高艺瑄	赵莹莹	李晓双	张浩东
陈智明	周国徽	吉　祥	祁　斌	宋　华	陈梦歌	赵天翼	薛国梁
张永峰	刘鹏飞	刘　冉	宿冠洋	李　璇	冉鸿宇	刘晗沛	

● 2016级
体育教育系

陈紫晴	李彦君	柴佳琪	关　媛	兰晓飞	李世田	刘礼辉	任光辉
贾思尧	石　佳	孙　李	张洪培	邓余健	付若凡	苏选艳	邹大海
孙鸿昕	胡树伟	吴光予	张毓韬	张忠乾	张　媛	董文慧	臧　勇
孙宝山	杨靖文	高勇强	吴　涛	丁　山	崔宏博	高世伟	靳宏亮
邢德萌	谢　婷	闫国辉	李嘉至	李宗政	李宣儒	张硕轩	袁香澳

郭兆熔　穆昱含　杨瑞刚　李泽域　姜焕禹　杨名榜　李志伟　吴一凡
李嘉民　张敬一　李湘丽　冶文斌　刘培彤　涂琳俪　洛桑塔钦
罗布次仁

运动训练系

王艺霓　石梦媛　任　静　邓宇婷　李福有　吴文中　张苏斌　汤晓峰
张雨娇　厉泽泓　刘　畅　张楷悦　李泊仑　刘一男　吴佳宇　陈　昭
高姝婷　孟祥仪　曲毅浩　沈鑫宇　黄朱腾　王博言　黄熙然　张伟南
宫　文　王　薇　王宏超　孙修齐　陈美如　高　兴　任　挪　万步山
徐浩然　武袆人　尚宁瑜　段星妍　肖　谦　张歆悦　刘芮源

● 2017级

体育教育系

于梦婷　崔寅辰　刘　红　叶赐仑　黄冬冬　魏梦娴　邓植楠　潘志聪
李岳宇　陈俊杰　宋璇宇　王　燕　白　鑫　杨乾雨　刘诗扬　辛冬冬
刘啸山　李兴旺　侯金美　江　姗　薛晓彤　韦叶兰　张振航　葛振强
孙玺森　吕东东　杜旭恒　李秉元　杨云龙　赏贺斌　孙军辉　丁立佳
王亚楠　曹悦猛　谢俊仁　苏宏伟　郭振宇　邢爱国　王安东　李伟杰
洪　念　黄光武　付应飞

运动训练系

陈　荔　朱凌锋　王安昊　袁　帅　陈旭日　丁　怡　熊中怡　赵康伶
王禹霏　贺树静　李雪晴　王姝妹　宫美智　石宸瑄　黄天宇　袁骄阳
张书亚　章志豪　杨　灿　庄子越　蔡泽钰　王祯翊　张博婷　王逸霏
王嘉伟　陈　赛　孙熙然　高鸿羽　杨丰硕　黄柏华　胡紫薇　马雨鑫
马嘉旭　秦大刚　郑金津　黄轶珂　张世哲　王嘉藤　杨耀东　张爱渼慧

（二）北京师范大学体育系（体育与运动学院）历届硕士研究生

▲ 1944—1946届毕肄业研究生

苏竞存　柴森林

▲1982级

贾 齐

▲ 1986级

张吾龙 阮 伟 罗民生 骆秉全 肖 清 崔 祝 张晓翔 杨慈洲
周凯岚 丁 旭

▲ 1987级

胡利军 张长健 都 娟 丁 旭

▲ 1988级

许定国 常小龙 尹飞飞 莫晓林 罗 健 孟繁斌 彭友连 陈 斌

▲ 1989级

赵桂生 高 嵘 郭 敏

▲ 1990级

孙晓峰 王 伟 朴哲松 吕武平

▲ 1991级

崔英哲 吴 涛 唐东辉

▲ 1992级

王增栓 田慕青

▲ 1993级

曾怀军 梁国立 宋丽慧

▲ 1994级

金善国　王　军　周建瓴

▲ 1996级

张　繁　吴慧云　毛松华

▲ 1997级

周绍军　谢　军　石　雷　赫忠慧

▲ 1998级

关　敏　乌　兰

▲ 1999级

陈永嘉　程大力　李海燕　王水泉

▲ 2000级

王晓东　龚河华　程海燕　李书玲　潘建芬　黄　霞　朗雪梅　张晓羽

▲ 2001级

高　航　陈　海　杨　军　付雪林　刘　冰　高　颖　张文羽　林小群
杜晓红

▲ 2002级

武英满　周惠娟　范运萍　胡德刚　徐　杰　胡晓琛　陈世雄　商　珊
闫东旭　郑恒山　张　磊　代浩然　傅　波　谢　萌　任秀红　耿　洁
周志勇　袁利红　侯少华　苑文昌　王　锐

▲ 2003级

郝志凤	刘　琳	孙安娜	孙春霞	郎　健	李笋南	盖清华	胡峰光
蒋国权	王雄凤	叶　玲	张庆新	张卫军	安　娣	陈超英	陈培林
梁　芳	卢　敏	张锋周	刘　森	张宗程	李国红	李卫东	孙　璞
郭俊杰	吉　莉	李旭鸿	王　凯				

▲ 2004级

李　鑫	王　新	李忠诚	戚欢欢	刘勇强	丁天翠	熊燕飞	温君慧
梁凤波	迟小鹏	张华岳	陈庆果	刘　琦	黑长庚	薛春花	张　良
游东仰	王　蕾	朱俊全	杨兆春	邵作刚	郭建富	徐青华	杜艳艳
蔡宇辉	刘　剀	王岩磊	陈哲夫	彭　军	王红卫	王　强	王然科
李福良	王少宁	王军涛	李越苹	张文英	吕晓慧	田春宽	李全生
杨　静	张智艳	刘宇峰	李海英	李东蕾	孙云樵	周　燕	王绍芬

▲ 2005级

向静文	陈　莹	于军海	刘东起	王海清	杨　帆	马　强	王舒雨
马　爽	齐爱丽	鲁智勇	崔洪成	苏美华	陈　巍	杨多多	陈　兵
李志梅	时晓昀	乔军辉	周山山	郑雅蕊	屈忆霞	纪超香	陈森林
高富贵	邵三迎	李文慧	杨　薇	侯晓艳	张　楠	刘文武	范成伟
孔　毅	马　良	陈津梁	赵　伦	常　征	李　铂	姜大庆	刘继华
吴　磊	张立燕	曾建川	吕冬生	王　勇	马宏霞	殷　俊	姜继权

▲ 2006级

赵鸿伟	莫淑敏	林　楠	韩文华	任井伦	罗　锐	姚　强	孙彦川
徐　峰	钮璐璐	梁士锁	张　明	于　丽	钟可佳	袁愉年	原玉杰
王国栋	李　娟	王　琦	张　艳	吴　迪	郭玉洁	李　琨	程　辉
郭可飞	邵　磊	李敬峰	王桂香	姜　平	谷　莹	李江华	朱国阳
刘　文	刘　维	郝　勤	王晓辉	戴苹苹	马　腾	张　炜	

▲ 2007级

刘慧芝	尹晓莎	王国明	单伟军	刘　洋	郑　飞	柴俊超	尤　慧
刘　光	杨海林	何秋颖	司延田	黄　恕	岳晓清	葛　猛	辛振雷
荆　婧	牟　玥	范文娟	王昂坤	王逦丽	贾　秦	余　峰	刘　英
王　健	陈　飞	李许贞	孝　文	胡琰茹	王永生	沈　飞	林金香
吴　平	唐云鹏						

▲ 2008级

赖丽新	席嘉辰	顾克娟	张文艳	毛维倩	吕文东	李洪彬	薛长江
彭永强	王行均	于　悦	张　璐	王砚茹	刘彦果	张　慧	张　红
石　尧	胡德俊	孙海龙	郝兴杰	刘　超	刘　颖	赵惠茹	王朝阳
张泽凯	刘亚男	肖　炼	马佳乐	耿家永	李夏元	孙忠辉	陈　平
李红磊	朱成才	康道峰					

▲ 2009级

刘长在	姜宇航	周骏一	齐美玲	闫　昊	杨孟雅	付　强	黄金鑫
任欢迎	黄文龙	蒋英雪	霍　阳	马天天	冯海波	李　青	王　皓
杜康力	宋陆陆	刘　一	韩　龙	苏荣海	高　飞	裴嘉文	车　璐
赵晓芳	贾丰卫	张　魁	谷　旺	杨洪涛	赵琳琳	方　曼	罗　勇
吕　婵	余　锋						

▲ 2010级

赵晓丹	沈静秋	陈一冰	李鑫楠	杨　钰	谭世杰	唐小凤	李冰琼
杨远都	平　易	余晓辉	董晓艳	郑　瑾	孙黎曼	徐　丹	郭兰兰
胡荣光	徐　丹	解西燕	陈艳芬	曲　博			

▲ 2011级

| 李　洁 | 崔婧宇 | 黄　凯 | 郭　卓 | 张媛媛 | 钟华梅 | 张　鹏 | 王荆楠 |

于 勇　韩馨仪　苏鸿鹏　葛娇娇　王 丹　许晨晨　于永晖　王羽辰
林 然　张吉敏　时凯旋　闫开龙　李旭龙　张 茜

▲ 2012级
左 涛　王 畅　王 琼　银雪麟　曾学兵　韩成禹　王觅奇　马奔腾
陈天庚　董京俊　谢 磊　廖小龙　孙晓东　李华帅　郭玉洁　吴升扣
杨 栋　杨 璇　王梦羽　吕慧敏　魏 翔　杨秋颖　刘润芝　刘 刚

▲ 2013级
张 祎　王彤彤　崔 蕾　崔映斌　于静伟　罗腾香　张 琢　王 品
张红丹　袁圣敏　刘慧茹　张乐嘉　王雪燕　宋雅树　季 苇　徐 萌
程明晨　王 曼　王 弘　龚 睿

▲ 2014级
张 翾　张 涛　杨倩芸　苗仁杰　张艺萌　罗 丹　郝 朋　马志鹏
贾鹏鹏　蔡杰铮　尹 瑶　鄂 西　王 跃　邱 程　宋 茹　马 谨
成佳俐　林湘明　白 爽　刘威彤　梁嘉彤

※以下为目前（截至2017年10月底）在读学生

▲ 2015级
何可欣　李婧祎　潘修森　夏梦茹　胡玲玲　岳子淇　赵婷玉　张春芳
张晓霞　古雅沙　侯 威　吕宁宁　庞荣荣　睢鑫钰　王 莉　邢 玮
杨 斌　周 彤　廖炜榕　黄梦怡　刘 颖　吴映谊　陈晓娅　董泽源
陈慧敏　耿小飞　王晓昕　成雅鑫　侯玉洁　张凌韬

▲ 2016级
张 麟　何宜川　王东岭　乔 江　王 苗　王铭聪　张 琪　高 靽

周奕天	季永祺	韩奥栋	张晨铭	毕晓琳	冯丹蕾	李 雯	李 煜
马晓旭	庞丰月	吴诗晨	殷君楚	赵雪同	赵丽茹	查 敏	贺有元
李少杰	苏力博	毕 竞	郑雅洁	徐 杰	邵 雪	王 颖	于 昊
张丹昱	李 科	罗 超	姚 梦	弓宇婧	赵盼超	李亚梦	

▲ 2017级

张海强	靳仕亨	李 钢	李 静	李昀霏	申其淇	沈 青	尹逊舟
张晓杰	章振坤	赵安琪	林昊融	魏 为	陈 齐	冯文宽	康瑞鑫
赖素素	李金诚	刘 红	吕悦云	马银银	齐佳敏	孙序鹏	王露雨
王 焱	王 祎	王子申	高天明	魏 兰	陈孟娇	陈雪飞	胡良一
李佳欣	李懿婷	马 麟	谭凤丽	杨 硕	张 静		

全日制专业硕士

▲2010级

孙华嵩	何 超	刘 娜	徐 坤	蔺 铎	李伟才	叶 茜	张 魁
费辰光	赵雪姣	李明明	侯金鹏	李默轩	齐 铭	张 旭	郭文双
张媛媛	王 廷	焦 蕾	任元波				

▲2011级

康 威	霍玉乾	杨 洋	纪成宝	薛立国	李 琛	吉 玉	周建伟
王吉斗	李佳融	樊小溪	魏佳怡	王 静	张 帅	曹 晨	宋 珊
李先萍	邵 清	赵 阔	韩金明	王 强	张尚文	杜雅楠	樊婷婷
侯丽佳	郭 鸿	吕 丹	刘 欣	王会会	李元萍		

▲2012级

郝 端	张海龙	高 亮	郭掌印	岳 杰	刘欣婷	汪玲玲	王冬妮
郭 琳	毕 妍	付冠奇	王 岚	高 倩	牛鑫鑫	韩 沫	陶 爽

刘双佳　饶　娟　陈　骥　袁　博　刘　爽　陈启浩　唐萨莎　倪　楠
杨鑫蕊　滕　曼　陈新萌　张晓光　刘　后　李晶晶

▲2013级

孙　雪　李秉垠　李　安　任冰洁　张合明　孙晴婉　刘小园　曹玉仙
吴思旸　黄　晗　龚　飞　王俊琪　赵子鹏　朱庄静　李本宪　陈潮文
刘　彬　王力基　丁　妮　郭晓晨　张宏宇　左世豪　王一丁　马自翔
孙丽桃　宋冠男　赵　璐　欧文森　赵亚敏　王　帅

▲2014级

张　红　杜贝贝　候富涛　彭诗朦　许　韵　吴　戈　姚一帆　李亚祺
王　洁　朱　峰　谢　欣　康　毓　孙丰远　易珍珠　刘　佳　王　晨
屈珊珊　廖辉帆　王　洋　梁　玥　杜丞博　韩荣刚　段乃月　王　建
公　晨　朱天宇　佳　悦

※以下为目前（截至2017年10月底）在读学生

▲2017级

曹玉晗　陈菊霞　陈麒先　陈信材　崔佳峰　崔建勋　邓南剑　董明丽
董文慧　董晓康　高　美　龚　俊　黄敬茜　黄　胜　黄晓雅　蒋兴哲
解晓溪　李桂玲　李　阔　李晓彤　李雪丹　梁润东　刘　超　刘冠程
刘　康　刘彦君　权聪聪　石宏蕊　帅旭梅　孙本昌　孙　浩　孙　翼
滕春红　田宗恩　王中阳　温明威　肖　莉　谢文婧　邢宇霞　薛　姣
杨　波　杨馨怡　杨　旭　姚　琦　张静怡　张秋子　张学友　赵梦楠
周　祥

非全日制专业硕士（免费师范生）

▲2012级

潘廷跃　杨再礼　袁乾龙　贺明进　史春雨　任　鹏　王凯祥　马仕刚
刘从晓　许燕飞　胡玉莲　何路芳　努尔艾力·吐鲁洪

▲2013级

杜　鹏　李文俊　吴炳佐　孟　浩　张　宁　王光益　吕　蒙　田　英
祝　柳　彭岗球　刘　鹏　张耶乾　周　霄　刘　杰　梁　昆　高　森
王　干　李佳佳

▲2014级

徐香玲　肖　慧　邓轶轩　刘　洋　张　迪　周涌亮　黄开贵　刘　聪
顾忠虎　王彩云　唐国悦

▲2015级

戴申林　何福州　黄呈琳　贾　平　姜吉红　刘　毅　龙　湘　马　超
马瑞鹏　孟致琼　陶能猛　田宝奇　王　凯　王　勇　韦　伦　武亚琨
徐　海　曾雯雯　张孟其　张译潇　张正明　赵金玉　赵　珏　周　全
周永国

▲2016级

陈桂冰　梁　爽　刘伟男　宋孝跨　汤宗贵　童宇齐　妥　亮　王　昭
徐　新　严　坚　杨　悦　海依沙尔·努尔波拉提

▲2017级

胡天航　程　汉　李　梅　李　卫　罗伟杰　马永清　毛　凯　綦思豪
石　鑫　唐光周　田红彬　王维强　王怡琅　王义鹏　熊　超　张立伟

郑翔宇　周训林

非全日制专业硕士（非免费师范生）

▲ 2003级

马思远　王志方　赵文权　徐淑聪　徐卫平

▲ 2004级

王　华　刘继宏　姜全林　万虹　李双辉

▲ 2005级

盖　峰　刘玉国

▲ 2006级

李　郁　邵红艳　郭　琳　刘明亮　宋飞飞　金　宝　张　洋　王　静
郭美娟　王　冬　李振涛　李晓峰　祝彬彬　程　亮　郑　峰

▲ 2007级

李　帅　张俊杰　庞　颖　王永强　梁永强　郭　华　王　彬　唐晓义
李红艳　李学刚　孙长武　陈立栋　张　亮　郑丽霜　王　可　姜月波
袭慕伟　赵　峥　高欣欣　何成阳　高程丽　郭德法　郦阳先　耿　源
郭成芬　林　诚　朱丽琼　张　磊　孙　辉　刘林星　崔国文　张传龙
白晓亮　王　栋　王加略　冯艳琼　张文军　武洛生　杜　云　陈学东
任　刚　李国锋　李东光　李慧阳　王海滨　宋长玉　吴宝勇　刘振宇
周　东　刘　娜　张　辉　张　军　廖春龙　李晓梅　贾富明　雷　鸣

▲ 2008级

时　锋　蒋　岚　杨　璟　杨时涛　范凤兰　吕国栋　蔡　将　周　莉

陈　艳　李　莉　徐进勇　衣　扬　樊　洋　王　镭　黎林飞　杨传松
宋懿芪　邓彦青　刘树英　王润芳　仝红发　王寿秋　姜海英　张明明
张媛媛　刘树峰　袁同春　高永琴　武　莉　毕建涛　孙素娜　翟澄清
熊　莉　卢文孝　张　湛　王煜锴　林　月　周艳华　汤　华　陆家领
叶　蓁　王　毅　张　云　王　斌　张　剑　吴　宏　罗勇民　张妮娜
薛红文　牛　奔　迟天舒　韩　沫　栾　飞　丁小宽　白　楠　仲启丰
沈建敏　史海燕　李若鹏　罗　峰　赵宝瑾

▲ 2009级

喻　强　张　琦　郭　河　何辉波　闫　凯　李芬花　常晓东　刘红妹
张　影　郭吉宇　李红梅　张佰辉　张秀芬　王道欣　张　辉　向　京
袁文涛　杨　静　高　朗　王清梅　杨万程　王桂宝　刘　柳　张　浩
曾奇武　高　旭　高永杰　阴甜甜　闫建康　吴海鸥　李　岚　韩跃刚
王　芬　咸　峰

▲ 2010级

胡旭栋　陈佳佳　郑丽梅　安　山　景　涛　郝　征　张学雷　蒲婧瑶
凌　玲　芦　佳　商　阳　史元龙　刘晓佳　李　强　张铁峰　邢　艳
李艳荣　史　健　王　剑　单显露　陈富成　王　磊　周　婕　王　涛
李　杰　邬政军　盛宇鹏　马麟婷　谢虎成　车璟琳　徐　韵　刘玉泉
余立群　左晓瑛　翟桂钰　王　斌　李来春　刘　军　张丽爽　李广超
胡应国　冯　莉　魏桂芬　李榕桓　张　坤　宋　卓　李爱华　朱岩松
张　彀　朱　艳　王莹琪　刘　沙　马　威　苗　凯　孙　伟　梅建峰
李庆祥　孙满堂　娄珺芳　王昌伟　谢永生

▲ 2011级

白　雪　张　毅　刘晓辉　陈　莹　张　玺　赵　斌　陈俊辉　单　华
董丽波　方师平　李明军　王以智　肖　鹏　唐大桂　吕新姣　张焕卫

简振辉	汪文君	葛红燕	刘宏辉	荆树杭	郝敬海	佟常生	付剑波
任　鹤	文　婧	于　萍	孙　彬	任成刚	吴晓楠	王晓霞	张　雪
衣天民	何建春	臧伟东	赵文男	王　涛	王　楠	杨凤蕊	宋　涛
张少华	杨进发	唐　彬	施萌雨	杜立国	俞海涛	陆　波	何　健
李　念	王晨曦	周长安	孙晓川	张婷婷	唐红斌	张　卓	姚正宁
王云松	罗志鸿	张　雷	岳江波				

▲ 2012级

周　鑫	姜晓东	赵礼南	余炳强	刘　洋	赵丁卫	李安日	张　辉
甄　伟	刘燕龙	张禹桥	方　政	王松虎	王水勤	曹　凡	岳荣涛
沈财利	黄　鸿	董桂林	欧枝华	何　亮	孙　浩	赖向东	李　华
单庆兵	杨　京	王世哲	代　婧	王　滢	陈小容	程悦红	袁雪梅
孟祥洁	顾　雪	牛晓静	冯　宇	吴皎佼	谢　萍	周　亮	刘华菁
蒲香鹏	喻　婷	冼　慧	范丽霞	李雯雯	郑美霞	马　梅	于欣源
陈　刚	张志强	袁　峰	郭建伟	徐　辉	陈圣贤	常光杰	陈　旭
尚　武	陈开锴	洪　虹	张爱霞				

▲ 2013级

袁　静	韩石光	姜　雯	赵立勇	刘静霞	陈君生	刘　瑶	李成文
宛文科	何立洪	郭之浩	周欣欣	王立松	冀艳美	王　璞	王小庆
王　雷	刘继阳	高明平	李小乐	叶力齐	刘冬雪	杨小攀	王　健
潘　剑	王鸿雁	连文索	陈丽霞	郑明浩	吴　彬	姚传坤	查进丰
王永成	王艳蕊	邓明友	刘振华	牟若群	李治云	魏文婷	杨　华
李春云	龙　超	赵艳艳	王　瑞	黄　河	王成梁	周建龙	孙亚楠
王　峰	吴　帅	王　璇	王加成	余国梁	奇大力	吴　涛	王　钢
王文锐	都　颖	罗　茜	孙　永	王　健	崔濠镜	葛智斌	马晓琼
赵　丹							

▲ 2014级

蔡松梅	蔡宇清	陈 佳	陈晓霞	陈壮卫	丛 峰	崔 成	崔可心
党艳贤	邓 瑞	东 斌	董美君	樊 星	范 勇	冯 毅	高 菲
高恒伟	高 强	高婷婷	郭高杰	郭 欣	韩建平	郝 蕾	洪 欣
侯婉菲	华存杰	金 明	靳兴民	鞠震军	赖崇伟	李 波	李朝红
李春铭	李凤堂	李金霞	李书峰	李 维	李晓燕	李 毅	李云阳
梁 翔	廖艳华	林 杨	刘 聪	刘 刚	刘 杰	刘晶晶	刘立涛
刘 强	刘小杰	刘亚萍	刘 嫣	刘 洋	刘 勇	吕伯杰	罗艳琼
马佳佳	马立军	孟 龙	裴立伟	彭 磊	邱慧芳	任山常	石丽娟
隋宏伟	孙 尘	谭 波	谭玉荣	唐 健	滕文生	田 坤	田曾笑
王洪义	王花燕	王建军	王 李	王 萌	王荣军	王艳会	王 岳
吴 燕	武 巍	谢 娟	邢俊丽	许东霞	许 凯	许 岩	杨益群
姚春清	张爱兵	张青松	张新杰	张永艳	张兆年	赵铁峰	赵晓云
朱俊璋	邹成辉	邹方亮					

▲ 2015级

蔡志明	程国良	杜 蕊	范振文	冯 璐	冯永福	高 昊	高文健
郭 臣	郝胜利	何杭凤	侯 聪	姜 萍	焦传明	康琳娜	兰 青
黎振刚	李 浩	李建霞	李林云	李 敏	李 娜	李 冉	李永辉
李志军	李中萍	林 辉	刘宏运	刘建军	刘 静	刘 麟	刘 巍
刘小禹	刘燕鸿	刘 峥	刘志科	鹿春生	吕慧敏	马 宏	马 洁
牛 彬	潘 峰	裴武卫	蒲 进	朴 雷	秦亚鹏	石 琳	唐丽萍
陶春雷	王 博	王朝永	王 飞	王 冠	王志勇	韦春生	魏智明
温 雯	吴 然	谢正银	许俊菊	杨 超	杨 辉	杨 帅	杨 雪
于振威	曾建通	翟士瑞	张东云	张 良	张倩茗	张 强	张 旭
张亚芳	张 旸	赵愿洁	周海龙				

▲2016级

赵 悦　张奕敏　张纬奇　张 伟　展贝贝　殷 越　殷 勤　徐鹏飞
徐京生　魏 刚　王启龙　王丽英　王 蕾　孙昌辉　宋丽娜　宋 力
邵 帅　聂 鹏　倪军茹　缪滢滢　毛 军　罗亚君　罗海斌　罗 川
刘 莹　刘艺欣　刘维杰　刘 娣　刘 波　林凤玉　李 易　李 鑫
李文闯　孔茹玉　蒋肇年　霍 翠　黄世权　黄海连　贺 明　韩 捷
哈 妍　郭韶华　付传勇　杜 鑫　董 硕　董鹏宇　程 鹏　陈永发
曹 飞　毕 成　赵巳彤　张 雷　翟桂君　杨晓明　吴振宇　吴 为
汪晓晖　孙永霞　宋耀玮　马 钊　马 咪　马红美　刘天博　李兆祥
李 霞　李文武　贾大鹏　和学聪　郭昌昊　关 洞　董振东　邓睿华
陈 静　蔡海花　白曼利　周锦清

（三）北京师范大学体育与运动学院历届博士研究生

▲ 2004级

董文梅　张建华　高 嵘　李荣淑（留学生）　侯莉娟

▲ 2005级

于素梅　张庆新　宋湘勤　梁 芳　陈培林

▲ 2006级

阿不拉　查 萍　万 茹　吴 健　杨东升　卢 敏　张锋周
朴晋成（留学生）

▲ 2007级

杜晓红　李 强　邵雪云　王大磊　薛 红　李柱泰（留学生）

▲ 2008级

王长权　苏美华　李笋南　彭小伟　陈爱国

▲ 2009级

蔺新茂　潘建芬　王金玲　陈少青　孙　璞　张　磊　刘周兴　金成河

▲ 2010级

张　繁　胡琰茹　陶克祥　刘　敏　武雪鹰

▲ 2011级

李永红　张文天　张卫军　张惠珍　马　强　傅雪林　王宗兵　刘　军

▲ 2012级

付晓蒙　杜　吟　费辰光　石江年　王冬梅　龚　云　陈　巍

▲ 2013级

潘家礼　戚欢欢　臧留鸿　崔书强　李　林　张　帅　徐　萌

▲ 2014级

李海燕　李洁玲　李　欢　何凌骁　时凯旋　于永晖　耿嘉梅　黎进雄

▲ 2015级

杨多多　王　源　于天然　王志锋　陈　平　王会会　焦喜便　段荣凯
孙路峰

▲ 2016级

李秀娟　赵　刚　李旭龙　李灵杰　袁圣敏　庞念亮　李　航　秦　喆

▲ 2017级

崔　蕾　朱丽娜　汤宇锟　邱丽玲　黄浩洁　张子华　白　爽　陈志强
孙晓东　文蕊香　阿里·贾列利耶夫

（四）北京师范大学体育与运动学院历届博士后研究生

▲ 2007年至今

谢 军　苗向军　李骁天　惠陈隆　赵洪朋　杨清琼　李高峰　赵烜民

牛 奔　张路平　王福秋　陈 帅　胡 惕　马 婧

（五）历届函授学生

*说明：由于来源资料多为手写，有难以确认之处，皆以括号标注。

▲北京师范大学函授1985届毕业生名单（山东函授站）

毕庶波　曹建良　陈丕俊　陈业来　宫连飞　桂春社　姜笃令　考春风

李春英　李培阳　林凤水　刘春国　陆秀增　秦志杰　施昌发　宋万田

隋永昌　孙亭军　所洪增　汤福祥　田玉玲　王 波　王德科　王典许

王金胜　王松华　王同景　吴德志　徐同惠　徐先科　许华智　杨冶江

于学祥　于重威　张宏忠　张 唑　赵桂仁

▲北京师范大学函授1985届毕业生名单（河南许昌）专科生

白凤祥　本玉琪　曹保成　常桂湘（常规湘）常德成　常志刚　陈伯涛

陈 武　陈德欣（陈德钦）陈国华　陈国民　陈国杰　陈金法　陈俊生

陈六苔　福 增　传 军　谌秋生　程如昌　楚文选　崔清崑

丁丙文（丁炳义）段 勇　龚国僧　杜自立　樊利民　樊书昌　冯护庄

冯焕东　冯文立　高 玲　耿书友　谷银治　关少军　郭国翔　郭旭生

韩 辉　海惠芳　韩明灿　韩太军（韩太年）韩子周　郝英俊（郝美俊）

何宏军（何宏年）何志松　胡东昭（胡东明）和新中　侯宪衷　胡宝玉

胡东明　胡 华　黄小军　霍俊昭（霍俊明）姜全增（姜合增）姜长德

蒋付勤　孔翻起　孔德民　孔庆堂　孔祥法　兰 华　乐 平　雷银才

李春安　李伯年　李冬梅　李付宾　李国年　李国仁　李根炎　李宏伟

李建臣　李杰臣　李明惠　李书奇　李某军　李建臣　李杰臣　李明惠

李书奇　李顺德　李文杰　李武昌　占 仁　李向军　李亚奇　李延召

李玉山　李昭惠　刘长春　刘白生　刘二黑　刘国彦　刘军平　刘林太

刘全春　刘惠仙　刘克正　刘林太　刘世欣　刘位勋　刘玉照（刘玉明）

刘长春　刘志飞　刘忠义　刘自生　刘仲新　卢　涛　卢志安　禄玉林

路万有　路百友　伦玉珍　罗西振　吕顺昌　吕晓松　伦玉珍　罗西振

马国周　马　领　马顺立　孟凡群　孟国勋　孟明亮　孟庆亭　孟昭亮

苗　夜　倪文峰　宁宝欣　牛洪林　潘平安　秦　伟　全银治　任全志

尚冬梅　申国祥　申唔波　石　可（石　柯）时书平　司新霞（司利霞）

宋红星　宋传军　苏全岑　孙天才　孙新琪　孙予闽　唐　军　田振堂

田长根　田志刚　王发海　王　芳　王冠杰　王国宪　王金友　利　欣

王国顺　王浩夫　王培涛　王适杰　王松峰　王新欣　王延杰　王亚杰

王正义　王志军　威一德（盛一德）魏德州　文法增　文进峰　吴跃先

夏长明　夏法根（夏发根）谢苗根（谢留根）相文艺　徐安平（徐安丕）

许　辉　许兴华　薛绍欣（薛绍须）闫二召（阎二召）闫付思　福　恩

杨保敏　杨德运　杨富中（杨付忠）杨红梅　杨松才　杨木顺　杨文艺

杨学安　杨亚强　杨政远　杨彦顺　于景范　殷　勇　袁桂荣　袁国安

袁秀群　翟保书　翟国才　张爱玲（张爱珍）张保和（保合）　张东华

张成山　张付山　张吉步　张继华　张全美（张合美）张俊卿　张胜州

张强华　张胜利　张术林　张双贵　张新杰　张炎浩　张语华　张应东

张勇奇　张忠义　张自好　文　峰　赵安民（赵国民）赵洪川　赵勤亮

赵仁民　赵顺利　赵玉华　周宏杰　周　虹　周天义　周铁庄　朱来安

朱亚利　左宝有　朱来安　朱　平

▲北京师范大学函授1987届夜大毕业生名单

白玉兰（白玉立）包莱仁（包宗仁）蔡　敏（柴　敏）常慧芳　陈　斐

高　斌　陈适东（陈适京）陈晓辉　陈永平　邓小婧（邓晓娟）丁　钢

方国珍　李家华　高秋菊　葛维平　哈邵文　韩　景　韩仲元　郝志红

何　成　胡巧云　刘大云　蒋季瑚（蒋季湖）李家华　李卫国　李学众

李兆杰　刘崇优（刘崇岳）马福顺　刘　贵（刘红旗）刘　洪　刘　莺

陆啟始（路启昭）吕燕萍（吕燕平）马建国　马进禄　苗　萍

潘君松（潘若松）潘振友　沙　敏　沈红秀　沈学伟　舒玉平　宋　琳

宋兆年　孙东生（孙冬生）孙跃先（孙耀先）孙悦生　唐　杰　田　禾

万维萍　王国栋　王家咀（王家明）王克强　王起龙　王世祥　王　伟

王　翔　王忠民　王　卓（王　倬）魏金祥　温　弼　吴　彤

闫永国（阎永国）杨学旺　杨都纯（杨郁纯）杨　兵　杨　可

杨学明（杨学旺）杨　岳　俞绍文　于全林　禹连娣　翟广奇　翟燕生

张建军　张清茹　张庆华（张秋华）张　巍　赵爱华　赵雅珊　甄九祥

周继东（邹继宋）张秀敏

▲北京师范大学函授1988届（淄博惠民）毕业生名单

白廷皎　柴光旺　程德军（程德新）程元军　崔茂昌　崔洪仲（崔潘仲）

董振川　丁树川　段长春（段长青）段金东　范本谦（范本源）高继国

关武林　耿现华　郭建岭（郭建峰）韩　冰　侯占杰（侯万杰）蒋洪峰

李吉祥　李邦福　李虎强　李铁华　李维国　李新岭（李新峰）

李发光（李友光）姬生荣　贾东安　刘福祥　刘士海　刘　伟　罗维东

罗维玉（罗维正）孟　亮　戚律津　沈远顺（沈元顺）盛沼津

宋乐会（宋东会）宋士海　孙启水（孙宏水）王　滨　王传贵　王金胜

王新太　王英照（王英明）王爱民　王长宽　王振光　王宝海　王其安

韦有俊　魏元祥　魏崇山（魏景山）魏红霞　徐征军　杨北水（杨兆水）

殷勤旺　尧　杰　杨　豪（杨　宗）翟　鹏（翟　鹂）张宝玉　张传军

张德民（张新民）张东生　张　彩　张　美　张　平　张　清　张世芬

张证利　张汝洲　赵　静　周铁军　周巍巍　紫兴胜　邹方俊

▲北京师范大学函授1988届毕业生名单（青岛）学制三年

常显礼　程显起　崔立旺　崔黎明　丁智民　付铭韬　高瑞文　关方海

侯殿国　黄克法（黄克清）纪光传（纪先传）贾玉江（贾玉红）康　洒

赖声源（赖生源）李　波　李陆覃（李路霈）李　玮（李　伟）李祖修

厉彦芳（李彦芳）李延高　刘安君　刘　克（刘　亮）马昌林

刘敏浩（刘敬浩） 刘维佳（刘维俊） 刘中军 刘永照（刘家照）

刘赟辉（刘云辉） 栾正园（栾正国） 刘伟俊 马昌林 马凤芹

桂 起 牛志光 彭一念 戚道荦（戚道平）戚希荣 祁国华 邵溪旺

孙党荣 沈建坤（沈延坤）宋守化（宋守华）苏啟斌（苏启斌）索延高

孙玉贤 孙启等 唐 润 宋元桐 万德适（万德元）万法廷

王金旺（王金胜）王成松 王凡全 王 进 王京禄（王亲录）王培云

王 燕 王友旺（王友明）王志坚 吴飞吴 吴彩孝（吴彩存）

吴正泉（吴正录）咸希常（咸希荣）吴元海 肖 虹（萧 虹）

辛若阿（辛若珂） 徐川庆 徐志勇 许三军 薛建江 闫栋起

袁玉杰 张炳旭 张德岭（张德屹）张维国 张维佳 张微月 张卫东

赵广涛 赵华智 智 民 周兆宝

▲北京师范函授1988届毕业生名单（唐山）名单

安德发 曹永启 常庆刚 崔 江 杜 彬 费树峰 傅秀岩（付生岩）

高俊岭 葛绍洋 郭玉清 汗 青 蒋洪霞 阚 清 李全生（李金生）

李绍存 李树文 李绍辉（李照辉）李占义（李占毅）李志勇 梁敬超

林宝田 刘福存 刘建军 刘建禄 刘梦涛 刘自安 鲁长站 马东生

马云海 孟令生（孟令和）任 学 穆兰凤 任长喜 尚景和 邵敬友

沈国柱（沈国恒）沈晓艳 石万峰（石刀锋）孙文生 佟豫生 王成丰

王广忠 王金安 王绍春 王淑兰 王树刚 王学武 王玉宾 王志文

王志一 吴国胜 吴锡增（吴希增）肖玉平 谢国利 谢天奎

信桂荣（辛桂荣）徐玉明 徐元明（徐文明）杨居进 杨巨林 杨志广

杨志利 杨作福 姚德志（姚德起）殷书森 张吕新 张焕彬 张昌新

张会增 张玉国 周庆伟 周为民（周纬民）邹相国

▲北京师范大学函授1989届毕业生名单（山西忻州）专科生

白少平 白万年 常成玉 陈 虎 褚田怀（褚天怀）费建忠 郭玉明

郭兆年 果福荣 何贵良 贺树贵 黄建文 贾培珍 孔八全 林永胜

林跃文　刘世新　刘世跃　刘世如　李桂延　李俊林　李新华　李玉林
梁富荣　刘万生　刘月田　木贵建　马坤责（马增青）木俊林　木文英
木兴华　木玉林　齐温泉　北伟世　宁长跃（宁长路）钱昌欣
任者跃（任宏跃）苏林贵　孙宝明　孙成进　孙瑞考　孙三仓　孙喜龙
孙喜生　孙云长　孙照田　田建平（田建华）铁昌钦　王育才
屠禄林（屠祥林）王富龙（王福龙）王高朋（王高明）王志成　蔚细柱
魏福柱　邢顺仁　宿安平（宿平安）杨安平　杨文英　杨永旺　张宝明
张进成　张瑞宏　张三仓　张旺田　张喜龙　张新平　张云长　赵黄玉
赵建龙　赵文志　赵文德　赵效东　周秀庭　周参建

▲北京师范大学函授1989届毕业生名单（山西临汾）专科生

陈健刚　陈学有　崔桂生　丁梅英　樊林才　冯敬人　高满聪　郭保忠
郭伟记　郭文明　侯长江　惠秀华　贾怀宝　兰占峰　李晋阳　李志庆
梁新泉　林　华　刘吉林　刘麦珍　刘向虎　刘新民　吕志敏　吕志强
牛九峰　彭日杰　索秀华　彭煦兰　史云泽　苏志刚　孙铁虎　王加喜
王建俊　王学明　王亚宁　卫建华　魏玉亭　闫俊荣（闫军荣）闫燕善
杨顶峰　杨金河　姚庆国　翟九福　张　兵　张　纯　张吉元　张吉人
张晓峰　张英辉　赵红斗

▲北京师范大学函授1989届毕业生名单（河北涿县）专科生

白永良　白　玉　鲍朕权　陈德安　邓广玉　狄百倩　狄景常　丁满涛
苓智园　杜向民　段金明　冯建军　付元一　高建改　郭宝元　郭立峰
郭连如　郭文浩　韩　洪　郝国良　郝印华　寇建立　李宝宽　李炳中
李德凌　李立国　李连琴　李　明　李启明　李树森　李志国　李世新
李学新　刘翠霞　刘健房　刘金荣　刘景东　刘　亮　刘　明　陆文梅
吕国义　吕坤志　吕守军　吕志荣　马秋喜　罗国义　马文波　马雄英
马志强　毛英俊　米文宏　屈双成　任建军　任　恕　申继衷　申剑航
沈　淇　沈学伟　史庆勇　孙进珍（孙世珍）孙悦生　孙万田　唐　京

唐守政（唐宁政）田惠臣　田　树　佟　德　汪宏驹　王朝祥　王红兵
王起龙　王瑞兵　王润杰　王书贤　王文良　王亚芳　王益民　汪良玉
王会来　王瑞兴　王亚芳　王占平　王志成　徐　安　于　林　于长泉
翟铁忠　张殿琦　张黄河　张建康　张利军　张　露　张全成　张绍文
张显义　张新生　张秀敏　张玉才　张振旺　赵爱华　赵福印　赵双琦
赵雅珊　钟彩章　周　冰　周书明　朱文宏　吴坤志　徐景林　徐士才
杨　江　杨润红　张振明　赵福印　赵景月　赵胜占　赵双琦　郑万山
钟彩章　周书明

▲北京师范大学函授1989届毕业生（保定）名单

白　玉　董华堂　方兴利　付六一（付元一）高建政（高建改）郭宝元
郭连如　和春秋　霍　静　贾　越　李启明　李卅新　李新学　刘建房
刘　亮　马东来　毛英俊　申继忠　术炳中　田会臣　田树群　王会来
徐景林　徐士才　杨　江　杨润江　张连河　张万田　张玉青　赵景月
赵胜占　郑万山　朱俊仁

▲北京师范大学函授1989届毕业生名单（青岛）专科生名单

藏红卫　陈光本　陈健栋　丁瑞森　高洪方（高洪芳）高萍香
高绪亮（高绪良）高玉新　耿进富　韩风云　贺光生　李炳壮　李风仁
李松梅　李延晓（李延）李玉章（李云章）梁　勇　林式珊　刘玉军
柳忠庆　栾丕勇　吕成钦　宋少龙　宋修元　孙淮安　孙健栋　谈宏思
汪德业　王传辉　王立先　王钦钦　王　旭　王永华　徐汉峰
徐金君（徐金军）徐明山　徐绍峰　徐树清（徐树青）杨宝忠
薛志强（薛玉强）张培启　张锡寿　赵　伟　庄志良

▲北京师范大学函授1989届毕业生名单（秦皇岛）

甘淑芬　霍秋成　蒋顺强　李满俊　任志远　石金杰　田玉娟　杨维强
张玉勇　赵国安

▲北京师范大学函授1989届烟台站（莱阳）毕业生名单

曹爱民　车　卫　陈国忠　丛海波（从海波）崔永胜　邓顺安　刁永斌

丁振胜　杜玉石　冯津昭（冯泮昭）盖德仁（盖得江）盖军民　宫照明

郭炳训　黄进贞　郭庆夫（郭飞夫）侯文革（侯文草）姜光祥　姜共纾

李春芙（李春英）梁俊芳　李　建（李乃建）梁德江（梁得江）林炳连

刘大安　刘培礼　刘曙光　刘　寅　刘文昌（刘文昂）刘月柏（刘月拍）

芦显勇（卢显勇）鲁学礼　路国敬　栾焕秋　慕亨利　彭昭琪（彭照其）

乔建军　曲大波　曲建波　曲绎军（曲泽军）任厚江　邵　成

盛玉云（盛丕云）隋　宏　隋茂果（隋茂国）隋锡泽　孙承航　孙红卫

孙国忠（孙国宝）孙焕好　孙俊涛　汤华建（汤化建）田秀华　王德文

王乃旭　王洪宽（王玦宽）王松增　王修东（王修车）王展寿（王展涛）

尉志昌（蔚志昌）辛学文　邢永乐（刑永东）徐志远　言照明　杨建海

杨建昭　杨秀玉　于　海　于蔚召　于文凤　原希曙　张守利　赵若豪

郑建涛　周春财（周春材）周洪吉　周良富　祝世伟　邹春田

▲北京师范大学函授1990届毕业生（怀化）专科生名单

柏石琳　曾　峰（曾　锋）曾红专　僮文兀　陈　辉　陈金平（陈全平）

陈平贵　陈铁辉（陈沃辉）陈文炎　陈玉清　陈争鸣　陈正义　戴映湘

邓杨名　邓解粮　丁年贵　董　平　傅建中　高绍巨（高邵飞）关展平

何汉家　何汉礼　何议家　和江平　贺继雄　贺德雄　贺南晚

胡爱荣（胡爱荣）黄国喜　黄　河　黄嗣林　黄永来　黄志远

贾立汉（贾立汗）贾珍平　贾政平　蒋明军　蒋知一　金茨萍　康竞成

匡新业　黎光荣　李才忠　李　国　李建平　李晶明　李小龙　李伊宽

李易松（李易松）李伊党　李志刚　梁光荣　刘　彬　刘劲达　刘秋萍

刘　斌　刘朝阳　刘平贵　刘秋荷　刘世伟　刘亿良　刘严贵

刘振任（刘振仁）罗出伟　罗二平　罗利民　罗明华　罗旭东　罗忠伟

马业仁　毛自丰　欧阳旭　彭熙宁　蒲声友（蒲声有）乔绍飞

钦武迷（钦武进）邱小华（丘小华）全茨萍　任克礼　石旭煌　舒增德

舒增洋　谭根武　谭久林　谭文元　谭也仔（谭也传）汤晓春　唐小华
田达云　万年贵　王光良（王光亮）（王长亮）巫中德　吴崇辉　吴可心
吴奇才　武光华（吴光华）吴可心　吴展升　向　荣　肖德昌（肖德吕）
谢根武　谢贵阳　徐亚涛　严继光　杨国太　杨红卫　易小春　叶少华
尹德斌　易　城（易　诚）尹明斌　尹继光　余永刚　载应湘　曾　锋
曾红专　张进兄　张承禹（张承高）张力夫（张力支）郑海峰　周庆舟
祚进元

▲北京师范大学函授1990届毕业生（昆明）专科生名单

陈明光　陈　新　陈亚男　邓玉贤　董建平　冯体安　冯永跃　何福铭
何丕成　黄和平　黄绍金　蒋志刚　金　信　景　伟　康安宁　李成华
李国荣　李世红　李文武　李新然　李　彦　李宗望　梁见超　刘长保
刘常礼（刘长礼）刘长得　刘国林（刘国财）刘红云　刘家福
刘仁坚（刘仁间）刘　映　刘永恒　陆亚男　陆琼华（路琼花）罗金荣
吕　勤　吕庆勇　罗金荣　马国骏　马龙超　马兴邦　马志保　卯新华
莫绍金　彭贵荣　普安明　秦国泰　秦绍振　任　玲　邵丽萍　石　良
孙志敏　谭兴华　汤永红　王大伟　王克康　汪新润（王新润）王大伟
汪永泉（王永泉）王克康　吴友新（吴友心）辛丽萍　徐晓龄　阎良武
杨建梅　杨春荣（杨春容）杨喜云　杨　筑　翟永新　张国富　张丽萍
赵春生　赵　竞　赵东升（赵东生）周尚礼　周　栩　朱　晓　朱正刚

▲北京师范大学函授1991届毕业生（怀化）名单

泵建芸（岳剑云）曹丰华　曾纪长　曾剑锋　柏伏安　陈德林
陈海鸥（陈海鸣）陈德林　陈健波　陈宁波　陈全设　陈为宗（陈为泉）
陈小柏　陈银睇（陈银娣）陈志刚　陈智建（陈智健）戴金建（戴全健）
丁光华　董恒威　杜　伟　冯德贵　傅生春（傅胜春）寒石凯　郝建国
郝　勇　何甲军　何　柳　何少华　黄灿益　何尤建（何龙健）黄恒成
黄亮全　黄　毅　蒋满柏　金　辉　金小波　康平华　雷丰华　孔茴军

雷华忠　李安平　李道中　李贵奇　李建雄　李昊明（李英明）李进生

李友文　李铸能　梁四青（梁四清）梁宗祥（梁宋祥）刘爱萍　刘柏林

刘春耕　刘放林　刘泓春（刘红春）刘华秋　刘建凯　刘立荣

刘秋亮（刘秋良）刘秋元　刘小华　刘译琪（刘泽琪）刘英勇　刘志忠

刘子凌（刘子法）龙新华　娄尧犬（娄光大）罗晓华（罗胜华）毛　曦

莫超群　莫亮金　农晓安（农晓波）彭世和　彭小年　彭　勇

邱端兰（邱瑞兰）沈　诚　师明东　史敬东　帅明乐　舒晓琼（舒培晓）

舒振东（舒振木）宋兆龙　苏国新　苏雪亮　孙立志　孙尚军　谭畅生

谭晓勇　谭正春　汤翼虎　唐旭东　田永祥　王德平　王建湘　王梦雄

王顺洗（王顺跃）王向东　王小平（王小毛）王学成　王亚林　吴传林

吴志宏　吴端平（吴瑞平）肖荣跃　肖应楚　谢建辉　谢立吾

熊　摩（熊　鹰）徐前进　徐云望　闫荷花　颜　斌　杨学著　姚灿华

姚目军（姚国军）叶　平　喻朝阳　余　芝（余　燕）袁国新　袁　礼

袁孟辉　袁小如　张德辉　张和平　张尚晏　张新明　张志军　赵胜平

赵志强（赵　强）周传贤　周德福　周海林　周立德　周义南

朱建京（朱建新）朱荣生（朱乐生）朱跃明　朱正岳　祝文才

▲北京师范大学函授1991届毕业生（河北隆兴）专科生名单

白福成　白晓军　柴国民　段凤山　冯羽天　高光潮（高兴潮）贾满才

姜志杰　姜文军（姜文君）焦翠平　李俊生　刘亚丹　卢洪宝

卢占祎（卢占一）马忠仁　孟丽华　任玉杰　商　臣　孙连生　刘连杰

腾印国　王光友（王兴友）王华欣　王久常　王俊卿　王全民　王瑞杰

王占山　闻福江（温福江）夏树成　徐存海　徐树云　许世达（徐世达）

薛连江（薛连兴）杨春生（杨春兰）张彦宏　朱世凤　左占先

▲北京师范大学夜大1991届毕业生（北京夜大）名单

安宗臣（安家臣）白玉立　白荣正　包宗仁　边志东　柴　敏　蔡福全

常慧芳　陈　斐　陈适京　陈反修　陈洪全　陈　然　陈文斌　陈晓轩

陈晓辉　陈永平　邓晓娟　戴慧元（戴慧远）单　青　丁　钢　方国珍

范兆华　方若宁　冯　刚　付学良　高立民　高占起　高　斌　高秋菊

关茶平　关克华　葛维平　哈邵文　韩　景　韩超重　韩国一　韩建中

韩　玲　韩仲元　郝志红　郝俊英　侯纪良　候全详（侯金祥）何　成

胡巧云　胡景旺　江　智　解　江　解文委　蒋季湖　金馨亮　李家华

李华军　李福来　李　明　李伟明（李伟民）李卫国（李卫东）李学众

李兆杰　李敬东　林国生　刘崇岳　刘大云　刘宝弟　刘改伟（刘政伟）

刘培庆　刘宪宗　刘益民　刘　贵　刘红旗　刘　洪　刘　莺　刘志强

柳军农　卢　虹　路启昭　吕燕平　卢立家　鲁春梅　马　龙　马志勤

马福顺　马建国　马进禄　毛京辉　孟　雄　苗　萍　庞富星（庞　星）

潘若松　潘振友　钱民增　沙　敏　邵英智　沈红秀　沈学伟　谢勃洪

舒玉平　舒　翚（舒　珲）舒　京　宋　琳　宋兆年　孙　伟　孙冬生

孙耀先　孙悦生　唐　杰　唐　安　唐卫华　唐晓滨（唐晓演）田　禾

滕国青　王大海　王福民　王继田　王菊龙　王　时　王新新　王亚平

王国栋（王国胜）王家明　王克强　王起龙　王世祥　王　伟　王　翔

王忠民　王　翔　王　倬　魏金祥　魏　巍　温　弼　吴　彤　吴恭平

吴光华　吴致中（吴政中）谢勃洪　闫　伟　闫小虎　阎永国　杨　兵

杨　可　杨建庄　杨学明　杨长岭　杨郁纯　于全林　禹连娣　翟广奇

翟燕生　曾　军　张柏树　张世明　张树林　张文龙　张建军　张清茹

张秋华　张　巍　张　毅　张志刚　张秀敏　赵爱华　赵雅珊

赵春来（赵来春）赵大元　赵尔立　赵军飞　赵连军　赵瑞忠　甄九祥

邹继宋　赵亚青　赵迎军　郑三亭　曾　军　杨学旺　王克海（王克梅）

▲北京师范大学函授1992届毕业生（怀化）学生名单

蔡　辉　蔡陆辉　常券山　曾春山　陈　力　陈锡福　陈仙娥　陈志萍

刁杰华　费　胜　冯　雁　富国才　郭建平　华　彬　黄均干　黄　胜

黄学军　雷国才　姜晓东（姜小东）蒋天良　李海林　李　衡　李念桥

廖代雪　廖新设　刘　斌　刘常科　刘文海　刘一兵　刘　勇

龙铁京（龙铁军） 鲁超良　罗　鑫　潘焕平　彭召军　彭志崇　饶晓阳
杉志军　沈小贵（沈永贵）（沈小贵）沈训成　孙一武　谭　飚　谭　广
滕明友　田　琦　王　利　王　雄　王志海　吴文辉　习杰华　向　群
肖建咸　肖学年　肖学军　学　军　原新设　谢志军　熊浩然　张灿平
张德平　赵智贤　郑启德　郑启法　周谷明　周克勤　周克义　周万贵
周志勇　邹家发

▲北京师范大学函授1992届毕业生（兴隆）专科生名单

白秀林　陈含君　陈会军　陈剑锋　陈利锋　陈景心　陈玉林　陈中山
段继学　方亚存　高德年　高铁红（高铁宏）高照亭　哥继学　韩天冒
姜振国　蒋荣金　蒋振国　金　富　李　钢　李国年　李　利　梁志成
刘永成（刘勇成）卢福林　牛吉祥　商德军　孙瑞明　孙永飞　田　燕
王宝民　王国斌　王立东　王树忠　王喜来　温跃南　武文志　闫九全
杨立兴　于海明　于海旺　张　存　张巨存　张瑞龙　张树心
张树山（张树心）张做满（张作满）（张做满）中吉祥

▲北京师范大学函授1992届毕业生（北京夜大）本科生名单

安　利　陈　刚　邓广玉　邓造平　葛莉莉　耿　锋　郭鸣钊　何振国
贺小鲸　甲春宏（贾春宏）焦福群　焦明剑　李德凌　李佳凌　梁　疆
刘　杰　鲁玉俊　马德芳（马德芬）（马德芳）秦雪松　时铁柱　王宝璋
闻毅敏　熙景艳　杨凤海　杨会吉　杨　杰　杨松华　杨松年　于恒顺
崿伟顺（俞伟顺）（崿伟顺）张冀兵　张建中　张景科　张起军　郑安立
周玉国　邹兰芳

▲北京师范大学函授1993届毕业生（洛阳）本科生名单

陈　萍　陈韶辉（陈绍辉）陈松成　陈晓东　丁一灵　董爱玲　杜　海
郭浩军　郭群峰　韩建富　洪　涛　胡光民　胡建国　黄国旗　靳胜前
寇彦斌　李红旗　李建平　李景泉　李　毛　李少勇　梁红山　刘成军

刘海柱　刘恒欣　刘家裕　刘玉英　刘　铮　马和平　毛　军　苗云峰
齐学玲　秦振勇　任东和　邵　芳　尚秀娟（尚秀鹃）苏爱芳　苏建阳
田　军　王建伟　王俊丽　王　铭　王新平　席增群　肖世田　徐　阁
徐国庆　徐　昊　徐　尤　许莉玲　杨合成　杨宏伟　于爱华　原龙虎
袁　立　袁宗陆　张俊利　张四清　赵军旗（赵军琪）（赵军旗）赵　伟
赵玉瑾　郑红丽　郑建合　朱志远

▲北京师范大学函授1993届毕业生（唐山）本科生名单

蔡志勇　程　军　程峪华　戴小光　董得刚（董德刚）耿建国　蒋洪霞
蒋顺强　冷利仁　李　刚　李淑丽　李永凯　李占毅　刘　平　马京涛
马连纯　申瑞扶　石　军　宋春林　宋华宁　田惠元　田玉娟　佟豫生
王成丰　王洪新　王建舫　王金栋　王淑兰　王文奇　王志文　王子轩
魏志刚　温树立（温树利）吴　露　吴锡增　徐景礼　薛荣光　杨巨林
杨维强　张爱利　张惠云　张印强　张玉松　赵国安　赵建军　赵新江
周海平（周海华）周贺勋　朱　宁

▲北京师范大学函授1993届毕业生（阳泉）本科生名单

卞朝东　曹爱东　褚丽生　丁向实　樊雅莉　范松年　郭建雄　郭廷煜
侯瑞华　李保成　李　彬　李换成　李晓文　李永红　李永忠　梁福荣
蔺玉春　刘建荣　刘艳荣　孟　杰　孟军堂　宁书明　苏补全　孙琪华
孙子福　王春艳　王　晖　王建秀　王马龙　温福来　武俊生
郗凤珍（郄凤珍）辛　龙　杨丽芝　姚培吉　银　军　于宏伟　袁春殊
张　堃　张六原　张卞原　张　坤　张彦虎　张正熙　张志强　张钟武
钟小川　周东升（周东生）周冬梅（周冬香）

▲北京师范大学函授1993届毕业生（山东淄博）本科生名单

曹晟晔　曹永军　陈克忠　陈　涛　陈志强　崔泰峰　邓　强　冯鲁鸿
葛　平　盖巨民　耿俊杰　耿现华　耿玉德　顾瑞印　郭　华　郭先铭

韩　冰　　侯占杰　　江正祎（江正一）焦玉柱　　李　伟　　李月章　　刘超荣

刘　国　　刘豪华　　刘庆军　　刘旭光　　刘玉忠　　孟繁喜　　曲敬财　　沈远顺

宋丰军　　宋尚志　　王汝河　　王　旭　　王彦忠　　王振金　　肖联芳（肖连芳）

心若珂（辛若珂）许元磊　　杨建设　　杨文亮　　益巨民　　张方军　　张建新

张　菊　　张文洪　　周巍巍　　左以利　　左　壮

▲北京师范大学函授1994届毕业生（太原）名单

常兰英　　陈　萍　　程全全　　崔秀河　　戴芸华　　冯晓山　　高炳峰　　郭晓?

郭应昶　　韩　兵　　韩明亮　　侯朝晖　　惠淑坤　　姬志萍　　蒋惠倩　　焦贵喜

孔繁德　　李鸾相　　李永平　　林　爱　　刘根森　　刘立波　　刘润清　　刘振国

马光明　　马惠敏　　马照祥　　牛慧英　　任迎中　　尚燕平　　申洪山　　史宏志

苏玲红　　唐丽华　　田凤莲　　王宝林　　王　青　　王晓斌　　王艳萍　　王有珍

魏永宏　　温　洁　　吴耀中　　武小中　　武云云　　许广和　　许晋才　　闫建?

闫建录　　闫晋生　　杨文萍　　杨长江　　原　涛　　张安棣　　张　雷　　张利斌

张晓明　　张寅生　　张远龙　　张正明　　赵　龙　　赵全民　　郑舍贵　　周变云

周文明　　朱米贵　　朱战勇

▲北京师范大学函授1994届毕业生（云南）专升本名单

陈美娜　　陈　新　　高正武　　郭丽华　　何云生　　李雄飞　　李宗望　　刘　辉

刘志元　　吕庆勇　　缪　盛　　潘舒忱　　宋　强　　王克康　　王　南　　王永泉

杨东辉　　杨喜云　　叶建文　　尹广卉　　袁凌飞　　翟永新　　张　弘　　张　潜

张兴良　　张学辉　　赵春生　　赵　进　　周　健

▲北京师范大学1995届毕业生（云南）专升本名单

敖东翔　　陈绍武　　仇宏光　　崔　敏　　何建琼　　何敬宽　　胡德波　　黄凤祥

李世东　　李旭明　　李有堂　　梁　斌　　刘佳现　　马　斌　　万云友　　王朝祥

王国荣　　许昆宏　　杨志勇　　于滇生　　余德新　　张　良　　张　伟　　赵志伟

周玉勇

▲北京师范大学函授1995届毕业生（赤峰）名单

白向伟	毕东江	陈建军	陈永和	陈雨禾	迟亚栋	啜　亮	代　群
杜　江	韩胜光	韩　巍	侯　鹰	季凤海	贾小平	荆文学	雷东丹
李俊清	李淑杰	李雪峰	刘柏军	鲁继峰	鲁继平	路柏祥	罗丛海
孟宇东	孟　泽	邱世友	邵金光	宋　惠	苏文清	孙学芳	姚德恩
张学功	赵翠莲	祝显东					

▲北京师范大学函授1995届毕业生（北京）专升本学生名单

白吉新	曹贵华	邓振营	于志忠	黄树梅	李　光	李贵林	李石华
李淑英	李占刚	刘宝成	刘宝行	潘洪湖	邵英智	石　筑	孙建民
王德泉	王浩民	王亚旺	王艳菊	王艳军	王永光	吴光英	徐德林
许小光	杨　芳	杨　涛	张立新	张庆利	张志斌	赵德贵	赵凤森
赵亚青	郑金旗						

▲北京师范大学函授1996届毕业生（湖南怀化）专升本学生名单

陈凌魏（陈凌巍）	楚　毅	邓春林	董国良	段健芝	洪　勇	黄伯安	
黄昌荣	黄　卉	姜　联	李　锋	李　晁	廖时凤	刘　华	刘湘生
刘学军	刘雪勇	龙秀华	罗沙莉（罗莎莉）	米春红	米晓波	莫　祥	
蒲晓菊	谭　红	唐　萍	王春华	王　云	吴亿中	吴展平	王　霞
向仁山	谢　小（谢　晓）	杨雪莉	姚德英	姚志军	英亿中	英展平	
张承禹	张慧春（张惠春）	张志坚	郑　滔	钟亿群（钟艺群）			
周艳蓉（周艳群）	朱冬珍	邹声爽					

▲北京师范大学函授1996届毕业生（江西吉安）专科生名单

曾华美	杜和平	段　斌	符永平	洪　燕	赖建华	李建华	李　强
廖万民	刘　斌	刘建军	刘小凤	刘小明	龙　涛	罗为民	彭建南
彭　勇	孙礼洲	汪　勇	王水华	王跃平	文　海	肖　岚	肖青华

肖晓明　谢军根　徐成武　许勤刚　许全金　尹海兴　尹　源　曾华美
张卫民　张远珍（张远珍）（张远真）周佩珍　左晓英

▲北京师范大学函授1997届毕业生（赤峰）函授站

陈智力　高洪宇　高立龙　葛文祥　金国强　林雪山　刘文杰　沈义海
王成录　王　雷　王　磊　王志刚　温　媛　于文龙　张革军　张海艳

▲北京师范大学函授1997届毕业生（山西）专升本学生名单

安鸾翔　薄丽华　常兰英　陈　萍　程全全　崔秀河　戴芸华　樊春梅
冯晓山　高炳峰　郭晓霞　郭应昶　韩　兵　韩明亮　郝汉明　侯朝辉
惠淑坤　姬志平　蒋惠清　焦贵喜　寇旭东　黎合合　李永平　李玉凯
梁五立　林　爱　刘根森　刘俊乐　刘振国　罗　豫　马光明　马慧敏
马秋英　马照泽　任迎中　尚燕平　沈洪山　史宏志　宋　芳　苏玲红
唐东风　田风莲　田元庆　王宝林　王　春　王存珍　王改兰　王晓斌
王艳萍　魏永宏　温　浩　吴耀中　武小中　武英明　武云云　许晋才
闫建祥　闫建章　闫晋生　杨长江　杨建坤　杨培华　杨文萍　杨小宝
阴景海　元　涛　张安棣　张繁继　张建龙　张建跃　张　锦　张　雷
张利斌　张寅生　张正明　赵改莲　赵　龙　赵全民　周变云　周文明
朱米贵　朱战勇

▲北京师范大学函授1998届毕业生（赤峰）专升本学生名单

陈志强　冯玺崑（冯玺昆）付国祥　耿纪法（耿纪法、耿纪发）国　峰
姜海滨　李国山　李文广　刘树学　刘玉新　卢广东　卢清林　马　力
孟雨燕　孙明杰　孙品才　谭兆煌　王胜利　王志锐　吴海东　虞胜勇
张德全　张　铁　张喜鹏　张重阳　赵海英

▲北京师范大学函授1998届毕业生（北京通州）专升本学生名单

冯海波　高富春　郭子龙　李　鑫　李正东　刘海玲　刘文新　马敬阳

徐占军　屈淑琴（屈淑芹）史悠锦（史憙锦）宋万涛（宋万清）徐新民
杨晓松　杨永清　殷连生　张宝国　张立新　张缨武

▲北京师范大学函授1999届毕业生（通县）专升本学生名单
代立军　郭　凯

▲北京师范大学函授1999届毕业生（怀化）专升本学生名单
陈　郁　戴晓华　代立军　丁　浩　丁朝兵　郭　凯　段署平　龚玉娟
郭永红　胡　云　黄　鹏　黄德湘　黄剑军（黄建军）蒋建平　李春华
鹿　满　沈朝秀　朱　晖（宋晖）　宋　群　王　荣　文兰球　田纪明
王　荣　文兰球　吴志祥　仁爱萍（伍爱萍）夏　萍　向　阳　肖晓曦
熊雪芳　熊永敬　杨　军　尹楚琼　于　兵　袁晓玲　张　斌

▲北京师范大学函授2000届毕业生（赤峰）专升本学生名单
陈智力　高洪宇　高立成　葛文祥　林雪山　金国强　刘文杰
沈义海（沈又海）王成录　王　雷　王　磊　王志刚　温　媛　于文龙
张革军　张海艳　张树峰

▲北京师范大学函授2000届毕业生（山西）专升本学生名单
曾迎九　陈伟国（陈国伟）郭晋生　郭霄鹏　和宝光　侯红梅　贾红稳
李洁第　李俊龙　李　莉　李　琳　李　琪　李文武　李秀芳　连亚玲
刘小平　马振家　苗全莲　庞雁春（庞燕春）尚利霞　申　威（中威）
申新跃（中新跃）苏冠峰　王国峰　王静良　王　凯　王　莉　王淑芳
王　伟　王易安　王智明（王志明）王宗文　温国伟　温晋霞　吴　永
习文侠　邢雪梅　许　隆　阎润福　杨　永　曾迎九　张居朋　张桂萍
张捷群　张彦翔　张志军　张志勇　赵彩琴　赵　洁

▲北京师范大学函授2001届毕业生（赤峰）名单

朝鲁门　陈义民　迟殿明　崔　浩　康东晓　卢伟利　宋晓喜　杨冬艳
杨孝民　张桂玲　朱柏成

▲北京师范大学函授2002届毕业生（赤峰）名单

敖云巴图　包明光　毕　海　曹景瑞　程洪英　范　杰　冯志海　郭晓波
韩少群　郝海燕　贺宝辉　李吉文　李明艳　李淑玲　刘显利　刘振江
马文忠　特木热　王宝华　王朝东　王海英　王玉红　刑伟庆　徐世军
徐文水　杨德聚　杨焕杰　于兴飞　张　建　周英丽　邹毓梅

▲北京师范大学函授2002届毕业生（天水）名单

安爱民　曹大庆　曹一菲　程　纲　崔胜潮　高军平　郭宏军　韩　斌
姬智慧　姜　博　李昌宏　李　宁　李养平　刘瑞杰　刘生钰　刘　甦
刘耀荣　路小伟　米鸿浩　潘小明　庞录林　庞　智　蒲立红　祁学文
王爱国　王建辉　王建军　王双太　王昀溥　王占林　王自刚　薛晓东
杨小伟　张东明　张　弘　张建锋　张建平　张卫平　赵根生　郑维平
周良荣　朱宝玉

▲北京师范大学函授2003届毕业生（赤峰）名单

阿日木　曹光达　陈　涛　迟彦利　褚　兵　丛章军　代　永　达布希拉图
冯　楠　付　玲　付晓东　高丽萍　高志宇　戈晓丹　宫丽红　郭宝利
邓七十五　郭宝利　郭丙武　郭玲华　郭向杰　韩翼微　韩永刚
贺　建　胡建东　黄黎春　纪宏波　纪　龙　姜丽敏　姜忠玉　焦杜涛
金晓辉　靳　涛　康建华　孔冬梅　郎瑛琦　李　芳　李海峰　李红伟
李嘉奇　李建立　李宪阳　李晓敏　李新华　李振德　连宝成　梁贵祥
刘方亮　刘国峰　刘海峰　刘海青　刘　嗥　刘　杰　刘丽娜　刘晓东
刘学军　刘云泽　刘占民　吕传蕴　马　杰　马少忠　马彦华　马志钦
孟祥利　莫　奇　潘冀鹏　潘金花　彭海旭　齐艳红　祁　晶　奇达拉

强力中	乔福龙	曲振河	任海东	邵广洋	生晓辉	时 磊	世 钢
孙凤阳	孙金魁	孙湘明	仝向东	王 彬	王 春	王华军	王慧英
王景尧	王利平	王淑荣	王晓华	王秀梅	王旭东	王艳玲	王艳新
王艳艳	王 胤	王振华	蔚 江	文海英	乌佳颖	乌日娜	乌永红
吴春林	谢广宁	辛 宇	徐开文	徐利华	徐延志	闫庆飞	闫晓智
杨月明	杨志勇	姚爱昊	永 胜	袁立新	翟 龙	张春亮	张春燕
张大军	张海春	张 静	张永全	张 勇	张宇昕	张玉真	张振东
赵 晶	赵 明	郑冬梅	周 娟	周 丽	周雅铭	朱传林	朱晓铁
宗国文							

▲北京师范大学函授2003届毕业生（邯郸）名单

柴 燃	代海军	邓金怡	李 霞	梁伟民	刘 华	马万娟	聂建锋
聂燕国	任竹平	沈朝锋	苏春来	王宝宏	王利华	王瑞军	徐建北
杨利军	岳 伟	岳新萍	张剑锋	赵安华	庄红梅	左海军	

▲北京师范大学函授2004届毕业生（北京）名单

鲍虹光	程璐英	丁献荣	高亚萍	郭艳霞	霍兰芬	姜天成	蓝廷玉
李朝辉	李海军	李 鹏	李少波	李运强	李志刚	李志坚	梁保安
卢生海	牛申通	史瑞强	孙 靖	孙占领	王 东	王俊明	王利军
王利君	王 琳	王书梅	杨建峰	杨咏梅	展云国	张春祥	张春云
张付永	张 燕	赵 贤	赵相彪				

▲北京师范大学函授2004届毕业生（赤峰）名单

达布希拉图	邓七十五	靳 涛	朗瑛琦	李海峰	梁贵祥	刘海峰	
刘学军	马 杰	齐艳红	世 钢	王慧英	王旭东	文海英	永 胜
张 静	张 勇	张振东	赵 明				

▲北京师范大学函授2005届毕业生（北京）名单

何尉生　焦连辉　李　婧　李利敏　米志华　牛旭武　任志龙　田丽红
王　瑞　王晓红　吴　陶　席培军　姚伟伟　张红英

▲北京师范大学函授2005届毕业生（赤峰）名单

包　玮　陈尔东　额尔敦　冯艳华　巩占旭　侯艳霜　贾宝坤　姜雪文
李瑞成　刘昌明　刘　刚　吕业平　孟令会　彭贵君　乔迎宾　师　星
宋继松　宋长伟　汤化明　王　健　杨立英　杨心刚　于向利　战春雪
张宏涛　张洪超　张文萍　张　雨　赵淑红　赵长东　赵志刚

▲北京师范大学函授2006届毕业生（北京）名单

李少波　田丽红

▲北京师范大学函授2006届毕业生（北京）名单

龚玉喜　韩　潮　简晓群　雷小玲　马立军　马振国　索桂明　徐　涛

▲北京师范大学函授2007届毕业生（赤峰）名单

陈　浩　陈　明　董　伟　谷雁明　贾永武　姜国睿　李国江　李宏彬
李元园　李志远　刘晓峰　罗斯勤　苗桂宝　朴世镇　石　岩　宋洪亮
唐一帅　王威强　王晓伟　杨俊伟　岳　威　张超越　赵雄伟　赵忠义
周振武　朱丽丽　庄俊国

▲北京师范大学函授2008届毕业生（北京）名单

付海东　高　升　姜大勇　刘　洋　俞成洲

四、各年代课程设置

（一）1917年体育专修科成立时的课程设置

1. 术科

（1）拳术（每周五小时）

丙、外功拳（每周三小时）单拳对手、矮步及各种实用方法

丁、内功拳（每周二小时）主要是太极、推手等。

（2）柔术

丙、摔跤（每周三小时）摔跤术各种用法、矮步滑车各教练（基本技术），以及解脱危险各法。

丁、柔道（每周二小时）教授柔道之目的及胜负之理论，乱捕倒法、运体发及各种投形、固形皆于实地练习时随时指导之。

（3）体操

丙、兵式操（每周四小时）单兵及持枪排练（依1915年操典进行）。

丁、普通操（每周二小时）理论讲体操史、体操学说和瑞典、德、英及美国的实际情况。技术方面包括徒手及器械，轻重各法（指轻器械及重器械）皆渐次实施。第三学期讲体操教育学，使学生了解体操原理。

（4）游技（田径运动及球类运动等）

甲、运动竞技（每周三小时）指田径各项。室内讲授各项运动心得及原理。室外重示范，引导学生在练习、比赛过程中培养钻研兴趣，成绩因体格不同而有出入。主要使学生熟练掌握方法和规则。

乙、戏竞技（每周两小时）为团体游戏球类等，讲授发展史及理论研究。技术则为熟练规则及学习动作技能。

此外，第一学期讲授急救疗法，第二学期讲授场地设备及管理，第三学期讲授体格检查方法。"童子"则于第二学期运动竞技时间内讲授。

2. 学科

（1）伦理（每周二小时）先讲实践伦理，包括个人伦理、社会伦理。继

之由学理方面讲授伦理学，程度与理科本科基本相同。

（2）国文（每周三小时）包括古今文选（每周选一篇），每两周作文一篇（每次二小时）

（3）心理及教育（每周二小时）包括普通心理及普通教育。

（4）体育学（每周二小时）分古代、中世纪及近代的各国体育发展情况。

（5）生理卫生（每周三小时）先讲授普通生理学，其程度同博物本科学生。然后讲授卫生学，包括个人卫生及其他卫生。

（6）军事学（每周一小时）

（7）音乐（每周一小时）与预科同。

（二）北京高等师范学校体育专修科1920年课程表

	一学期	二学期	三学期	备注
伦理	2		2	
教育心理	心理3	教育3	教育3	
应用解剖学	3	4	4	
体育史	2			
生理学		2	2	
汉语	2	2	2	
普通话		1	1	
英文	5	5	5	
军事学		1	1	
乐歌	1	1	1	
兵式操	3			
兵式训练		2	2	
田径运动	2	2	2	
舞蹈	1	1	1	
竞技游戏	1	1	1	
拳术	4	4	4	
体操术	3	3	3	
合计	32	32	34	98

（三）1930年国立北平师范大学的课程设置

	学科	科目	学分
主科	基础学科	应用解剖学 6学分 人体生理学 6学分	12学分
	实需学科学	1. 一、二年级技术于下列学科中任选8分（初级体操 2学分、初级竞赛4学分、初级技巧4学分、初级武术2学分、初级舞蹈2学分） 2. 体育史 2学分 3. 体育原 6学分 4. 运动指导及评判 4学分 5. 健康检查 2学分 6. 矫正体操 2学分 7. 救急术及按摩术 2学分 8. 体育行政 4学分	42学分
	深究学科	1. 体育技术 10学分。于下列学科中至少选10学分： 初级体操2学分、初级技巧4学分、初级舞蹈2学分、高级技巧2学分、高级舞蹈2学分、摔跤2学分、初级竞赛4学分、初级竞赛4学分、初级武术2学分、高级竞赛2学分、高级武术2学分、高级体操2学分、体育测验2学分、 2. 于下列学科中任选10学分 国术研究2学分、小学体育2学分、民众体育2学分、童子军4学分、运动生理2学分、人体机动学2学分、体育问题研究2学分	18学分
副科	教育、健康教育、公民、音乐、生理		每人须修足30学分

就以上所列，四个学年必修课程共有104个学分，其中除本系主科的必修课外，还有公共必修课目和副科中应选的课目。除上表已有课目外，每年还须任选其他课目（须先将副科课目选足学分）。这一时期，各班学生所选课目有以下十余项：

健康教育、疾病学、卫生学、生理学、普通生物学、社会学、音乐通论、钢琴、武术，童子军、国术研究、舞蹈、游泳、人体机动学、运动生理、文化与教育、小学教育、近代教育思潮、现代文化、小学体育、民众体育、英文选读、中国散文选、翻译、公民学、德文、日文等。

（四）1937年至1946年抗战西迁时期课程设置

1. 必修课目

三民主义（4）、国文（8）、英文（8）、教育概论（6）、生物学（8）、社会学（6）、本国文化史（6）、体育技术（　）、军事训练（　）、普通化学（6）、教育心理（4）、卫生概要（2）、体育统计（4）、人体解剖（5）、体教技术（26）、中等教材（4）、普通教学法（4）、体育原理（5）、人体生理学（6）、童子军（6）、卫生学（4）、体育行政（4）、竞赛指导几裁判（4）、矫正体育及按摩（3）、体育教材及教法研究（8）、教学实习（16）、毕业论文（4）。

注：三民主义、教育心理、中等教材为共同必修课程，其中括号内数字为学分。体教技术（游戏、球类、武术、技巧、韵律、体操、竞技、游泳科）

2. 选修课目

小学体育（2）、社会体育（2）、诊断学与健康检查（3）、人体技能学（2）、医药常识（2）、卫生教育（3）、武术研究（3）、运动生理（3）、其他选修科目在其他系选云。

（五）1947年至1950年课程设置

1. 公共课程

国文、英文、哲学概论、教育概论、中国通史、经济学、汉语及国音、民主义、伦理、世界通史、普通乐学、辩证唯物论及历史唯物论、中学教育、民间音乐、政治经济学、文教政策与法令、新民主主义论、卫生学。

2. 体育学科课程

普通生物学、人体解剖学、体育技术、教育心理学、体育原理、体育统计、人体生理学、运动生理、体育行政、中等学校体育课教材教法、苏联体育研究。

3. 体育术科课程

田径及体操技巧、近代舞、土风舞、武术、运动裁判法、球类运动、技巧运动、次要球类、舞蹈体育测验、场地设备健康检查、集体游戏、集体操练。

4. 实践课程

实验、教学实习、参观见习。

（六）1950年至1953年间课程设置

1. 公共课程

三民主义、哲学概论、伦理学、教育概论、国文、英文、中国通史、社会学、卫生概要、教育心理学、世界通史、建筑设备、中等教育、辩证唯物论及历史唯物论、教材教法及教学实习、民间音乐、新民主主义论、政治经济学、经济学、汉语及国音、社会发展史、卫生学、民间音乐、新民主主义论、逻辑学、教材教法、音乐

2. 体育学科课程

体育概论、人体解剖学、普通生物学、人体生理学、体育原理、体育统计、竞赛管理、救护法及按摩术、解剖学、体育概论、体育背景、体育行政运动裁判法 体育科学教材教法、普通生物学实验、体育检查、体育测验、动物生理学、动物生理学实验、应用体育测验与统计、救护法、医药急救及安全常识、苏联体育研究、体育测试、健康检查、运动卫生、运动裁判法、防伤法、人体机动学、运动生理。

3. 体育术科课程

体育技术、童子军、技巧、球类运动、武术、田径、舞蹈、近代舞、土风舞、武术研究、舞蹈研究、田径赛、集体游戏、集体操练、次要球类游戏体操、棋类运动、古典舞及土风舞。

4. 实践课程

裁判法实验、教学实习、参观。

（七）1959年至1965年课程不详

（八）1978年恢复高考后体育系教学计划

必修：

党史、政治经济学、哲学、自然辩证法、教育学、心理学、外语、体育理论、运动解剖学、运动生理学、运动医学、运动生物学、运动生物力学、田径、球类、体操、武术、游泳

选修：

生物化学、统计学、语文、举重、滑冰

专项选修课：

科研、教育实习社会实践

备注：学科1108学时，占普修课时数49.0；术科1152学时，占普修课时数50.97普修课程2260学时

（九）20世纪80年代初期课程设置

1. 公共课程：

中共党史、外语、中国语文、哲学、心理学、政治经济学、教育学、计算机语言。

2. 体育学科课程：

人体解剖、人体生理学、体育理论、运动医学、运动生理学、生物力学、遗传学、体育统计、运动生物化学、人体测定、体育史。

3. 体育术科课程：

体操、篮球、田径、排球、武术、足球、垒球、太极拳、乒乓球、散手。

4. 实践课程：实习

（十）20世纪80年代中后期课程设置

1. 公共课程

中国语文、形势与任务、英语、政治经济学、日语、哲学、中共党史、

教育学、俄语、算法语言、教育学、高数、综合理论、法学基础、军事理论、心理学。

2. 体育学科课程

体育统计、人体遗传与变异、运动生物力学、田径理论、体育理论、运动保健学、运动生理学、运动生物化学、人体解剖学、体育史、人体测定、体育保健学、运动解剖、体育统计、学校体育、运动医学、比较体育。

3. 体育术科课程

体操、田径、艺术体操、专项技术、足球、篮球、排球、乒乓球、武术、手球、选修课、军训课、训练课。

（十一）20世纪90年代中后期课程设置

1. 公共课程

中共党史、英语、军事理论、哲学、心理学、政治经济学、高等数学、计算机、法学基础、教育学。

2. 体育学科课程

人体解剖学、体育保健、人体生理学、生物力学、学校体育、体育史、生物化学、测量与评价、体育统计、体育绘图、比较体育学、体育测量体育概论、力学、选修。

3. 体育术科课程

田径、篮球、舞蹈、体操、足球、武术、实验、排球、健美、训练。

（十二）2002年体育与运动学院成立后课程设置

1. 体育教育专业

（1）学校平台课程

思想政治理论课程：

形势与政策、思想道德修养与法律基础、中国近现代史纲要、马克思主义基本原理、毛泽东思想、邓小平理论和"三个代表"重要思想概论。

大学外语：大学外语。

信息技术：计算机应用基础、信息技术应用。

美育：大学美育。

军训军事理论：军事理论、军训。

综合交叉学科课：

人文科学教授讲坛、社会科学教授讲坛、自然科学教授讲坛、生命科学教授讲坛。

任选课：

（2）院系平台课程

相关学科基础课：写作、统计学、心理学

学科基础课：

体育生物学科基础Ⅰ（解剖、生理）、体育生物学科基础Ⅱ（生力、生化）、体育生物学科基础Ⅲ（营养、损伤）、体育社会学导论、运动训练学概论、运动训练学概论、体育史与奥林匹克文化、体育运动心理学、运动与康乐管理、体育测量与评价、体育科研方法、田径类、球类、体操类、民族民间体育类。

（3）专业平台课程

专业方向：

学校体育学导论、体育课程与教学论、体育教学实践研究、健康教育、大球类、小球类、田径类、体操类、民族传统体育类、专项理论与方法、运动生理生化、运动生物力学、运动学、体育保健学、体育绘图、体育学科前沿讲座、体育思想史、体育管理学、国际体育与运动、SPSS统计分析软件、运动心理测量与评价、体育哲学、中国传统养生、棒（垒）球、网球、手球、乒乓球、羽毛球、橄榄球、滑冰（轮滑）、游泳、散打、艺术体操、新兴运动项目、健美操、舞 蹈、形体健美、实习、毕业论文/设计。

2. 运动训练专业

（1）学校平台课程：

思想政治理论课程：

形势与政策、思想道德修养与法律基础、中国近现代史纲要、马克思主义基本原理、毛泽东思想、邓小平理论和"三个代表"重要思想概论。

大学外语：大学外语

信息技术：计算机应用基础、信息技术应用

美育：大学美育

军训军事理论：军事理论、军训

综合交叉学科课：

人文科学教授讲坛、社会科学教授讲坛、自然科学教授讲坛、生命科学教授讲坛

任选课：

（2）院系平台课程

相关学科基础课：写作、统计学、心理学

本学科基础课：

体育生物学科基础Ⅰ（解剖、生理）、体育生物学科基础Ⅱ（生力、生化）、体育生物学科基础Ⅲ（营养、损伤）、体育社会学导论、运动训练学概论、运动训练学概论、体育史与奥林匹克文化、体育运动心理学、运动与康乐管理、体育测量与评价、体育科研方法、田径类、球类、体操类、民族、民间体育类

专业方向课：

学校体育学导论、专业理论与方法、专业技术、学年、学术论文、体育学科前沿讲座

运动生理生化、运动生物力学、比较体育学、体育绘图、体育产业学、运动学、体育市场营学、SPSS统计分析、实用体质学、体育健康教育、体育康复学、体育经纪人、时尚健身运动、中国传统养学、网球、游泳、手球、羽毛球、棒垒球、乒乓球、艺术体操、舞蹈、散打、太极拳、轮滑、实习、毕业论文/设计

3. 体育经济专业：

（1）学校平台课程

思想政治理论课程：

形势与政策、思想道德修养与法律基础、中国近现代史纲要、马克思主

义基本原理、毛泽东思想、邓小平理论和"三个代表"重要思想概论

大学外语：大学外语

信息技术：计算机应用基础、信息技术应用

美育：大学美育

军训军事理论：军事理论、军　训

综合交叉学科课：

人文科学教授讲坛、社会科学教授讲坛、自然科学教授讲坛、生命科学教授讲坛

任选课：

（2）院系平台课程

相关学科基础课：微观经济学、宏观经济学、大学数学B、民商法

学科基础课：

货币银行学、社会主义经济理论、计量经济学、国际金融、会计学、管理学、体育经济学、体育人文学、运动人体科学、体育产业学、体育政策法规、体育运动综合实践。

（3）专业平台课

专业方向课：

财务管理、公共政策、体育康乐管理、体育经纪人、体育市场营销、政治经济学、概率论与数理统计、国际贸易、中国经济思想史、数理经济学、产业经济学、公司制度概论、博弈论与信息经济学、社会学、环境与资源经济学、金融市场、消费行为学、税收概论、国际商法、计算机应用（SPSS）、体育学科前沿讲座、学校体育学、运动训练学概论、舞蹈、游泳、网球、手球、羽毛球、乒乓球、棒垒球、太极拳、轮滑、学年、学术论文、实习、毕业论文/设计

（十三）2009版本科生培养方案

1．体育教育专业

（1）培养目标

本专业培养德、智、体、美全面发展，具有较好的文化素养，扎实的体

育理论、"一强一能"的运动技能、具有一定教学和科研能力、符合体育教学和体育管理工作要求的复合型创新人才。

（2）培养要求

1. 熟悉国家有关教育、体育工作的方针、政策和法规；热爱体育教育事业，具有良好的思想品德和行为；

2. 掌握学校体育教学、学生体育锻炼、体育管理、运动训练和竞赛理论与方法，具有较好的工作能力和创新精神；

3. 了解学校体育改革与发展的动态与研究状况；掌握基本的体育科研方法，具有从事教学研究的能力；

4. 较好地掌握一门外语，具有应用计算机的基本技能；

5. 具有较好的文化修养、具有基本的人文社会和自然科学知识。

（3）主干学科

体育学、教育学、心理学

（4）核心课程

运动解剖学、运动生理学、体育课程与教学论、体育概论、体育运动心理学、体育史、体育保健康复学、田径、体操、足球、篮球、排球、武术。

（5）主要实践性教学环节

专业实习、毕业论文写作以及高水平训练、竞赛组织与比赛执裁等。

（6）学制

学制四年

（7）授予学位及毕业总学分

授予学位：教育学学士

毕业总学分：155学分

（8）课程结构及学分要求

课程类别	课程模块	要求及学分	
通识教育课程	家国情怀与社会责任	必修18学分：思想政治理论课（14）形势与政策（2）军训与军事理论（2）	
	国际视野与文明对话	必修10学分	
	经典研读与文化传承	选修6学分	
	数理基础与科学素养	必修9学分：大学计算机4学分、必修数学类课程"体育统计与常用软件"3学分、另外须在本模块课程中选修2学分。	
	艺术鉴赏与审美体验	选修2学分	
	社会发展与公民责任	选修4学分	
	小计	49学分	
专业教育课程	学科基础课	必修58学分	
	专业选修课	选修38学分	
	实践与创新	毕业论文	4
		专业实习	4
		社会实践与志愿服务/科研训练与创新创业	2
	小计	106学分	
总计		155学分	

2. 体育教育专业（师范生）培养方案

（1）培养目标

本专业培养德、智、体、美全面发展，具有较好的文化素养，扎实的体育理论、"一强一能"的运动技能、具有一定教学和科研能力、符合体育教学和体育管理工作要求的复合型创新人才。

（2）培养要求

1. 熟悉国家有关教育、体育工作的方针、政策和法规；热爱体育教育事业，具有良好的思想品德和行为；

2. 掌握学校体育教学、学生体育锻炼、体育管理、运动训练和竞赛理论与方法，具有较好的工作能力和创新精神；

3．了解学校体育改革与发展的动态与研究状况；掌握基本的体育科研方法，具有从事教学研究的能力；

4．较好地掌握一门外语，具有应用计算机的基本技能；

5．具有较好的文化修养、具有基本的人文社会和自然科学知识。

（3）主干学科

体育学、教育学、心理学

（4）核心课程

运动解剖学、运动生理学、体育课程与教学论、体育概论、体育运动心理学、体育史、体育保健康复学、田径、体操、足球、篮球、排球、武术。

（5）主要实践性教学环节

教学技能实训、教育见习、教育实习、毕业论文写作以及高水平训练、竞赛组织与比赛执裁等。

（6）学制

学制四年

（7）授予学位及毕业总学分

授予学位：教育学学士

毕业总学分：155分

（8）课程结构及学分要求

课程类别	课程模块	要求及学分
通识教育课程	家国情怀与社会责任	必修18学分：思想政治理论课14学分，教师职业信念与养成教育2学分，军训与军事理论2学分
	国际视野与文明对话	必修10学分
	经典研读与文化传承	选修6学分
	数理基础与科学素养	必修7学分：大学计算机4学分、必修数学类课程"体育统计与常用软件"3学分
	艺术鉴赏与审美体验	选修2学分
	社会发展与公民责任	选修2学分
	小计	45学分

（续表）

课程类别	课程模块	要求及学分	
专业教育课程	学科基础课	必修54学分	
	专业选修课	选修20学分	
	教师职业素养课程	教师教育基础	必修14学分
		教师教育提升	选修6学分
		教育实习	必修10学分
	实践与创新	毕业论文	4
		社会实践与志愿服务/科研训练与创新创业	2
	小计	110学分	
总计		155学分	

3. 运动训练专业培养方案

（1）培养目标

本专业培养德、智、体、美全面发展，具有较好的文化素养，扎实的体育理论、"一长一强"的运动技能、具有一定科研能力、能在专业和职业队、体校和学校代表队、体育俱乐部等部门胜任运动训练、教学、竞赛和管理等方面工作的复合型创新人才。

（2）培养要求

1. 熟悉国家有关教育、体育工作的方针、政策和法规；热爱体育教育事业，具有良好的思想品德和行为；

2. 掌握运动训练、竞赛管理、健身指导的理论与方法，具有较好的工作能力和创新精神；

3. 了解运动训练与竞赛的发展的动态及其研究状况；掌握基本的体育科研方法，具有从事运动训练研究的能力；

4. 较好地掌握一门外语，具有应用计算机的基本技能；

5. 具有较好的文化修养、具有基本的人文社会和自然科学知识。

（3）主干学科

体育学、教育学、心理学

（4）核心课程

运动解剖学、运动生理学、体育课程与教学论、体育概论、体育运动心理学、运动训练学、体育保健康复学、田径、体操、足球、篮球、排球、武术。

（5）主要实践性教学环节

专业实习、毕业论文写作以及高水平训练、竞赛组织与比赛执裁等。

（6）学制

学制四至六年

（7）授予学位及毕业总学分

授予学位：教育学学士

毕业总学分：152学分

（8）课程结构及学分要求

课程类别	课程模块		要求及学分
通识教育课程	家国情怀与社会责任		必修18学分：思想政治理论课（14）形势与政策（2）军训与军事理论（2）
	国际视野与文明对话		必修10学分
	经典研读与文化传承		选修6学分
	数理基础与科学素养		必修6学分：大学计算机4学分、另外须在本模块课程中选修2学分。
	艺术鉴赏与审美体验		选修2学分
	社会发展与公民责任		选修4学分
	小计		46学分
专业教育课程	学科基础课		必修58学分
	专业选修课		选修38学分
	实践与创新	毕业论文	4
		专业实习	4
		社会实践与志愿服务/科研训练与创新创业	2
	小计		106学分
总计			152学分

（十四）2015版本科生培养方案

1. 体育教育专业

（1）培养目标

本专业培养德、智、体、美全面发展，具有较好的文化素养，扎实的体育理论、"一强一能"的运动技能、具有一定教学和科研能力、符合体育教学和体育管理工作要求的复合型创新人才。

（2）培养要求

1. 熟悉国家有关教育、体育工作的方针、政策和法规；热爱体育教育事业，具有良好的思想品德和行为；

2. 掌握学校体育教学、学生体育锻炼、体育管理、运动训练和竞赛理论与方法，具有较好的工作能力和创新精神；

3. 了解学校体育改革与发展的动态与研究状况；掌握基本的体育科研方法，具有从事教学研究的能力；

4. 较好地掌握一门外语，具有应用计算机的基本技能；

5. 具有较好的文化修养、具有基本的人文社会和自然科学知识。

（3）主干学科

体育学、教育学、心理学

（4）核心课程

运动解剖学、运动生理学、体育课程与教学论、体育概论、体育运动心理学、体育史、体育保健康复学、田径、体操、足球、篮球、排球、武术。

（5）主要实践性教学环节

专业实习、毕业论文写作以及高水平训练、竞赛组织与比赛执裁等。

（6）学制

学制四年

（7）授予学位及毕业总学分

授予学位：教育学学士

毕业总学分：155学分

（8）课程结构及学分要求

课程类别	课程模块	要求及学分	
通识教育课程	家国情怀与社会责任	必修18学分：思想政治理论课（14）形势与政策（2）军训与军事理论（2）	
	国际视野与文明对话	必修10学分	
	经典研读与文化传承	选修6学分	
	数理基础与科学素养	必修9学分：大学计算机4学分、必修数学类课程"体育统计与常用软件"3学分、另外须在本模块课程中选修2学分。	
	艺术鉴赏与审美体验	选修2学分	
	社会发展与公民责任	选修4学分	
	小计	49学分	
专业教育课程	学科基础课	必修58学分	
	专业选修课	选修38学分	
	实践与创新	毕业论文	4
		专业实习	4
		社会实践与志愿服务/科研训练与创新创业	2
	小计	106学分	

2. 体育教育专业（师范生）培养方案

（1）培养目标

本专业培养德、智、体、美全面发展，具有较好的文化素养，扎实的体育理论、"一强一能"的运动技能、具有一定教学和科研能力、符合体育教学和体育管理工作要求的复合型创新人才。

（2）培养要求

◆ 熟悉国家有关教育、体育工作的方针、政策和法规；热爱体育教育事业，具有良好的思想品德和行为；

◆ 掌握学校体育教学、学生体育锻炼、体育管理、运动训练和竞赛理论与方法，具有较好的工作能力和创新精神；

◆ 了解学校体育改革与发展的动态与研究状况；掌握基本的体育科研方

法，具有从事教学研究的能力；

◆ 较好地掌握一门外语，具有应用计算机的基本技能；

◆ 具有较好的文化修养、具有基本的人文社会和自然科学知识。

（3）主干学科

体育学、教育学、心理学

（4）核心课程

运动解剖学、运动生理学、体育课程与教学论、体育概论、体育运动心理学、体育史、体育保健康复学、田径、体操、足球、篮球、排球、武术。

（5）主要实践性教学环节

教学技能实训、教育见习、教育实习、毕业论文写作以及高水平训练、竞赛组织与比赛执裁等。

（6）学制

学制四年

（7）授予学位及毕业总学分

授予学位：教育学学士

毕业总学分：155分

（8）课程结构及学分要求

课程类别	课程模块	要求及学分
通识教育课程	家国情怀与社会责任	必修18学分：思想政治理论课14学分，教师职业信念与养成教育2学分，军训与军事理论2学分
	国际视野与文明对话	必修10学分
	经典研读与文化传承	选修6学分
	数理基础与科学素养	必修7学分：大学计算机4学分、必修数学类课程"体育统计与常用软件"3学分
	艺术鉴赏与审美体验	选修2学分
	社会发展与公民责任	选修2学分
	小计	45学分

（续表）

课程类别	课程模块	要求及学分	
专业教育课程	学科基础课	必修54学分	
	专业选修课	选修20学分	
	教师职业素养课程	教师教育基础	必修14学分
		教师教育提升	选修6学分
		教育实习	必修10学分
	实践与创新	毕业论文	4学分
		社会实践与志愿服务/科研训练与创新创业	2学分
	小计	110学分	
总计		155学分	

3. 运动训练专业培养方案

（1）培养目标

本专业培养德、智、体、美全面发展，具有较好的文化素养，扎实的体育理论、"一长一强"的运动技能、具有一定科研能力、能在专业和职业队、体校和学校代表队、体育俱乐部等部门胜任运动训练、教学、竞赛和管理等方面工作的复合型创新人才。

（2）培养要求

◆ 熟悉国家有关教育、体育工作的方针、政策和法规；热爱体育教育事业，具有良好的思想品德和行为；

◆ 掌握运动训练、竞赛管理、健身指导的理论与方法，具有较好的工作能力和创新精神；

◆ 了解运动训练与竞赛的发展的动态及其研究状况；掌握基本的体育科研方法，具有从事运动训练研究的能力；

◆ 较好地掌握一门外语，具有应用计算机的基本技能；

◆ 具有较好的文化修养、具有基本的人文社会和自然科学知识。

（3）主干学科

体育学、教育学、心理学

（4）核心课程

运动解剖学、运动生理学、体育课程与教学论、体育概论、体育运动心理学、运动训练学、体育保健康复学、田径、体操、足球、篮球、排球、武术。

（5）主要实践性教学环节

专业实习、毕业论文写作以及高水平训练、竞赛组织与比赛执裁等。

（6）学制

学制四-六年

（7）授予学位及毕业总学分

授予学位：教育学学士

毕业总学分：152学分

（8）课程结构及学分要求

课程类别	课程模块		要求及学分
通识教育课程	家国情怀与社会责任		必修18学分：思想政治理论课（14）形势与政策（2）军训与军事理论（2）
	国际视野与文明对话		必修10学分
	经典研读与文化传承		选修6学分
	数理基础与科学素养		必修6学分：大学计算机4学分、另外须在本模块课程中选修2学分。
	艺术鉴赏与审美体验		选修2学分
	社会发展与公民责任		选修4学分
	小计		46学分
专业教育课程	学科基础课		必修58学分
	专业选修课		选修38学分
	实践与创新	毕业论文	4学分
		专业实习	4学分
		社会实践与志愿服务/科研训练与创新创业	2学分
	小计		106学分
总计			152学分

硕士博士研究生培养方案

注：体育学科自1944年西迁时期开始招收硕士研究生（后由于时势变化而停办），1982年开始重新招收硕士研究生，博士研究生自2004年开始招收。以下为近十年硕博士研究生培养方案。

（十五）2007年版北京师范大学研究生培养方案

体育人文社会学

一、培养目标与学习年限

1. 硕士生

培养适应社会主义现代化建设需要的、德智体美全面发展、具有较为扎实的体育科学、心理科学、经济科学、管理科学和教育科学理论基础、较为开阔的人文社会科学学术视野和掌握现代体育研究方法的专门人才。本专业注重培养硕士生分析和解决问题的能力，毕业后能独立从事本专业教学科研、决策管理及相关的咨询工作。

本专业除对硕士生进行严格的专业训练之外，还注重相关学科知识与技能的培养，要求硕士生能够熟练运用计算机和其他电化教学手段，熟练掌握一门外国语。

硕士生实行弹性学制，学习年限为2-3年。按规定修满学分、成绩合格、答辩通过的硕士生可以在两年或两年半完成学业。

2. 博士生

培养适应社会主义现代化建设需要的、德智体美全面发展、具有扎实的体育科学、心理科学和教育科学理论基础、较为开阔的社会科学学术视野和掌握现代体育科学研究方法的专门人才。本专业特别注意培养博士生开拓、创新的分析和解决问题的能力，强调对体育科学研究的方法论和技术的熟练掌握与灵活运用，毕业后能独立从事本专业教学科研、决策管理及相关的咨询工作。

本专业除对博士生进行严格的专业训练之外，还注重相关学科知识与技能的培养，要求博士生能够熟练运用计算机和其他电化教学手段及办公自动化手段，熟练掌握一门外国语，并能运用第二外国语查阅专业文献。

博士生学习年限一般为3年，其中北京地区的定向、委托培养在职博士生的学习年限可以为4年。硕博连读生、本科直博生学习年限为5年。

二、专业研究方向

序号	研究方向	主要研究内容	研究生导师
1	学校体育（博、硕士研究生）	学校体育基本原理；学校体育历史；课外体育；课余运动训练与竞赛；学校体育管理；体育教师教育。	毛振明教授（博导） 贾齐教授 高嵘教授
2	体育课程与教学（博、硕士研究生）	体育课程基础理论与实践研究；体育教学基础理论与实践研究。	毛振明教授（博导） 贾齐教授 高嵘教授
3	体育运动心理理论与实践研究（博、硕士研究生）	运动动机、运动注意、运动情绪；研究心理技能训练，心理咨询与辅导；运动心理状态与能力的诊断、监控、评价方法和工具。	殷恒婵教授（博导）
4	运动与心理健康研究（博、硕士研究生）	体育运动促进人的心理健康发展的理论、途径与方法；心理健康的诊断与评价工具。	殷恒婵教授（博导）
5	国际体育和奥林匹克文化研究（硕士研究生）	学校体育比较研究；竞技运动比较研究；大众体育比较研究；国际奥林匹克运动研究；体育运动文化比较研究。	张建华教授 高 嵘教授
6	体育社会学研究（硕士研究生）	社会学基本理论与研究方法及其在体育中的应用；体育与人的社会化研究；体育与社会政治、经济、教育和文化的关系。	张建华教授 张德福教授
7	体育经济学（硕士研究生）	体育体制，体育与经济关系，体育经济活动和经济过程；体育产业发展理论，体育产业发展现状、对策，体育产业政策，体育产业统计等。	张建华教授 回寅副教授 高明华教授 王兆红博士
8	体育管理学（硕士研究生）	体育管理原理与方法，俱乐部管理与运营，体育发展战略；体育市场理论，各类体育市场开发及对策。	李由副教授 孙川副教授 甄志平副教授 王兆红博士

三、课程设置与学分要求

1. 硕士生

总学分：36学分

课程类别	科目和门数	最低学分要求
公共课	政治2门、外语1门	8学分
学位基础课	3门（含一门方法类课程）	9学分
学位专业课	3门	9学分
必修环节	实践活动	1学分
	开题报告	不计学分
选修课	专业选修或公共选修课	0–10学分

2. 博士生

总学分：13学分

课程类别	科目和门数	最低学分要求
公共课	政治1门、外语1门	7学分
学位基础课	1门	3学分
学位专业课	1门	3学分

3. 本科直博生

总学分：45学分

	课程类别	科目和门数	最低学分要求
硕士课程学习阶段（36学分）	公共课	政治2门、外语1门	8学分
	学位基础课	3门（含一门方法类课程）	9学分
	学位专业课	3门	9学分
	必修环节	实践活动	1学分
	选修课	专业选修或公共选修课	0–3学分
博士课程学习阶段（9学分）	学位基础课	1门	3学分
	学位专业课	2门	6学分

4. 港澳台研究生总学分要求与普通研究生相同，免修公共政治课。

5. 外国留学研究生免修公共政治和外语课，必修"中国概况"（2学分），硕士生总学分不低于32学分，博士生不低于11学分。

四、培养方式与考核方式

1. 硕士生培养与中期考核的基本要求

硕士生课程学习安排在前三学期完成，中期考核应在第三学期末完成，考核的结果将作为硕博连读候选人选拔的重要依据。中期考核合格者方能进入撰写论文阶段。

2. 博士生培养与考核的基本要求

博士生课程学习安排在第一学年完成，中期考核应在第三学期末完成。

五、学位论文与论文答辩

1. 硕士生学位论文

选择本专业有重要应用价值或理论价值问题作为论文选题，也可以对与体育直接相关的实际问题进行调查，将调查结果或案例研究作为论文。

论文选题须经制定研究和撰写计划及开题报告阶段，并经导师和本专业其他教师审核通过。

论文必须独立完成，写作完成时间不少于一年。论文应在本专业领域内在观点和方法上提出自己独立见解。论文内容应达到相应的学术水平，部分内容修改后达到公开发表水平，形式上应符合规范要求，论文字数一般不少于3万字。

2. 博士生学位论文

选择本专业国内外有重要理论价值或应用价值，而前人和他人尚未解决或研究基础薄弱的问题作为论文选题。其中实证研究选题必须有较充足的经费和相关的统计资料，规范研究选题具备较充分的文献资料，对策选题应具有相关机构的支持。

论文选题须经制定研究和撰写计划及开题报告阶段，并经导师和博士生指导小组审核通过。

论文必须独立完成，写作完成时间不少于一年半。论文必须在本专业领域有重要创新价值或填补某一方面的空白。论文正文部分字数不少于8万字。博士生在读期间，须以北京师范大学体育与运动学院名义，在CSSCI与本专业相关的期刊发表论文两篇，或在学校规定的C类以上刊物发表论文一篇以上。

2007年版北京师范大学研究生培养方案
运动人体科学

一、培养目标与学习年限

培养适应社会主义现代化建设需要的，德、智、体、美全面发展，具有扎实的运动生物学科理论知识、专业技能和较为开阔的自然科学学术视野的专门人才。本专业注重培养硕士生的科学思维、创新能力以及分析问题和解决问题的能力，学生毕业后能独立从事本专业的教学、科研、运动训练的科学指导和人体健身相关的咨询工作。

本专业除对硕士生进行严格的专业训练外，还注重相关学科知识与技能的培养，要求硕士生能够熟练运用计算机、网络信息技术和其他多媒体教学手段。扎实地掌握一门外国语，能够比较熟练地阅读本专业外文资料并用外文撰写论文摘要和进行学术交流。

硕士生学习年限一般为3年，按规定修满学分、成绩合格、发表一定数量的学术论文、通过毕业论文答辩即可完成学业。

二、专业研究方向

序号	研究方向	主要研究内容	研究生导师
1	运动生理及神经生理学（博、硕研究生）	1. 运动性胃肠功能紊乱与调适的分子生态学研究 2. 运动与神经调控的生物学研究	乔德才（博导）
2	体育保健与运动营养学	1. 运动、环境与健康 2. 营养补充与运动能力 3. 运动发育与促进	刘晓莉 任园春
3	体质与健康研究	体质测评与健康促进	唐东辉 甄志平
4	运动生物力学及生物化学	1. 运动生物力学基础理论 2. 运动与活性多态的研究	纪仲秋 张靓

三、课程设置与学分要求

总学分：36学分。

课程类别	科目和门数	最低学分要求
公共课	政治2门、外语1门	8学分
学位基础课	3门（含1门方法类课程）	9学分
学位专业课	3门	9学分
必修环节	实践活动	1学分
	开题报告	不计学分
选修课	专业选修或公共选修课	0~10学分

四、培养方式与考核方式

硕士生课程学习安排在前三学期完成，中期考核应在第三学期末完成，中期考核合格者方能进入撰写论文阶段。考核的结果也可作为硕博连读候选人选拔的重要依据。

五、学位论文与论文答辩

选择本专业有重要理论价值或应用价值的问题作为论文选题，也可以选择基础研究和应用开发研究等课题。论文选题须经制定研究和撰写计划及开题报告阶段，并经导师和本专业其他教师审核通过。

论文必须独立完成，实验和写作时间不少于两年，论文应在本专业领域内从理论和方法上提出自己独立的见解，内容应达到相应的学术水平。硕士生要有一定数量的专业学术论文在国内、外公开学术刊物上发表，在读期间所有成果必须以北京师范大学体育与运动学院名义发表或出版。

六、课程设置一览表与主要参考书目

1. 硕士生课程

课程类别	课程中文名称	课程英文名称	任课教师	学分	学时	上课学期
学位基础课	高级运动生理学	Advanced Sports physiology	乔德才	3	54	1
	体育运动心理学	Physical Education and Sports Psychology	殷恒婵	3	54	1
	体育教学论	Instructional Theory of Physical Education	毛振明	3	54	1
	运动专项理论与实践研究	Study of Sports Theory and Practice	杨国庆等	3	54	1
	体育科研方法	Research Methods in Physical Education and Sport	高嵘	3	54	2
	运动训练学	Theory of Sport Training	张吾龙	3	54	2
学位专业课	细胞分子生物学	Cellular Molecular Biology	张靓	3	54	2
	医学神经生物学	Neural Biology in Medicine	乔德才	3	54	2
	生物技术	Biological Technology	侯莉娟	3	54	2
	体育保健学高级教程	Advanced Course of Physical Hygiene	刘晓莉	3	54	2
	体育康复与运动处方	Sports Rehabilitation & Prescription	刘晓莉	3	54	2
	体质测量与健康评价	Measurement and Evaluation in Physical fitness and Health	唐东辉	3	54	2
	运动生物力学高级教程	Advanced Course Sports Biomechanics	纪仲秋	3	54	2
	摄影与电测	Photography and Electrical Engineering in Biomechanics	纪仲秋	3	54	2
专业选修课	专业英语	Sports English	张建华	2	36	2
	实验设计与数据处理（必选）	Experimental Design and Data Process	唐东辉	2	36	1
	运动营养学	Sports Nutriology	刘晓莉	2	36	2
	医务监督	Medicinal Care	任园春	2	36	2
	人体运动仿真学	Study of Human Motor Simulation	纪仲秋	2	36	2
	运动与健康促进	Sport and health promotion	甄志平	2	36	2
	篮球	Basketball	杨国庆	2	36	2

（续表）

课程类别	课程中文名称	课程英文名称	任课教师	学分	学时	上课学期
专业选修课	足球	Football	郎　健 王长权	2	36	2
	排球	Volleyball	张德福 王力男	2	36	2
	乒乓球	Table Tennis	高　嵘 张建华	2	36	3
	羽毛球	Badminton	刘润生	2	36	3
	网球	Tennis Ball	王力晨	2	36	3
	健美操	Aerobic	回　寅 姚明焰	2	36	1
	武术	Wu Shu	王建华	2	36	1
	定向越野	Directional Cross-country	孙　璞 张广德	2	36	1
	垒球	Softball	张广德	2	36	1
	素质拓展	Outward Bound	王长权 孙璞	2	36	1

（注：运动人体科学专业至少还要选修4个学分的技术课程）

2007年版北京师范大学研究生培养方案
体育教育训练学

一、培养目标与学习年限

硕士生

培养适应社会主义现代化建设需要、德智体美全面发展、具备较为扎实的体育教学和训练相关的理论知识、具有较为开阔的体育科学学术视野和掌握现代体育教育与训练研究方法的专门人才。本专业注重培养硕士生分析和解决问题的能力，毕业后能独立从事本专业教学科研、教育训练以及相关的管理咨询工作。

本专业除对硕士生进行严格的专业训练之外，还注重相关学科知识与技能的培养，要求硕士生能够熟练运用计算机和其他电化教学手段，熟练掌握运用一门外语。

硕士生实行弹性学制，学习年限为2-3年。按规定修满学分、成绩合格、答辩通过的硕士生可以在两年或者两年半完成学业。

二、专业研究方向

序号	研究方向	主要研究内容	研究生导师
1	球类教学、训练理论与方法	球类运动教学理论与方法研究 球类运动训练理论与方法研究 球类运动原理与竞赛方法研究	杨国庆 张德福 郎 健 王长权 王力晨 高 嵘 张建华
2	田径教学、训练理论与方法	田径运动教学理论与方法研究 田径运动训练理论与方法研究 田径运动原理与竞赛方法研究	孙 璞 张吾龙 徐爱娥
3	体操教学、训练理论与方法	体操运动教学理论与方法研究 体操运动训练理论与方法研究 体操运动原理与竞赛方法研究	姚明焰 姜桂萍 回 寅

三、课程设置与学分要求

总学分：36分。

课程类别	科目和门数	最低学分要求
公共课	政治2门、外语1门	8学分
学位基础课	3门（含一门方法类课程）	9学分
学位专业课	3门	9学分
必修环节	实践活动	1学分
	开题报告	不计学分
选修课	专业选修或公共选修课	0-10学分

四、培养方式与考核方式

硕士生培养与中期考核的基本要求

　　硕士生课程学习安排在前三学期完成，中期考核应在第三学期末完成，考核的结果将作为硕博连读候选人选拔的重要依据。中期考核合格者方能进入撰写论文阶段。

五、学位论文与论文答辩

　　硕士学位论文应选择本专业具有重要应用价值或理论价值（尤其对教育部门决策与管理有关）问题作为论文选题，也可以对体育训练相关实际问题进行调查，将调查结果或案例研究作为论文。

　　论文选题须经制定研究和撰写计划及开题报告阶段，并经导师和本专业其他教师审核通过。

　　论文必须独立完成，写作完成时间不少于一年。论文应在本专业领域内在观点和方法上提出自己独立见解。论文内容应达到相应的学术水平，部分内容修改后达到公开发表水平，形式上应符合规范要求，论文字数一般不超过3万字。

六、课程一览表与主要参考书目

1. 硕士生课程

课程类别	课程中文名称	课程英文名称	任课教师	学分	学时	上课学期	适用专业及其方向
学位基础课	高级运动生理学	Advanced Sports physiology	乔德才	3	54	1	所有专业
	体育运动心理学	Physical Education and Sports Psychology	殷恒婵	3	54	1	所有专业
	体育教学论	Instructional Theory of Physical Education	毛振明	3	54	1	所有专业
	运动专项理论与实践研究	Study of Sports Theory and Practice	杨国庆等	3	54	1	所有专业
	体育科研方法	Research Methods in Physical Education and Sport	高嵘	3	54	2	所有专业
	运动训练学	Theory of Sport Training	张吾龙	3	54	2	所有专业

（续表）

课程类别	课程中文名称	课程英文名称	任课教师	学分	学时	上课学期	适用专业及其方向
学位专业课	球类运动教学理论与方法研究	Ball sports Educational Theory and Method Research	杨国庆 张德福 郎健等	3	54	2	球类方向
	球类运动训练理论与方法研究	Ball sports Training Theory and Method Research	杨国庆 张德福 郎健等	3	54	3	球类方向
	球类运动原理与竞赛方法研究	Ball sports Competition Principle and Method Research	杨国庆 张德福 郎健等	3	54	3	球类方向
	体操运动教学理论与方法研究	Gym sports Educational Theory and Method Research	姚明焰 姜桂萍 回寅	3	54	2	体操方向
	体操运动训练理论与方法研究	Gym sports Training Theory and Method Research	姚明焰 姜桂萍 回寅	3	54	3	体操方向
	体操运动原理与竞赛方法研究	Gym sports Competition Principle and Method Research	姚明焰 姜桂萍 回寅	3	54	3	体操方向
	田径运动教学理论与方法研究	Track and Field Educational Theory and Method Research	孙璞 张吾龙 徐爱娥	3	54	2	田径方向
	田径运动训练理论与方法研究	Track and Field Training Theory and Method Research	孙璞 张吾龙 徐爱娥	3	54	3	田径方向
	田径运动原理与竞赛方法研究	Track and Field Competition Principle and Method Research	孙璞 张吾龙 徐爱娥	3	54	3	田径方向
专业选修课	专业英语	Sports English	张建华	2	36	2	所有专业
	体育哲学	Philosophy of Sports	贾齐	2	36	2	所有专业
	体育社会学	Sports Sociology	张建华	2	36	2	所有专业
	体育思想史	History of PE and Sport	高嵘 屈国峰	2	36	3	所有专业
	运动学		贾齐			3	所有专业

（续表）

课程类别	课程中文名称	课程英文名称	任课教师	学分	学时	上课学期	适用专业及其方向
专业选修课	运动心理咨询与辅导	Sports Psychology Counselling	殷恒婵	2	36	3	所有专业
	实验设计与数据处理	Experimental Design and Data Process	唐东辉	2	36	2	所有专业
	运动营养学	Sports Nutriology	刘晓莉	2	36	2	所有专业
	体育产业经济学	Industrial Economics of Sports	王兆红	2	36	3	所有专业
	体育市场营销	Marketing of Sports	骆秉全	2	36	2	所有专业
	医务监督	Medicinal Care	任园春	2	36	2	所有专业
	人体运动仿真学	Study of Human Motor Simulation	纪仲秋	2	36	2	所有专业
	运动与健康促进	Sport and health promotion	甄志平	2	36	2	所有专业
	篮球	Basketball	杨国庆	2	36	2	所有专业
	足球	Football	郎　健 王长权	2	36	2	所有专业
	排球	Volleyball	张德福 王力男	2	36	2	所有专业
	乒乓球	Table Tennis	高　嵘 张建华	2	36	3	所有专业
	羽毛球	Badminton	刘润生	2	36	3	所有专业
	网球	Tennis Ball	王力晨	2	36	3	所有专业
	垒球	Softball	张广德	2	36	3	所有专业
	健美操	Aerobic	回　寅 姚明焰	2	36	1	所有专业
	武术	Wu Shu	王建华	2	36	1	所有专业
	定向越野	Directional Cross-country	孙　璞 张广德	2	36	1	所有专业
	素质拓展	Outward Bound	王长权 孙　璞	2	36	1	所有专业

北京师范大学研究生培养方案
民族传统体育学

一、培养目标与学习年限

培养适应社会主义现代化建设需要的、德智体美全面发展、具有比较扎实的体育科学和民族传统体育学的理论基础、具备较为开阔的体育科学视野和掌握适合时代发展的民族体育学研究方法的专业人才。本专业注重培养硕士研究生发现问题、分析问题和解决问题的能力，毕业后能独立地从事本专业的教学、科研、决策管理及相关咨询工作。

本专业除对硕士生进行严格的科研能力训练外，还注重对其进行民族传统体育的实践技术的专业指导与训练，同时要求硕士生能够熟练地运用计算机和其他电教化教学手段，较为熟练地掌握一门外语。

民族传统体育专业硕士生实行弹性学制，学习年限为2—3年。按规定修满学分、成绩合格、答辩通过的硕士生可以在两年或两年半完成学业。

二、专业研究方向

序号	研究方向	主要研究内容	研究生导师
1	武术基本理论与实践	武术基本理论及武术教育的一般原理；学校武术教学与实践；武术教材、教法与教学模式的改革与创新。	王建华教授 屈国锋博士
2	武术文化	武术文化概论；武术的历史、思想等社会人文背景；武术与传统文化的关系；武术的发展方向；中国武术文化与国外格斗文化的比较研究。	王建华教授 屈国锋博士
3	民族传统体育的继承发展	对包括武术在内的中国传统体育文化的教育现状及其文化思想进行系统研究。同时对民族传统体育中具有代表性的主要项目的内容进行分析研究，整理创造适合国内外形势发展的民族传统体育的健身指导理论与实践体系。	王建华教授 屈国锋博士

三、课程设置与学分要求

总学分：36学分。

课程类别	科目和门数	最低学分要求
公共课	政治2门、外语1门	8学分
学位基础课	3门（含一门方法类课程）	9学分
学位专业课	4门（含专业外语）	10学分
必修环节	实践活动	1学分
	开题报告	不计学分
选修课	专业选修或公共选修课	0—3学分

注明：公共选修课由研究生院培养处组织开设，除一外为小语种的研究生必修二外英语以外，其他研究生可以不修公共选修课，如选修，每人累计不超过3门。下同。

四、培养方式与考核方式

硕士生培养与中期考核的基本要求：

硕士生课程学习安排在前三学期完成，中期考核应在第三学期末完成，考核的结果将作为硕博连读候选人选拔的重要依据。中期考核合格者方能进入撰写论文阶段。

五、学位论文与论文答辩

硕士生学位论文：

硕士学位论文类型可以多样化，强调"理论联系实际"，既可以是基础研究，也可以是应用研究、开发研究等。鼓励人文社会科学的研究生通过调查研究，解决社会实际问题，并提供可行性方案。

论文选题须经制定研究计划及开题报告阶段，并经导师和本专业其他教师审核通过。

论文必须独立完成，写作时间不少于一年，论文在本专业领域内在观点和方法上提出自己的独立见解。论文内容应达到相应的学术水平，部分内容修改后达到公开发表、作为学术论文的水平；形式上应符合规范要求，论文字数一般不超过3万字。

六、课程一览表与主要参考书目

1. 硕士生课程

课程类别	课程中文名称	课程英文名称	任课教师	学分	学时	上课学期	适用专业
学位基础课	高级运动生理学	Advanced Sports physiology	乔德才	3	54	1	所有专业
	体育运动心理学	Physical Education and Sports Psychology	殷恒婵	3	54	1	所有专业
	体育教学论	Instructional Theory of Physical Education	毛振明	3	54	1	所有专业
	运动专项理论与实践研究	Study of Sports Theory and Practice	杨国庆等	3	54	1	所有专业
	体育科研方法	Research Methods in Physical Education and Sport	高嵘	3	54	2	所有专业
	运动训练学	Theory of Sport Training	张吾龙	3	54	2	所有专业
学位专业课	武术基本理论与实践	Basic Theory and Practice of Martial arts	王建华 屈国锋	3	54	1	民族传统体育学
	武术教材、教法与实践	Teaching Material, Teaching Method and Practice of Martial arts	王建华 屈国锋	3	54	2	民族传统体育学
	武术文化研究与实践	Studies on Martial arts Culture and Practice	王建华 屈国锋	3	54	2	民族传统体育学
专业选修课	专业英语	Sports English	张建华	2	36	2	所有专业
	体育哲学	Philosophy of Sports	贾齐	2	36	2	所有专业
	体育社会学	Sports Sociology	张建华	2	36	2	所有专业
	体育思想史	History of PE and Sport	高嵘 屈国峰	2	36	3	所有专业
	运动学		贾齐			3	所有专业
	运动心理咨询与辅导	Sports Psychology Counselling	殷恒婵	2	36	3	所有专业
	实验设计与数据处理	Experimental Design and Data Process	唐东辉	2	36	2	所有专业
	运动营养学	Sports Nutriology	刘晓莉	2	36	2	所有专业
	体育产业经济学	Industrial Economics of Sports	王兆红	2	36	3	所有专业

（续表）

课程类别	课程中文名称	课程英文名称	任课教师	学分	学时	上课学期	适用专业
专业选修课	体育市场营销	Marketing of Sports	骆秉全	2	36	2	所有专业
	医务监督	Medicinal Care	任园春	2	36	2	所有专业
	人体运动仿真学	Study of Human Motor Simulation	纪仲秋	2	36	2	所有专业
	运动与健康促进	Sport and health promotion	甄志平	2	36	2	所有专业
	篮球	Basketball	杨国庆	2	36	2	所有专业
	足球	Football	郎 健 王长权	2	36	2	所有专业
	排球	Volleyball	张德福 王力男	2	36	2	所有专业
	乒乓球	Table Tennis	高 嵘 张建华	2	36	3	所有专业
	羽毛球	Badminton	刘润生	2	36	3	所有专业
	网球	Tennis Ball	王力晨	2	36	3	所有专业
	垒球	Softball	张广德	2	36	3	所有专业
	健美操	Aerobic	回 寅 姚明焰	2	36	1	所有专业
	武术	Wu Shu	王建华	2	36	1	所有专业
	定向越野	Directional Cross-country	孙 璞 张广德	2	36	1	所有专业
	素质拓展	Outward Bound	王长权 孙 璞	2	36	1	所有专业

注明：硕士生课程应安排在前三学期完成，其中学位基础课和学位专业课应安排在前两学期分秋季、春季较为固定地开设。"上课学期"用1、2标注，如两学期都开设，填写"1和2"。基础课和专业课一般为3学分，专业选修课为2学分，每学分对应18学时，即3学分=54学时，2学分=36学时，1学分=18学时。院系可以自主设置模块化课程，规定相应的学分和学时。

2015年版北京师范大学学术型硕士研究生培养方案

一、培养目标

通过三年的课程学习、学术活动和科学研究的培养，使硕士研究生具有比较扎实的体育学及其相关学科的理论基础；较好地掌握专业理论知识和科学研究的方法与手段；熟练地掌握1门外国语，能够快速地阅读外文资料。了解本学科和专业的学术前沿动态与发展趋势，具有一定的科学创新思维能力和分析问题与解决问题的能力，为继续深造奠定良好的基础，并成为能胜任体育相关领域工作的高级专业人才。

二、学科方向与主要研究内容

体育学一级学科包含有体育人文社会学、运动人体科学、体育教育训练学和民族传统体育学4个二级学科专业，各专业主要研究方向详见表1。

表1 体育学一级学科硕士点学科方向（专业）与主要研究内容一览表

专业代码	学科方向（专业）	主要研究内容
040301	体育人文社会学	1. 学校体育学 2. 体育运动心理学 3. 体育社会学 4. 体育经济与管理学 5. 体育思想史研究 6. 国际体育比较研究
040302	运动人体科学	1. 运动生理与神经生物学 2. 体育保健与运动营养学 3. 运动生物力学和人因工程学 4. 体质健康与肥胖的运动防治研究 5. 运动生物化学与代谢性疾病研究 6. 运动康复及儿童动作发展研究
040303	体育教育训练学	1. 球类教学、训练与方法研究 2. 田径教学、训练与方法研究 3. 体操教学、训练与方法研究
040304	民族传统体育学	1. 武术教育教学研究 2. 武术文化与思想研究

三、培养年限

硕士研究生学制一般为3年，最长不超过4年。对于一些学业特别优秀的硕士研究生，在圆满完成各项培养任务的前提下，可申请提前毕业或进入博士研究生阶段的学习。体育学研究生毕业可授予教育学硕士学位（运动人体科学专业亦可授予理学硕士学位）。

四、课程设置与学分要求

课程总体可分为公共必修课9学分、学位基础课12学分、学位专业课9学分和专业方向专题课6学分；教学实践、学术活动和中期考核等环节为4学分，共计40学分，具体内容见表2。

表2　体育学一级学科硕士点学术型研究生课程设置与学分要求

课程类别	科目与门数	学分	备 注	最低学分要求
公共必修课	外语	4		9学分
	政治	3	运动人体科学专业按理科生选修	
	方法课（以实验设计与数据处理代替）	2	全体研究生	
学位基础课	学校体育学	3	结合研究方向与导师协商确定（9学分）	12学分
	体育运动心理学	3		
	高级运动生理学	3		
	运动人体科学研究进展与应用	3		
	体育教育训练学研究进展	3		
	体育学科研方法（必修课）	3		
	跨一级学科选修一门相关课程	3	学位基础或学位专业课（3学分）	
学位专业课	体育课程教学论	3	体育人文社会学专业方向	9学分
	运动心理学研究进展	3		
	体育社会学	3		
	体育经济学	3		
	体育思想史	3		
	国际体育比较研究	3		

（续表）

课程类别	科目与门数	学分	备 注	最低学分要求
学位专业课	细胞分子生物学	3	运动人体科学专业方向	9学分
	神经生物学	3		
	体育保健学高级教程	3		
	运动生物力学高级教程	3		
	动作发展与促进	3		
	体质学高级教程	3		
	运动训练学高级教程	3	体育教育训练学专业方向	
	球类教学理论与方法研究	3		
	体操教学理论与方法研究	3		
	田径教学理论与方法研究	3		
	球类训练与竞赛管理	3		
	体操训练与竞赛管理	3		
	田径训练与竞赛管理	3		
	运动训练学高级教程	3	民族传统体育学专业方向	
	武术史研究	3		
	民族传统体育文化思想研究	3		
专业方向专题课	体育哲学	2	人文社会科学模块	6学分
	体育管理学	2		
	体育运动史	2		
	运动与心理健康	2		
	运动心理咨询与辅导	2		
	国际体育与奥林匹克文化	2		
	体育产业与市场营销学	2		

（续表）

课程类别	科目与门数	学分	备 注	最低学分要求
专业方向专题课	生物技术	2	自然科学模块	6学分
	体育康复与运动处方	2		
	运动营养学	2		
	人体运动技术原理	2		
	医务监督理论与实践	2		
	运动与健康促进	2		
	运动控制原理与实践	2	运动理论与实践模块	
	体能训练理论与实践	2		
	全民健身理论与实践	2		
	武术套路技能与教学实践	2		
	武术对抗技能与教学实践	2		
	传统养生及健身功法	2		
	民族传统体育开发与实践	2		
	运动技能实践课	2	体育人文社会学和运动人体科学专业研究生选修	

注：①研究生可依据自己的研究领域方向选修相应模块课程或跨模块选修，学位专业课和专业方向专题课课程亦可与导师协商跨院系选修，并同等计算相应学分；

②本科就读为非体育专业者，必须加选1门运动技能实践课程；

③以上每一类别的学分为最低学分要求，学有余力者可以多修学分。

五、教学实践、学术活动和中期考核

（一）教学实践：1学分

教学实践（或科研实践能力）是硕士研究生培养的必要环节，一般安排在第2—3学期进行。实践内容：在导师的指导下担任本科生课程某一章节的讲授任务；协助导师指导本科生毕业论文的设计和撰写；协助导师批改作业、答疑解难、习题课讲授和组织课堂讨论；协助导师或博士研究生从事科学研究等。教学实践完成后要求写出实践报告一份，由指导教师给出成绩。

（二）学术活动：1学分

硕士研究生必须积极参加院、校及校外的各种类型学术活动，1次计0.1分，至少参加10次，共计1学分。要求研究生必须提交参加学术活动的相关证明和填写《研究生参加学术活动登记表》，并写出心得体会，经导师评定、评分后，在中期考核时送交学院研究生办公室进行审核、登记和确定学分。

（三）中期考核：2学分

中期考核内容详见第六部分。

六、中期考核内容及要求

根据培养方案的基本要求和相关规定，学院将在第三学期对硕士研究生进行中期考核。考核内容主要包含各类课程的学习、教学实践、学术活动和科研训练及学位论文开题等。

（一）公共必修和专业学位课程

硕士研究生入学后第三个学期末，学院将按照《研究生培养计划》审核每位研究生公共必修课、学位基础课、学位专业课和专业方向专题课程的学习情况和考试（考查）成绩，在公共数据库中打印出《北京师范大学研究生课程学习成绩表》，并在相应栏目签署有关审核人姓名、审核日期和公章。一式三份，分别由研究生院、学院研究生办公室和学生各保存一份。

（二）实践环节（或科研训练）

硕士研究生应填写《参加学术活动登记表》《教学实习能力考核表》或《科研实践能力考核表》，先经导师评定给出成绩后，送交学院研究生办公室以供审核并保存。

（三）开题要求

当研究生以上两项内容经学院审核通过后，才能参加学院统一组织的研究生学位论文开题。开题结束后研究生应依据评审专家意见进行认真修改和完善开题内容，并填写《北京师范大学研究生学位论文开题报告书》，经导师审核、签署意见后递交学院研究生办公室备存。

中期考核合格者，可记2学分，并进入学位论文撰写阶段；中期考核不合格者，应继续完善相关内容，在一年内可提出第二次中期考核申请。第二次考核仍不合格者，参照学校学籍管理有关规定处理。

七、培养方式

硕士研究生入学后应在2个月之内依据学院研究生办公室所提供的各专业指导教师名单，选定与自己专业研究方向一致的老师作为自己的指导教师，并填写有关表格，经所选教师同意签字后，上报学院研究生办公室备案。

研究生的培养采取以导师指导为主，导师与指导小组集体培养相结合的方式。培养内容可分为课程学习和科学研究两个阶段。课程学习要依据专业培养方案中所设置的课程和学分要求进行。在培养过程中应贯彻理论联系实际的原则，将课堂讲授与讨论、课内教学与课外实践、系统的理论学习与科学研究相结合，注意激发研究生学习的积极性、主动性和创造性。根据研究需求有计划地邀请本专业领域国内外著名专家学者来院讲学。可与导师协商跨校、跨院、跨学科和跨专业选修与自己研究领域相关的课程，充分利用综合性院校的优势资源，所选课程获得有关证明和成绩后，可替代专业方向专题课的学分。科学研究是研究生培养的一个重要环节，研究内容必须具有一定的理论创新或应用价值。

在导师或导师组的指导下，研究生必须根据专业培养方案制定个人培养计划，具体内容包括：研究方向、各类课程的选学、考试要求、教学实践环节、科研训练和参加学术活动等。

八、学位论文答辩资格审核

学位论文答辩资格审核包括中期考核、学术活动和科研成果三个部分。

经审核，中期考核和学术活动均合格后方可进入学位论文送审阶段。对于中期考核未能通过或参加学术活动不足10次的研究生，可视为学位论文答辩资格审核不合格。

硕士研究生在学位论文答辩前，要求以第1作者（或导师为第1作者，本人为第2作者）在国内核心及以上期刊上发表与毕业论文内容相关的学术论文1篇；体育教育训练学和民族传统体育学专业研究生如因特殊原因，亦可是在国内CN期刊上发表与毕业论文内容相关的学术论文2篇。提交论文发表的原件和复印件（期刊封面、封底、目录和成果内容）各1份。如果论文已被某期刊录用，但还未曾出版发行时，必须提供期刊编辑部提供的论文录用通知书原件。

经审核，以上3项内容全部合格后方可进入学位论文送审阶段。如其中有1项或1项以上内容不合格，视为审核未通过，不得参加学位论文答辩，并需办理延期答辩手续，延期者可在一年内再次提出申请。

九、学位论文

学位论文应是研究生在导师或导师小组指导下独立设计和完成，至少要保证有一年半的科研工作时间，答辩时间一般安排在第六学期进行。

学位论文的撰写过程大体包括：数据资料的收集和统计处理和论文的撰写等环节。选题应突出科学性和可行性，并具有一定的学术水准；开题时必须提交一份完整的研究方案，填写开题报告表和组织专家组评议；数据资料的收集要真实、客观、全面，资料的统计处理方法要得当，不得随意更改结果；论文的撰写观点要明确、论据充分有力、结构严谨，同时逻辑性要强、图表规范、文法正确、行文规范、并能精准地提炼出研究结论。

研究生必须在学位论文答辩前2个月向指导教师提交完整的论文，由导师进行修改和审核，并以专业方向或课题研究小组的形式进行预评审，以便发现问题时有充足的时间进行修改和完善。

论文答辩过程应包含通讯评审和会议答辩两个环节。在论文答辩前1个月研究生需向学院提出正式申请，并提交3份完整的学位论文，由学院聘请相关专家进行通讯评审。通讯评审通过者可参加会议论文答辩。

2015年北京师范大学体育学博士研究生培养方案

一级学科：体育学

一、培养目标

博士研究生通过三年课程学习、实践活动和科研能力的培养，使其奠定宽厚的相关学科基础，掌握有关理论知识、科研方法和手段；能够精准地把握学科前沿动态与发展趋势，发现专业理论与实践中的重要问题，提出恰当的研究方案并能深入地进行分析和加以解决，具有较强的创新能力；熟练地掌握1-2门外国语，能够收集和研读外文专业资料，具有国际学术交流的能力；成为可胜任体育及相关领域重要工作的高层次人才。

二、培养年限

博士研究生学习年限一般为3年，不得提前毕业；定向和委托培养的在职博士研究生的学习年限为4年；硕博连读生、本科直博生的学习年限不少于5年。如在所规定的年限内未能完成学业者，应依据学校有关规定适当延长学习年限，或按肄业处理。

完成学业的研究生可授予教育学博士学位（运动人体科学专业研究生亦可授予理学博士学位）。

三、学科方向及主要研究领域

表1　体育学一级学科博士点研究方向和主要研究领域

专业代码	学科方向（专业）	主要研究领域	备注
040301	体育人文社会学	1. 学校体育学 2. 体育运动心理学 3. 体育社会学	
040302	运动人体科学	1. 运动调控与神经生物学 2. 体育保健与运动康复学 3. 运动生物力学 4. 体育健康与肥胖的运动防治研究 5. 运动生物化学与代谢性疾病研究	
040303	体育教育训练学	1. 球类课程教学、训练理论与实践研究 2. 田径类课程教学、训练理论与实践研究 3. 体操类课程教学、训练理论与实践研究	

四、课程设置与学分要求

（一）课程设置与学分

博士研究生的课程可分为：公共必修课8学分、学位基础课8学分、必修环节2学分和公共选修课4学分，共计20学分，具体内容及学分最低要求见

表2。

表2 体育学一级学科博士点博士研究生课程设置与学分要求

课程类别	科目与门数	学分	备注	最低学分要求
公共必修课	外语	4		8学分
	政治	2	运动人体科学专业按理科生选修	
	计算机（以体育统计分析方法与实验设计代替）	2	全体研究生	
学位基础课	体育学科前沿高级研讨课	3	全体研究生	6学分
	学校体育学专题研究	3	体育人文社会学专业方向	
	体育运动心理学专题研究	3		
	体育社会学专题研究	3		
	神经科学	3	运动人体科学专业方向	
	运动医学	3		
	运动生物力学	3		
	体质学	3		
	生物化学	3		
	球类运动专题研究	3	体育教育训练学专业方向	
	体操运动专题研究	3		
	田径运动专题研究	3		
必修环节	科研活动	1	详细内容参见（二）部分	2学分
	中期考核	1		
公共选修课	跨一级学科选修课1	2	依据研究领域与导师协商确定	4学分
	跨一级学科选修课2	2		

注：①学位基础课中8学分为最低要求，可依据研究需要多修课程，体育学科前沿高级研讨课为一级学科平台课，各专业研究生必选，3学分；另外3学分依据专业方向选修；

②研究生可依据自己的研究领域方向选修相应模块课程或跨模块选修，学位专业课和专业方向专题课程亦可与导师协商跨院系选修，并同等计算相应学分；

③以上每一类别的学分为最低学分要求，学有余力者可以多修学分。

（二）必修环节内容要求及说明

1. 科研活动

博士研究生在学期间要积极进行科学研究、高质量地完成自己的学位论文，并积极参加国内外各种类型的学术会议和进行学术交流活动；鼓励研究生在学期间进行出国学习、培训，有条件的可与国外名校进行联合培养。导师根据博士生科研活动完成情况给定相应成绩。

2. 中期考核

学院在第三学期统一组织进行中期考核，内容主要包括：

（1）综合考试成绩：修满培养方案中所规定的公共必修课、学位基础课程、必修环节和公共选修课中最低学分；

（2）学术报告：第一学年必须参加校内外各类学术活动6次及以上，需提供相关证明，并填写《研究生参加学术活动登记表》；

（3）学术道德规范考查：不得有任何学术不端行为出现，否则，依据学校有关规定处理；

（4）经典与前沿文献阅读：研究生在学位论文开题之前，必须完整阅读所从事研究领域经典的著作、教材和相关的期刊论文，能够准确、全面地把握自己所从事领域的最新研究进展；

（5）开题报告：开题报告经专家组评审，顺利通过。

中期考核内容通过者，方可进入学位论文的科学研究阶段。如未能通过者，必须补充完成相关内容，否则，不能进入科学研究阶段。

（三）公共选修课程说明

研究生应与导师共同协商，跨学校、跨学院、跨学科或跨专业选修与自己研究领域相关的课程2门，每门课程2学分，共计4学分，并需向学院提供相关证明或成绩。

如果本科和硕士研究生阶段就读的专业不是体育类学科，则需另加修1门体育教育专业本科生的技术类课程（篮球、排球、足球、乒乓球、羽毛球、网球、体操、武术等），不计学分，但应填写《跨专业补修本科课程成绩登记表》。

五、培养方式

博士研究生的培养采取以导师指导为主，导师与指导小组集体培养相结合的方式进行，培养内容可分为课程学习和科学研究两个方面。

课程学习应依据培养方案中所设置的课程和最低学分要求进行，在培养过程中应贯彻理论联系实际的原则，将系统的理论学习与科学研究、讲授与讨论、课内教学与课外实践相结合等多种方式进行，注意激发博士研究生的学习积极性、主动性和创造性。

科学研究是博士研究生培养的重要环节，从第一学期就应开始阅读相关参考文献、认真思考、选择研究方向和研究课题；在第二学期开始预备性实验，并根据研究需求，充分利用综合性院校的优势资源，定期参加有关学术活动，有计划地邀请本专业领域国内外著名专家学者来校讲学，重点培养博士生独立自主的创造性科研能力。

六、导师责任

博士生指导教师是博士生培养的第一责任人，全面负责研究生的品德培养和学术引领工作。应根据博士研究生培养中课程学习评价、文献资料的阅读、国际化经历、中期考核、学术研讨、科学研究、学位论文的需要，指导博士研究生制订出详细的课程学习计划和科研工作计划，对每一个阶段都要做出具体、可操作的明确规定，并需进行定期的检查、指导及交流。

七、学位论文

开题是保证学位论文质量的重要环节，学院在第三学期中旬统一布置，由各专业负责人具体组织实施。博士研究生在开题前需填写北京师范大学博士研究生学位论文开题报告书，经导师同意后方可参加开题报告。开题组成员由各学科带头人确定，一般由3—5名与其研究方向相近领域的专家教授组成，其中必须有1名及以上成员应为校外或国外专家。

博士研究生通过中期考核后，完全进入科学研究和毕业论文撰写阶段。学位论文应该是研究生在导师或导师小组指导下独立设计和完成的工作，至少要保证有两年的科学研究工作时间。研究内容应是体育学领域的前沿问题或重要理论与实践课题。选题应突出科学性和创新性，具有较高理论或实用价值；研究方法要先进，资料的收集要真实、客观和全面，统计处理方法要得当；论文的撰写观点要明确、论证充分有力、结构严谨，同时逻辑性要强、图表规范、文理通顺、行文规范，并能高度地提炼出研究结论。

八、学位论文答辩

博士研究生在毕业论文答辩前需填写《博士研究生科研成果登记表》，并提交自己公开发表的与毕业论文相关的学术论文原件和复印件（封面、封底、目录和论文全文）各一份。论文署名研究生为第一作者或导师为第一作者研究生为第二作者均可，但论文第一作者单位必须是北京师范大学体育与运动学院；数量要求为：在SSCI、SCI或EI期刊上发表1篇，或者在CSSCI、CSCD和核心期刊上发表论文2篇（其中1篇必须为CSSCI或CSCD刊物）。

博士学位论文答辩时间安排在最后一学期的5月下旬进行，毕业论文最终稿要求在2月份完成；3月份经导师初审并同意后，需提交1份完整的学位论文电子版参加学校统一组织的学位论文检测，论文重合率必须小于25%；4月份开始进行学位论文送审，检测通过者需提交完整的学位论文电子版和纸质版各1份，研究生院传送至第三方评审机构进行网上匿名评审，评审周期约为6周。毕业论文答辩程序及要求严格按照学校有关规定进行。

论文检测重合率等于或大于25%和网上匿名评审未通过者，需办理延期答辩手续，延期者可在一年内再次提出申请。

后 记

　　2017年是北京师范大学建立体育学科100周年，体育与运动学院成立15周年的一年。值此双重喜庆之际，编写组在体育与运动学院领导的指导下，在《北京师范大学体育学科九十年发展史》的基础之上，完成了《北京师范大学体育学科百年史》的编写，这是对百年学科的一份献礼。

　　本书通过历史篇、人物风采篇和附录三个部分，从不同时期和不同侧面客观而忠实地记录了北京师范大学体育学科一百年的发展历程。本书不仅是对体育学科一百年发展历程的一个简单回顾，更是希望能够借此以史为鉴，激励体育学科师生继续努力奋斗、严谨治学，秉承"学高为师、身正为范"的校训和"守正创新、坚卓致远"的院训，在教学、训练、科研和运动竞技等方面皆更上层楼，再创辉煌。

　　由于北京师范大学体育学科历史悠久、历史时期跨越度大，其中又因为抗战西迁、援建中央体育学院（现北京体育大学）和"文化大革命"十年浩劫等原因，资料遗失较多。这些给我们的史料收集、整理带来了很大难度。在资料收集和编写过程中，徐永昌、滕子敬、金铭院、朱谷林、回寅、孟庆生、谷世权、娄玉柱、苑文燕、赵红星、张德福等体育系前辈和老师给予了很多的指导和提供了宝贵的材料，在此敬表谢意！

　　在院领导及广大师生的大力支持下，编写组成员克服了时间短、资料难收集等的困难，较顺利地完成了任务。各篇编写分工如下：历史篇部分，第一章由庞念亮、李根、胡惕负责：第二章由庞念亮、高嵘编写；第三章由张麟、陈新萌编写；第四章由陈新萌编写；第五章由高嵘、赵歌编写；第六章由屈国锋、何莉、李根编写。人物篇和附录部分，在《北京师范大学体育学科九十年发展史》的基础之上进行了增加、整理和修正。最后统稿工作，由高嵘和屈国锋进行。

在编写过程中，体育与运动学院博士生庞念亮，硕士生杨倩芸、董泽源、潘修森、赵婷玉、吴映谊、夏梦茹、张麟、查敏、刘超、魏兰、李桂玲，本科生孟克阳、沈青、康瑞鑫、董明丽、王露雨、江金丽、刘宣轶、尚大任、季现飞、李宁、付欣颖等同学，在资料收集、整理时给予了大力协助，编写组在此深表谢意。

由于时间短促、资料收集困难和编写者的水平有限等原因，编写还存在疏漏、欠缺甚至谬误，敬请前辈先贤、广大师生员工及校友予以指正，不胜感激之至。

《北京师范大学体育学科百年史》编写组

2017年10月